グローバル化と世界史

シリーズ・グローバルヒストリー❶

羽田 正——［著］

東京大学出版会

GH
Global History

Globalization and World History
(Series Global History Vol. 1)

Masashi HANEDA

University of Tokyo Press, 2018
ISBN 978-4-13-025171-6

シリーズ刊行にあたって

グローバルヒストリーの方法を用いて、これまで知られていなかった人類の過去に迫り、世界史の新しい見方を提示すること、これが本シリーズの目指すところである。グローバルヒストリーという歴史があるのではない。グローバルヒストリーは、新しい角度から人類の過去を調査し、読み解き、理解するための方法である。グローバルヒストリーの研究成果を積み重ねることで、新たな世界史が構築されるはずだ。

海賊、奴隷から古着、茶、会社や仲買人、一個人、聖地など多彩なテーマを扱う本シリーズでは、グローバルヒストリーの様々な方法が試みられる。それらは各巻で著者によって具体的に説明されるだろう。ただし、二つの基本的な方法だけはどの巻にも共通している。

一つ目は、過去の事象を解釈し説明する際に、人類社会全体を意識するということである。ある主題をどのような枠組みで語るかによって、問題の所在、論点の置き方や文脈は変わってくる。本シリーズでは、国や地域などの限定された空間に関わる主題であっても、その背後の人類社会、すなわち世界全体を意識して検討が進められる。それによって、閉じた一国史や一地域史の中での従来の説明や理解とは異なる斬新な結論が導き出されるだろう。これまで見逃されていた事象に光があたりそこに新たな意味が付与されるかもしれない。世界の様々な部分が相互に影響を与え合い、直接、あるいは間接につながっていたこと、ときにはそれらが統合された全体を構成していたことが説得的に示される場合もあるだろう。逆に、世界のある部分が他の部分とはまったく異なる動きを示していたということが明らかになるかもしれない。

もう一つは、著者が自らの立ち位置を明確に意識した叙述を行うということである。本シリーズは日本語で刊行される。読者は日本語による知と教養を身につけた人々であり、その多くは日本人だろう。その意味で、本シリーズは、日本語による知と教養の多様化・高度化と日本人の世界観・歴史観の刷新に貢献するはずだ。しかし、グローバル化の進む現代においては、日本人に向けて世界史を語っているだけでは十分ではない。本シリーズの著者たちは、地球上の住民すべてにとって意味があり、理解されうる世界史とはどのようなものかを数年に亘って議論してきた。シリーズの各巻で、地球上のすべての住民を読者とする世界史の実現を目指して、工夫を凝らした説明と叙述が行われている。読者が本シリーズ各巻のメッセージを受け止め、地球の住民としての視点から建設的に検証・批判して下さることを願っている。

羽田　正

グローバル化と世界史／目次

序章　グローバル化時代の歴史学

1　過去を知ることの意味

世界史への関心

私たちはどんな時代に生きているのだろう。私たちが生きている今という時代には、過去と比較すると、どのような特徴がみられるのだろう。どうして、どのようにして、それらの特徴が生まれたのだろう。その特徴をふまえ、私たちは将来に向けて何を準備し、どのように行動すればよいのだろう。これらは、時が過去から現在へ直線的に流れると認識し、その時に沿って営まれてきた人類の活動を歴史として理解しようとする現代の私たちによって、はじめて発しうる問いである。

人間がそこで生き、その結果として形作られる社会は、常に変化している。社会が特に大きく動き変わっているように見える時、人々の歴史への関心は、とりわけ高くなる。例えば、第二次世界大戦に敗れた後の日本では、歴史理解に関する議論が大いに盛り上がった。大日本帝国はなぜ戦争に敗れたのか、戦前の皇国史観による歴史理解では、この疑問をうまく説明できなかった。一九五〇年代から六〇年代にかけての時期には、狭い意味の歴史学者だけではなく、多くの知識人たちが、日本の過去をどのように解釈すれば、その現在の立ち位置を理解できるのかという問いをめぐって、「欧米」「マルクス主義」「民主主義」などのキーワードを用いながら熱い議論を交わした。

冷戦の終了によって、第二次世界大戦後長く続いた世界の秩序と力関係が変わった際にも、東側陣営に属した諸国はもとより西側の国々や日本でも、歴史の見直しが進み、世界の未来への展望が熱く語られた。また、戦後七〇年を迎えた二〇一五年夏、安倍晋三首相が発表した歴史に関する談話は、国内だけではなく国際的にも大きな注目を集め、その発表の前からさまざまな意見や見解が表明された。時の流れの重大な節目には、人々は立ち止まり、歴史の語りに耳をすまし、自らが進むべき方向を探ろうとする。

とするなら、政治・経済・情報・環境など多くの分野でグローバル化が急激に進む一方で、トランプ大統領の誕生やイギリスのEU離脱など、内向きのナショナリズムへの指向が強まっているかに見える現代は、確かに新たな歴史が求められている時代だ。歴史を研究の対象とする歴史学者の責務は重い。

歴史学は、過去を直接の研究対象とする。しかし、単に過去を知ることだけがその目的ではない。現在から過去を振り返ることによって私たちの立ち位置を理解・確認し、未来を見通すことこそが、歴史学の果たすべき役割であり、究極の目標である。歴史学者はこの重要な役割を自覚し、信頼できる情報を研究成果として彼らが属する社会に提供し、人々の期待に応えなければならない。

現在、日本だけではなく世界の多くの人々に求められている歴史理解の枠組みの一つは、間違いなく「世界史」である。どの国でも、生活のさまざまな部分が国境の外の動向と関係しつながり連動しているのが目にはっきりと見えるようになり、人々は「世界」を意識せざるをえなくなっているからである。現代世界のこのような特徴は、いつどのようにして生まれたのだろう。現代世界を過去の世界と比べると、どこがどのように異なっているのだろう。また、私たちは将来に向けて何をなすべきだろう。人々はその解答を求めている。

それもあってか、巷では世界史に関する書籍がよく売れているという。とはいえ、日本で目下人気があるのは、「西洋」の勃興を叙述したウィリアム・マクニールによる一九六〇年代の著作の翻訳や『もういちど読む世界史』のように、二〇世紀の半ばから後半にかけて人々が理解していた世界史を再度確認することに役立つ書物である。二一世紀に生きる人々が世界の来し方を知り、未来に向かう指針として必要な世界史の叙述は、少なくとも日本語では、まだその姿をはっきりと現してはいない。

新しい世界史と「私たち」

E・H・カーが著書『歴史とは何か』で一九六〇年代にすでに指摘したように、歴史とは現代と過去の対話であり、現代がその様相を変えれば、対話の枠組みやそこで重要とされるテーマは当然変化する。過去をどう理解するかを提案する歴史学の枠組みや方法が、旧来のままであっては、現在の私たちの立ち位置を、それにふさわしい文脈で語り説明することは難しいだろう。

本書で、私は、冒頭で掲げた問い、すなわち、私たちは現代世界をどのように理解すればよいのかという問いに、歴史学が有効な回答を提示するために必要な新しい世界史の考え方について論じるつもりである。新しい世界史をどのように構想すべきか、という点については、すでに二〇一一年に

『新しい世界史へ』という小著を刊行している。(1) 本書はその続編にあたる。

全体は二部に分かたれ、第I部では、グローバル化が進む中で、現代日本において文系研究と総称されることの多い人文学・社会科学を研究することの意味と重要性について論じる。世界史の研究は人文学・社会科学の一部であり、世界史について考えるに際しては、最近日本も含め世界各地でしばしば論じられている文系研究の社会的役割についての議論を避けて通るわけには行かないからである。文系の研究における言語と暗黙知について論じた後、今後日本における人文学・社会科学がなすべきこと、目指すべき方向を、三点に整理して掲げる。

そのうちの一つであるグローバル人文学・社会科学の一例として、第II部では、新しい世界史について論じる。まず、日本語における「世界史」の意味とその変遷を確認した後で、日本を含む世界の歴史学界でしばしば用いられるグローバルヒストリー(2)という語について、日本語と英語という二つの言語間での意味や方法の相違に注意して、それが新しい世界史とどのような関係にあるのかを論じる。最後に、新しい世界史の具体例として、不十分ではあるが、グローバルヒストリーの方法を用いて、実際に過去三〇〇年の世界の姿を四枚の見取り図として描き、現代世界を理解する一つの手がかりを示すことにしたい。

本書は日本語で記されている。したがって、日本語を読み話す人々、主として日本人を読者として想定している。しかし、同時に、この書物が他の言語に翻訳されうるということも意識し、日本人だけに向かって語るというスタイルは取らないつもりである。(3) その際、特に、「私たち」という言葉には留意が必要である。本書の冒頭に「私たちはどんな時代に生きているのだろう」という問いを掲げたが、そこでいう「私たち」を、読者は誰のことだと受け止められただろう。日本人なのか、それとも地球上で生きる人間、さらには生物すべてなのか、読者であるあなたと著者である私のことなのか、国籍を越えた知識人の集団なのか、あるいは、家族や夫婦のようにもっと小さな集団なのか、「私たち」をどうとらえるかによって、問いに対する答えは大きく変化するだろう。

日本語は主語を必ずしも明確に示さずに書き、語ることのできる言葉である。英語でも、"we"という単語は、ときに誰のことを指すのかはっきりせず、漠然と「私たち」と訳すしかない場合がある。しかし、特に、世界史のように広く大きな、そして地球上のすべての人々に関わるような対象について論じる際に「私たち」という言葉を使うなら、誰が誰に対して語っているのかということを明確に示すべきである。「私たち」を使用する際には、それが誰のことなのかを意識し、可能な限り明示するようにしたい。

「私たち」のほかにも、この書物でしばしば使用する言葉の中で、注意して用いるべきものがいくつかある。そのうちで特に重要だと思われる二つの概念「歴史認識」と「グローバル化」について、ここであらかじめ論じ、説明しておきたい。

2　歴史認識

歴史学と研究成果

本書全体に関わる重要なポイントとして、まず歴史認識と歴史学の研究成果の関係について確認しておきたい。歴史認識というと何か難しく聞こえるが、別の表現を使うなら、過去の理解、あるいは、過去をどう理解するかということである。英語では、understanding of history あるいは、perception of history と表現される場合が多い。歴史認識は、しばしば人々の現代世界の見方と密接に結びついている。過去の経緯があってはじめて現代の世界があると考えられるからである。現代世界の見方と深く関わる歴史認識は、それゆえ、時に国内や世界の情勢にも影響を与えることになる。

二〇一五年、日本や東アジア各国の政治家、官僚、有識者、メディアと一般の人々に加えて、アメリカ合衆国をはじめとする世界各地の歴史研究者までもが、安倍晋三首相が発表する戦後七〇年談話をめぐって大いに議論を交わした。その際に安倍首相の歴史認識が大いに問題となったのは、その好例である。それでは、人々の歴史認識はどのようにして形成されるのだろうか。また、歴史学はそれにどのように関わるのだろうか。

近代的な意味での歴史学は、史料批判などの一定の手続きと方法に従って、過去を解釈し、叙述する。人が過去を理解するための方法として、一九世紀以後その有効性が認められ、まず西ヨーロッパで、次いで、北米、さらには日本のようなそれ以外の国々で、現地の知的伝統と融合する形で、学問として確立した。今のところは、一般に、過去を解釈し理解するに際して、もっとも信頼に足る、重要な手段だと考えられている。歴史学のもっとも基本的な営みは、研究者がその研究成果を公にすることである。口頭発表の場合もあるが、多くは論文や書物のような出版物の形をとる。今日では、オンラインによる公表も盛んである。研究者は、自らが取り組む過去に関わるある主題について、信頼できる史資料をできるだけ多く用いて、論理的に自らの解釈や見解を示す。これが研究成果である。

公表された研究成果をめぐって、研究者間で自由な議論や意見交換が行われ、すぐれた研究成果だと判断されると、それが次第に学界の共通認識となる。共通する枠組みや主題について、このような共通認識が積み重なったものが、定説、ないし通説である。

しかし、定説、ないし通説といえども、時間の経過や社会の変化などによって、不断に見直しが求められる。関連する新しい資料が見つかることはしばしばあるし、新しい枠組みで過去を解釈することが必要となり、それによって従来の主題の意味づけが変わったりすることもあるからである。歴史学研究に絶対不変の解はない。研究成果によって過去そのものが再現できるわけでもない。歴史学の研究成果が示すのは、あくまでもその時点からみた過去の一側面についての一つの解釈である。このことに関連して、歴史認識との関係を論じる前に、歴史学の性格として見逃してはならないことを二点挙げておきたい。

現代から振り返る過去

一点目は、歴史学の手法を用いて歴史学者が過去を語る際、彼らは現代の知識・概念と言語を用いるということである。当然と言えば当然だが、過去は必ず現代によって解釈され、その解釈は現代に生きる人々に提示される。歴史学者だけではなく、一般の人々も、しばしば、過去にはなかった概念を用い、あるいは、当時と今では意味が異なっている言葉や当時は使われなかった言葉を用いて、過去を理解している。過去を過去のまま現代人が理解することは不可能である。

日本史の分野でいくつか例を挙げてみよう。一五四九年にイエズス会のフランシスコ・ザビエルが鹿児島にやってきたことが、一般にキリスト教の日本への伝来とされている。しかし、当時「キリスト教」という言葉は日本語には存在しなかった。西洋諸語でもこの語にあたる単語が使われることはまれだった。私たちは、後の時代に用いられるようになった言葉で過去の事象を説明し、理解しているのである。現代においてはキリスト教もその一つとされる「宗教」という言葉は、明治時代になって religion の翻訳語として使われるようになった。もし、ザビエルが日本列島にやってきたことを新たな宗教の到来とみるなら、これまた現代の概念で過去を説明していることになる。

武家の政権を指して使用される「幕府」も、後世、特に江戸時代末期になって使用されるようになった語である。後期水戸学者たちが、徳川政権があくまでも京都から任命された「将軍」の政府であることを強調するためにあえて用い始めたもので、明治以後、学校教育を通じて一般に定着した。渡辺浩によると、「幕府」という語は、天皇が日本の歴史を通じて唯一の正当な主権者であるという江戸時代のはじめにはなかった歴史像と結合し、皇国史観の一象徴となっているという。江戸時代には、徳川政権を指して「公儀」という語が一般に用いられていたが、それは現代語では敬意のこもった「政府」に近い意味になる。(4) 現代に生きる私たちは、「幕府」という語を使うことにより、過去を現代的に解釈し理解しているのである。過去の人たちが生きた時代を、そのままの形で私たちが目の前に再現し、彼らと同じように理解することはできない。

外国の事象や歴史について考えるとき、ことはさらに複雑となる。私たち日本語話者は、外国の事象や歴史をその当時の外国語ではなく、現代日本語で理解している。後に詳しく述べるように、外国語の意味をそのままそっくり日本語に移し替えるのはきわめて難しい。まして、時代が古くなれば、その当時のある地域で使われていた言葉や概念と現代のその地域で使われている言葉の間でさえ意味の違いが出てくる。

例えば、英語の diplomacy は、現代日本語では「外交」と訳される。diplomacy という単語の起源は、一八世紀末にフランスで用いられるようになった diplomatie である。したがって、それ以前の時代におけるヨーロッパ諸国政府の間での交渉を「外交」という言葉を使って説明するなら、それは二重の意味で当時の実態から離れていることになる。まず、その当時は存在しなかった diplomacy という語を用いているという点、もう一つはその日本語訳である「外交」という語を用いているという点である。

もう一つ例を挙げれば、世界各地に現代日本語の「首都」に近い概念はあるが、時代により地域により、その意味は微妙に異なっている。もし、単純に「一七世紀サファヴィー帝国の首都はイスファハーンである」と私たちが理解するなら、それは必ずしも現地の当時の実情とは合致しない。王がいる場所が王朝政府の中心（「首都」ではない）と認識され、それは季節によって移動していたからだ。また、ローマ帝国、ムガル帝国、インカ帝国というそれぞれの語で使われている「帝国」は、単純に皆同じものだと考えてよいのだろうか。当時の人たちが、それぞれの政治権力を指して用いた言葉は、もちろん「帝国」ではない。私たちが外国の事象や歴史を理解する際には、このように、そこに言語のバリアが二重に存在しているということを忘れてはならない。

歴史学と主権国民国家

二点目は、歴史学がその成立以来、主権国民国家と密接な関係を持って発展してきたということである。人間は古くから自分たちの過去に関心を持っていた。世界各地に過去を描く方法はいくつもあったが、現代世界における学問としての歴史学の起源は、一九世紀の西ヨーロッパにある。ドイツ、そしてフランスで、歴史研究の基本となる叙述や理解の枠組みと史料批判の方法が整い、以後、この学問は、西ヨーロッパ諸国の世界各地への政治・軍事・経済的進出と軌を一にして、多くの地域に広がっていった。むろん、それは単純な模倣や転移ではなかった。新しい学問とその方法が、それ以前から各地に存在した類似の学術的伝統と出会い、混じり合い溶け合って、研究の視点・重点の置き方や叙述の方法にさまざまな修正や改良が加えられて、それぞれの場所で特徴を持った歴史学が、徐々に形成されてきたのだ。例えば、日本における歴史学は、厳密な史料批判と一次史料に基づく事象解釈を特徴とするのに対して、アメリカ合衆国の歴史学は、論文や書物全体のストーリー展開を大事にするといった具合である。

このように国や言語、地域によって微妙な差異があるとはいえ、一般に歴史学という学問は、一九世紀から二〇世紀にかけて、西ヨーロッパや日本をはじめ世界各地で進められた主権国民国家の建設に大いに貢献した。「フランス」や「日本」といった「国」を研究の枠組みとし、その中で生じた過去の事象を時系列的に関連づけ、意味づけて解釈・説明することによって、「私たちの国」であるフランスや日本の過去が、「フランス史」「日本史」として説得的に描かれることとなった。そして、その叙述が、ひいては、人々がフランスや日本という主権国家の存在を受け入れることと自らがそこに帰属するのだという国民意識を持つことへとつながったからである。

一九世紀以後、世界各地の多くの大学に歴史学の講座が設けられ、歴史の研究と教育が行われるようになったことは、この国民国家建設の運動と無関係ではない。歴史学研究の第一の目的は、自国の歴史をどのように理解し描くかという点にあった。その意味で、歴史の研究は、国にとって大いに役に立つはずのものだった。日本で最初に設置された国立大学である東京帝国大学に設立から間もなく国史の講座が設けられたこと（後述、五三頁）は、国家と歴史学の関係性を象徴的に示しているとも言えよう。

多様な歴史認識の形成

「現代から過去を見る」「国民国家創建に貢献した」という歴史学の二つの特徴に留意しながら、歴史学と歴史認識との関係をさらに考察してみよう。日本だけではなく世界の多くの国々で、歴史学の研究成果は、初等中等教育の教科書や一般向け歴史書にその国の言葉で書き込まれることによって、その国のさまざまな人々、具体的には、青少年、産業界・政界・官界などのリーダー、知識人、マスメディア、さらには一般社会人に伝えられてきた。かくして、歴史学は国民意識の形成と国家形成のための有力な手段となった。一般に、歴史学は人々の歴史認識形成に大きく係わっていると言えるだろう。

しかし、忘れてはならないのは、個人が過去を理解するための情報は、教科書や歴史書以外にも、たくさん存在するということである。個人的な体験、祖父母や両親など身近な人の語りや意見、歴史小説、郷土の史跡探訪、テレビのドラマやニュース、ドキュメンタリー、インターネットによる情報などなど。歴史学の研究成果に直接触れることや学校教育の他にも、人々が歴史認識を形成する情報は数多く提供されている。

これらに、個人によって異なる体験や知識、思想信条、さらには価値判断などが加わって、一人一人の歴史認識が形成される。歴史学とその研究成果だけが特権的な位置にあるわけではない。そのことは、例えば、司馬遼太郎による幕末や日露戦争に関わる歴史小説が、一般の日本人の歴史認識にどれほど大きな影響を与えているかを想起すれば、すぐに了解されるだろう。歴史学の研究成果と歴史認識は、直ちに等号では結びつかないのだ。

安倍首相と歴史認識

この点で、過去数年の間の国会論戦などで示された安倍晋三首相の歴史認識理解は、大変興味深く、検討に値する。再び総理大臣に就任した二〇一二年一二月以来、安倍首相は幾度となくその歴史認識について尋ねられ、そのたびにほぼ同様の回答を繰り返している。それは歴史認識に関わることは歴史家、あるいは専門家に任せたいという趣旨である。

「権力を持つ者として歴史に対して謙虚でなければならない、（中略）歴史認識に踏み込むことは、これは抑制するべきであろう」「歴史認識については、歴史家に任せる問題であると、このように思うところでございます」「歴史家が冷静な目を持って、そしてそれは歴史の中で、まさに長い歴史とそして試練にさらされる中において、確定をしていくものでもあるということだろう

（中略）、つまりそれは歴史家に任せたい」「歴史認識にかかわることについては、私がここでさまざまなことを申し上げることは、これは政治問題、外交問題に発展をしていくわけでございますから、これはまさに歴史家に任せる問題であろうと、このように考えております」（二〇一三（平成二五）年五月一五日第一八三回国会参議院予算委員会。民主党の小川敏夫議員の質問への回答[5]）。「歴史は事実も含めて歴史家に任せるべきであると、謙虚でなければならないと、このような認識を持っているところでございます」「歴史問題は政治・外交問題化されるべきものではありません。歴史の研究は有識者や、そして専門家の手に委ねるべきであると、このように考えております」（二〇一四（平成二六）年三月一四日、第一八六回国会参議院予算委員会、自由民主党の有村治子議員の質問への回答[6]）。

これらの発言記録を読む限り、安倍首相は、政治家は軽々に自らの歴史認識に言及すべきではない、歴史認識を語るのは歴史家をはじめとする専門家の仕事だと考えているようだ。そのためだろうか、第二次世界大戦終了後七〇年の節目にあたる二〇一五年、総理大臣として歴史についての談話を発表するにあたっては、「二〇世紀を振り返り二一世紀の世界秩序と日本の役割を構想するための有識者懇談会（「二一世紀構想談話会」）」を設置し、その意見を聞き参考にするという形をとった[7]。これは人々を納得させるそれなりに筋の通った方針だった。同年八月一四日に発表された安倍首相の談話は、懇談会の報告を参考にしており、国の内外で比較的好意的に受け入れられた。

安倍首相は当然個人としての歴史認識を持っているはずだ。しかし、主権国民国家である日本を代表する総理大臣である以上、その発言は対外的には一種の法人である日本国の歴史認識だとみなされる。これは、総理大臣だけではなく、他の大臣や国会議員、高級官僚などの公職にある人の場合も同様である。その点をよく理解し、自らの歴史認識と主権国民国家のそれを明確に区別し、過去にすでに出された首相や政府の談話・発言と根本的な齟齬がないように注意しながら、新たな談話を慎重に作成し発表した。この点は高く評価されるべきである。積み重ねられてきた主権国民国家の歴史認識が、ある時期に公職にある一個人のそれによって簡単に変更されるようなことがあってはならない。もし変更を考えるのなら、しかるべき公の場所で徹底的に議論し、変更の意味と手続きについて、多くの人が納得する形をとらなければならないだろう。

首相が国会の答弁で、政治家は歴史に対して謙虚でなければならないと語っていることも評価できる。ただし、歴史認識にかかわる問題は歴史家に任せるという趣旨の発言を繰り返している点は、率直に言って、疑問である。すでに述べたように、歴史学者の研究成果と人々の歴史認識は、等号では結ばれない。歴史学者の提出する研究成果は、しばしば批判され、ときに無視される。歴史学者の研究より、テレビドラマや映画、歴史小説、漫画、それにネット上の情報などの方が、一般の人々の歴史認識形成に影響力を持つことが多いのが現実である。歴史学者だけが特権的に人々の歴史認識を形成する権限と能力を持っているわけではない。歴史学者は、人々が歴史認識を形成するための材料を提供しているに過ぎない。その材料を判断の一つとして、個人としての歴史学者も、各自の歴史認識を持っている。それは人によってしばしば異なっている。首相は、自らの歴史認識を語ることを避けるために、歴史家を持ちだしてきたのだろう。しかし、その論理は決して納得のゆくものではない。

安倍首相が歴史学者の研究成果を評価するかは別として、歴史学者は、自らが置かれた立場と自らの問題意識、それに自らの語りの対象（誰に向かって語っているのか）を常に意識しながら、社会的に意味のある研究成果を誠実に発表し続けることが大事である。彼らの生み出した成果を読み、理解した多くの人々が、それを参考にして現代に合致した歴史認識を身に付けるなら、それは歴史学者としての本望であるはずだ。人類全体の過去、すなわち世界史についての歴史認識が、現代においてきわめて重要であることは言を俟たない。現代に生きる歴史学者であるならば、この問題について語ることを避けては通れない。私がこの本を執筆する理由の一つは、そこにある。

3　グローバル化

国際化とグローバル化

次に、本書のタイトルにも入っている「グローバル化」という言葉の意味について論じたい。グローバル化は、カタカナが使われていることからもわかるように、英語の globalization を翻訳した語である。この語と似た語に「国際化」がある。グローバル化と国際化は、異なる概念である。でなければ、すでに長く使われてきた国際化に加えて、後からわざわざグローバル化という語を導入する必要はない。しかし、日本語ではこの二つの語はしばしば混同して用いられている。多くの人々は、二つの言葉の意味は大して違わないと考えているようだ。一つ例を挙げてみよう。

首相官邸に設けられた教育再生実行会議が平成二五（二〇一三）年五月二八日に発表した「これからの大学教育等の在り方について（第三次提言）」の「はじめに」には、次のような前提が記されている。

「大学のグローバル化の遅れは危機的状況にあります[8]」。

そして、この状況を変えるために取り組むべき方策が本文で具体的に提案されている。第一は、「グローバル化に対応した教育環境づくりを進める」であり、その前文は次のように言う。

「社会の多様な場面でグローバル化が進む中、大学は、教育内容と教育環境の国際化を徹底的に進め世界で活躍できるグローバル・リーダーを育成すること、グローバルな視点をもって地域社会の活性化を担う人材を育成することなど、大学の特色・方針や教育研究分野、学生等の多様性を踏まえた効果的な取組を進めることが必要です。

また、優れた外国人留学生を積極的に受け入れることによって、大学の国際化を促し、教育・研究力を向上させ、日本の学術・文化を世界に広めることなども求められています。そのため、国は、交流の対象となる地域・分野を重点化したり、日本の文化を世界に発信する取組を併せて強化したりするなど、戦略性をもって支援していくことが重要です[9]」。

この文章全体は、まずグローバル化は「正」の方向への現象であるという前提の下に作成されている。グローバル化の弊害が指摘され、トランプ大統領が「アメリカ第一」を叫ぶ今の時点だと、さすがにここまで単純にグローバル化はとてもよいことだとは記されなかっただろう。しかし、二〇一三年の時点の政府の認識はこのようなものだった。

そして、この「正」なるグローバル化に対応するために、大学は国際化を断行せねばならないとされている。グローバル化が何であるかはさておき、これが日本の大学を取り巻いて生じている現象であり、大学はそれに国際化で応じなければならない、という論理展開であり、グローバル化と国際化は同義ではない。この部分だけを読めば、論理的に筋は通っている。しかし、この文章と「はじめに」で指摘された「大学のグローバル化の遅れ」との関係はどう理解すればよいのだろう。大学はグローバル化すべきなのか、国際化してグローバル化に対応すべきなのか、明確ではない。また、大学はどのような形であれ国際化さえすれば、グローバル化に対応できるのだろうか。

この文章を読む限り、この会議に参加した人たちの間に、国際化とグローバル化をはっきりと区別して使い分けようという意識はなかったようにみえる。この印象は、前文に続いてあげられた具体的な方策についての次の文章を読むと、確信へと変わる。

国は、大学のグローバル化を大きく進展させてきた現行の「大学の国際化のためのネットワーク形成推進事業（グローバル30事業）」等の経験と知見を踏まえ、外国人教員の積極採用や、海外大学との連携、英語による授業のみで卒業可能な学位課程の拡充など、国際化を断行する大学（「スーパーグローバル大学」（仮称））を重点的に支援する。今後一〇年間で世界大学ランキングトップ一〇〇に一〇校以上をランクインさせるなど国際的存在感を高める。(10)

ここでは、グローバル化と国際化はほぼ同義の語として用いられている。グローバル化は大学を取り巻いて生じている現象であるだけではない。大学そのものも国際化を断行することによってグローバル化すべきだと説かれている。

このように、全体として、この提言では、国際化とグローバル化は明確な区別なしに使用されている。果たして、国際化とグローバル化は同じ意味であり、この文章に見えるように相互に交換して使用することが可能な語なのだろうか。もし、そうだとすれば、国際化という語があるのに、なぜそれに加えてグローバル化という語がわざわざ使用されているのだろう。あえて想像をたくましくするなら、国際化を進めるとグローバル化する、すなわち、グローバル化とは国際化の進んだ形であると理解されているのかもしれない。

この二つの語の同義性は、教育再生実行会議の提言の直後（六月一四日）に首相官邸で発表された「日本再興戦略」、文部科学省に設置された中央教育審議会のワーキング・グループなど、政府関係の会議でそのまま引き継がれている。

「大学改革全般に関する「教育再生実行会議」の提言を踏まえつつ、国立大学について、産業競争力強化の観点から、グローバル化による世界トップレベルの教育の実現、産学連携、イノベーション人材育成、若手・外国人研究者の活用拡大等を目指す[11]」。

「最近の政府の議論の動きに注目すると、とりわけ教育再生実行会議の第三次提言においては、我が国の大学のグローバル化について改めて危機的な状況にあると指摘され、大学が教育内容や教育環境の徹底した国際化を進めていかないと、世界で活躍できるグローバル・リーダーを育成することはできないのではないか、そういう観点から幾つかの取り組むべき方策を提言されています[12]」。

「官邸に置かれている教育再生実行会議においても、グローバル化を含めた大学改革に関する議論を重ねていただき、五月二八日には第三次提言が取りまとめられています。そこではグローバル化に関する内容として、国が、徹底した国際化を進める大学に対する重点支援、あるいは日本の大学による海外大学との積極的な連携の拡大・促進、そして学生の双方向交流拡大のための支援の強化を行うということを御提言いただいたところです。

こうした昨今の政府の方針、あるいは経済界をはじめとした各界からの御議論を踏まえて、この第七期の大学分科会においては、大学のグローバル化を促進する専門的な調査・審議を行うために、大学のグローバル化に関するワーキング・グループの設置を決定したところです[13]」。

果たして、政府が大学に求めているのは、「グローバル化」なのか「国際化」なのか、それともその両方なのか？　はっきりしていることは、日本の政治や行政の中心にいて、上にあげたいくつかの文章を書いたり語ったりした人々の間では、この二つの単語の差異が明白には意識されていないということである。

しつこいようだが、もう一つ、大学に関連して二つの語が混じりあって使用されている例を紹介しておきたい。二〇一六年七月二三日の朝日新聞朝刊の教育欄に、「大学職員も海外に学ぶ　ビジネス英会話の研修採用　国際化の意識高める」という表題を持つ記事が掲載されている。この記事冒頭の導入部では「グローバル化に向け、大学が職員の語学研修や海外大への視察研修などに力を入れ始めた」と記され、本文では大学職員を対象とする英会話レッスンが紹介され、この大学の事務幹部が「国際的に活躍する理系人材が求められる中、「職員も大学のグローバル化を担う意識を持たなくてはならない」と話」したことが紹介されている。この記事でも、グローバル化は正の現象であるととらえられている。ただし、それが大学を取り巻く社会状況なのか、大学自体がグローバル化するべき存在なのかが明確ではない。また、国際化とグローバル化がどのように区別されているのか、よくわからない。

グローバル化の意味

このように、現代日本語では、国際化とグローバル化はしばしば混同され、相互交換可能な概念として用いられている。本書で明確に議論を展開できるように、ここでこの二つの語の意味を定義しておきたい。

国際化という語は、さまざまな意味合いを持って多用される。しかし、「国」という語がそのなかに含まれていることからもわかるように、もともとは国家と国家、ないし、国民間の付き合いを深め、互いによりよく理解し、協力し合うことを意味する言葉である。国際化という言葉を使う限り、国家は自明の存在であり、この言葉に関わるすべての発想の源である。そこでは、常に国家の領域と国境や国民が意識されているはずだ。

他方、グローバル化の辞書的な意味は、「これまで存在した国家、地域などタテ割りの境界を越え、地球が一つの単位になる変動の趨勢や過程」である。これだけだとわかりにくいが、端的に言えば、人類のさまざまな活動が国家とその国境や国民を当然視しない、あるいは必ずしも意識しない方向へ進み、地球を一つの単位とするさまざまな変化が生じることである。

英語において“globalization”という語が初めて用いられたのは、国際的開発問題に関する独立委員会が一九八〇年に発表した *North-South: A Programme for Survival*（邦訳『南と北——生存のための戦略』、通称「ブラント委員会報告」）においてである。その後、冷戦が終わる一九九〇年代に入る頃までには、多くの知識人がこの語を用いて世界情勢を語るようになった[14]。概念そのものは、生まれてまだ四〇年も経たない。しかし、この語はすでにその誕生時から正負両面の意味を持ち、さまざまな場面を説明するために用いられた。グローバル化はいつ始まったのか、「地球を一つの単位とする」とはどのような状態のことを言うのか、などの点で色々な見方がありうる。ただし、国際化との相違ははっきりしている。グローバル化とは、国家の領域や国民といった要素を必ずしも意識しない状態で世界各地の人々や場所がつながることを意味するからである。少なくとも、この二つの概念を生み出した英語では、「国際化（internationalization）」と「グローバル化（globalization）」は、明確に異なった意味を持つ語である。

グローバル企業のことを思い浮かべてほしい。マイクロソフト、グーグルやネスレなどの巨大企業は、国家の枠を越え、世界各地で事業を展開している。例えば、マイクロソフトは、世界各地の工場で多国籍の人々によって生産された部品をどこか一ヵ所に集めて組み立て、完成した製品を世界各地で販売する。このような製品は、ある国でその国の国民によって生産されたMade in USAやMade in Japanにはなりえない。会社がアメリカ合衆国で誕生した当時は、合衆国の法律や慣行に従って行動していたはずである。現在も本社はワシントン州にあるが、会社はもはや全体として合衆国の法律にだけ従っているわけではない。まして、合衆国とその国民のために事業を行っているのでもないはずだ(15)。国境を越えた活動によって、企業として最大限の利益を生み出すことが、その事業目的だといえるだろう。

グーグルの検索機能は世界で共通だが、プライヴァシーや情報管理に関する規則は世界各国でさまざまである。そのために、グーグルの事業と各国の法律との間でしばしば齟齬が生じている。中国のように、グーグルが事業展開することを認めず、国民がグーグルを使用することを禁じている国すらある。SONYやTOYOTAのような日本で生まれた企業も、同様に一国の枠を越えて活動を展開している。ほかにも、最近よく見かけるMade in Europeというレッテルが付された製品は、規模はやや小さいが国を越えた企業活動の結果であり、グローバル化の一例として挙げることができるだろう。

中東やアフリカ各地などで医療・人道支援活動に従事する「国境なき医師団」というNGOをご存知の方は多いだろう。一九七一年にフランスの医師やジャーナリストたちが創設した組織だが、現在は、まさに国境を越え、中立・独立・公平な立場で非営利の活動を行っている。Oxfam や World Economic Forum などのように、国の枠にとらわれず、必ずしも国のためにではなく、その活動を展開しているNGOやNPOは現代世界に多数存在する。

地球を一つの単位としているかどうかは別として、これらの企業や市民団体は一つの国家の領域や国境を越えて活動を展開し、ときには一国や一国民の利害と対立する行動を取ることもある。それをグローバル化という。したがって、もし、国際化がさらに進んだ状態がグローバル化だと理解されているとするなら、それは誤りである。国際化という概念の場合はあくまでも「国」が意識される。それがどこまで進んでも、国や国民の意識は消えず、国、国民同士の関係がより強まり、互いの理解と交流が深まるだけである。一方、グローバル化という概念は、それとは対照的に、人々が国や国民を必ずしも意識せずに、あるいは国とその領域を越えて行動する状態を指す語なのである。科学技術の開発が進み、遠くはなれた人々や地域を結びつける交通や通信などの手段が飛躍的に発展した結果として生じたのが、グローバル化という現象である。

正と負のグローバル化

今日の世界で、国際化の重要性を否定する人は少ないだろうが、グローバル化を是とするか否とするかは、人によって意見が分かれるはずだ。確かに、現代世界における通信や交通は、以前とは比較にならないほど便利になった。それによって、世界の各地を結ぶさまざまな新しい形のビジネスや共同研究、共同事業などが可能となっている。これらは、グローバル化の正の側面である。しかし、例えば、イギリスのEUからの離脱やトランプ・アメリカ合衆国大統領の極端なアメリカ至上主義は、どちらもグローバル化への反感や抵抗から生じた現象と見ることができるだろう。

また、二〇一五年一一月一三日にパリで発生した同時多発テロは、グローバル化の負の側面を余すところなく見せつけた。グローバル化を主権国家とその国境の相対化ととらえるなら、この事件は正に急激に進行するグローバル化の象徴である。フランスやベルギー国籍の若者が、自分が生まれ育った社会のさまざまな矛盾に強い不満を抱き、パリで事件を起こしたという意味で、これはフランスやベルギーの国内問題であるはずだ。しかし、オランド・フランス大統領が「戦争」を宣言し、フランス軍がシリアにある「イスラム国」拠点に対する空爆を有志連合とともに実行したという点で、事件は完全にグローバル化している。「イスラム国」の情宣によって過激な思想に染まり、その訓練を受けていたとはいえ、自国民が自国で起こした事件の報復として、他国の領域で「国」を称する集団への攻撃が行われているからだ。この事件の原因と背景を、フランスやベルギーの国境の内だけで分析し理解することは難しい。

本節の冒頭の話題に戻るなら、政府や文部科学省は、このような国際化とグローバル化という二つの語の意味の相違やグローバル化の功罪を十分に理解した上で、本当に国立大学をグローバル化させるべきだと考えているのだろうか。大学のグローバル化は、その大学が国のコントロールから完全に離れるということを意味する。本書の主題からは外れるので、この点についてのさらなる議論は差し控えるが、「欧米」の大学を見習って改革を進め、それ自体がグローバル化の負の一側面でしかない世界大学ランキングの順位を上げねばならない[16]といった皮相的で欧米追従を志向する従来と変わらない意見に従って、政府や文部科学省の指針が作成されているのだとしたら大きな問題である。好むと好まざるとに関わらず進むグローバル化の中での日本の大学の意味や役割について、識者の間で徹底的な議論が行われ、必ずしも「欧米」にとらわれない新たな時代における知を生み出すのに最適な大学モデルが提案されるべきだと思う。国立大学の場合は、特にそうである。

いずれにせよ、本書では、国際化とグローバル化という概念をはっきりと区別して用いる。そして、グローバル化が急速に進む現代世界における人文学・社会科学の役割と新しい世界史の理解と叙述やその意義について論じることにしたい。

（1）　羽田正『新しい世界史へ――地球市民のための構想』岩波新書、二〇一一年。

（2）　この語はいうまでもなく英語の global history に対応する日本語である。書き方として「グローバルヒストリー」「グローバル・ヒストリー」の二通りがあるが、本書の本文では、一語として「グローバルヒストリー」に統一する。ただし、「グローバル・ヒストリー」という書き方が採用されている他の書物や文章からの引用については、原語の表現を尊重する。

（3）前著『新しい世界史へ』は、韓国語版がすでに出版され（二〇一四年）、近々に中国語版と英語版の出版が予定されている。

（4）渡辺浩『東アジアの王権と思想』東京大学出版会、一九九七年、一―五頁。

（5）第一八三回国会参議院予算委員会議事録：http://kokkai.ndl.go.jp/SENTAKU/sangiin/183/0014/18305150014018c.html から引用。

（6）第一八六回国会参議院予算委員会議事録：http://kokkai.ndl.go.jp/SENTAKU/sangiin/186/0014/18603140014013c.html から引用。

（7）この懇談会での報告と議論の全容は、次の書籍によって公にされている。21世紀構想懇談会編『戦後70年談話の論点』日本経済新聞出版社、二〇一五年。

（8）http://www.kantei.go.jp/jp/singi/kyouikusaisei/pdf/dai3_1.pdf、一頁。

（9）前掲注（8）二頁。

（10）前掲注（8）二―三頁。

（11）http://www.kantei.go.jp/jp/singi/keizaisaisei/pdf/saikou_jpn.pdf、三六頁。

（12）http://www.mext.go.jp/b_menu/shingi/chukyo/chukyo4/036/gijiroku/1339428.htm。

（13）前掲注（12）。

（14）ジェレミー・エイデルマン「グローバル・ヒストリーへといたるいくつかの道」羽田正編『グローバル・ヒストリーの可能性』山川出版社、二〇一七年、二五頁。

（15）トランプ・アメリカ合衆国大統領は、このような状況に反対し、時計の針を元に戻そうとしているように見える。

（16）「欧米」は明治以来の日本語で常に用いられてきた単語で、日本の外側に日本にはない何かすぐれたものがあるという発想がその原点である。「欧米では」という表現を用いて、日本の現況を批判的に語るのは、日本の言論界に特有の現象である。自らの外を見習うという姿勢はあってよいが、現代において「欧米」という語を用いてそれを語るのは、幕末の開国以来しみついた「西洋近代」へのコンプレックス以外の何物でもないだろう。本書でも述べるように、グローバル化の進む現代世界における知の状況は、英語圏と非英語圏に区分して理解しその対応を考えるべきであり、その意味では、非英語圏の国であるドイツやフランスなどは、地理的にヨーロッパに位置するとはいえ、日本と同じグループに入る。ドイツやフランスの大学でも、日本と同様、英語をどのように教育と研究に組み込むかは、大きな問題となっている。日本語の論述に特有の「欧米」＝青い鳥という発想からは、現代に生きる私たちが必要とする新たな知は何も生まれないということを自覚すべきである。

（17）　各種の世界大学ランキングで、日本の大学の順位が低いことがしばしば批判される。例えば、二〇一七年六月に発表されたQS世界大学ランキングでの東京大学の総合順位は、二八位である。上位にはアメリカ合衆国（一四校）とイギリスの大学（六校）が数多く位置し、それ以外にも、シンガポールの南洋工科大学（一一位）シンガポール国立大学（一五位）、オーストラリア国立大学（二〇位）や香港大学（二六位）など旧イギリス植民地、すなわち英語圏にある大学が、総じて高い順位にある。非英語圏の大学で、東京大学より順位が上に位置するのは、スイスの二つの大学（スイス連邦工科大学チューリヒ校（一〇位）とローザンヌ校（一二位））、それに中国の清華大学（二五位）だけである。

この世界大学ランキングは、世界中の研究型大学を、QS社が定めた六つの指標のポイントの合計で順位づけするものである。六つのポイントとは、研究者の評判、雇用者の評判、教員一人当たりの学生数、教員一人当たりの論文引用数、外国人教員の数、留学生の数である。このうちで「研究者の評判」についての東京大学の指標は一〇〇点、つまり満点である（満点は全部で一一校しかない。南洋工科大学のそれは九三・九）。四つめの指標である論文引用数の点数がやや低いが、最初から四つの指標は、トップ一〇の大学となんら変わらない。これに対して、五つ目の外国人教員の割合と六つ目の外国人学生の割合という指標の具体的な数字は、QS社の公式なサイトには掲載されていない。トップ五〇〇に入っていないからである。それぞれ五％の重みをもつこの二つの指標の数字が極端に低い（三〇点以下）ために、東京大学の順位は、例えば、シンガポール国立大学（これらの指標はそれぞれ一〇〇点と八六・一点）と比べて低くなっているのだ。

ランキングの上位を占める米・英など英語圏の大学にはたしかに外国人教員や学生が多い。しかし、彼らは大学のある場所の日常語である英語を話す。授業も英語で行われている。一方、日本語がほぼ単一の日常語として使われている日本で、日本語を不自由なく話す優秀な外国人教員を大量に雇用することは難しい。大学キャンパスでは何とかなるとしても、毎日の生活を日本語の知識なしで過ごすことは難しいだろう。また、海外にいながら日本の大学で学ぶに十分な日本語を身に付けている外国人の学生はそれほど多くないから、留学生数は英米やシンガポールの大学ほど多くはならない。だからといって、ただランキングを上げるために、授業を全部英語で行い外国人教員と外国人学生の数を増やせばよいのだろうか。私は決してそうは思わない。日本にアメリカやイギリスにあるのと同じ大学を作ってどうするのか。英語での授業は必要だが、日本語での授業を放棄するべきではない。それは、本書でこの後詳細に論じるように、日本語とそれを用いて形成されてきた高度な知の体系を失うことを意味するからである。もし本当に外国人教員と学生の数を飛躍的に増やす方向が望ましい、したがって、授業はすべて英語で行うべきだとするなら、大学が特区であってはならない。政府と国民に日本を英語圏の国の一つにするという覚悟が必要である。

そもそも、社会と高等教育の仕組みや大学の構造、役割などがさまざまであるにもかかわらず、英米の社会で重要とされる基準を一律に用いて世界中の大学を評価し一列に並べて順位づけしようとする大学ランキング会社の姿勢そのものが、世界中のさまざまな社会の画一化、均一化を指向するグローバル化の悪しき側面として批判されるべきではないだろうか。ランキングの基準とはなっていないが、日本の大学には、英米の大学には見られないようなよい面がいくつもある。例えば、授業料の相対的な安さ、健康診断や就職ガイダンスをはじめとする教職員や学生に対する福利厚生面での面倒見の良さ、安全なキャンパス環境、等々。本来、日本の政府や役所は、「多様性」を旗印にして、他の非英語圏諸国の政府とともに、明らかに英語圏の大学に有利なランキングのあり方や指標に対する批判を強力に展開すべきである。ところが、現実は、それとは逆に、イギリスの会社によるビジネスでしかない世界大学ランキングをそのまま受け入れて、今後一〇年で一〇〇位以内に国内の一〇大学をランクインさせるなどということが宣言されている。きわめて残念である。また、マスメディアが「欧米」のお墨付きをそのまま報じ、「東大がアジア大学ランキングで四位に転落した」などと報じているのも、批判精神が欠如しているとしか思えない。

逆説的だが、世界の大学の特徴や性格の違いを明らかにしたという点で、私は世界大学ランキングを評価する。しかし、すべての大学を一律の基準でランク付けするという発想そのものには、大いに疑問を感じる。

第Ⅰ部　人文学・社会科学と現代世界

近代的な学問としての人文学・社会科学（以下では、特に断らない限り、人文学・社会科学と文系研究という語を、同義で用いる）の体系は、一〇〇年以上の歴史を持っている。この一〇〇年以上の期間の大半は、世界各地における国民国家形成の時期と重なり、文系の学問はこれと歩調を合わせて発展してきた。しかし、急速にグローバル化が進む現代世界で、人文学・社会科学は大きな転機を迎えている。この第一部では、文部科学省や日本学術振興会による文系研究の国際化要請を手掛かりとして、学問としての人文学・社会科学の特徴を、研究の前提となる暗黙知、研究と報告の手段である言語の二つの面から論じたい。そして、理系の研究とは異なり、文系研究の多くの分野では、研究者の立場性や帰属意識、さらには用いる言語によって、研究の結果が異なること、したがって、世界のどこで誰がいつ実験を行っても、原則として同じ結果が得られることを前提として展開される理系の研究とは異なった性格を持っていることを指摘する。また、現代世界、特に日本において、今後、文系研究が目指すべき三つの方向について論じたい。

第1章　人文学・社会科学の「国際化」

1　文部科学省からの「国際化」要請

繰り返される要請

二一世紀に入る頃から、日本の主要大学における人文学・社会科学の「国際化」が重要な論点として語り続けられてきている。日本の学術の動向に大きな影響を持つ文部科学省のウェブサイトを閲覧するだけでも、学術政策の分野で、この問題がいかに繰り返し取り上げられているかがよくわかる。時の流れに沿って、その主要な事例を紹介しよう。

まず、二〇〇一年に、立本成文科学官（当時）によって、「人文・社会科学振興のための国際化への対応について」と題するメモが出され、「国際化への基盤条件」「国際化への道」「人文社会科学をレベルアップして国際化する一つの手段」の三点が整理して示されている(1)。

日本の学術政策を審議する文部科学省科学技術・学術審議会の学術分科会では、人文学・社会科学の国際化が常に重要な議題の一つとなってきた。第四期学術分科会では、二〇〇七(平成一九)年一月に、日本学術振興会学術システム研究センターによって「我が国における学術研究の動向について

（中間まとめ）」と題する報告が行われ、その中で、人文学、社会科学を含むすべての学問領域について、⑴当該分野の特徴・特性等、⑵過去一〇年間の研究動向と現在の研究状況、⑶今後一〇年間で特に進展が見込まれる研究・推進すべき研究、⑷諸課題と推進方法等の四つの観点からの評価が行われている。[2] 人文学、社会科学の両分野については、「研究成果の国際的発信さらには国際的競争力の向上」（社会科学）、「研究者の国際的発信力を高める必要がある」（人文学）という点が強調されている。人文学についてはさらに、推進すべき研究の項目の一つとして、「海外研究者との連携強化（人文学の国際化）」が挙げられている。[3]

第五期学術分科会では、二〇〇九（平成二一）年一月に「人文学及び社会科学の振興について（報告）――「対話」と「実証」を通じた文明基盤形成への道」という報告書がまとめられた。この報告では、人文学・社会科学の振興の方向性の冒頭に「国際共同研究の推進、異質な分野との「対話」としての共同研究の推進」が挙げられている。この報告を承ける形で、日本学術振興会学術システム研究センターに、「人文・社会科学の国際化に関する研究会」が設けられ、国際発信の現況についての調査が行われ、二〇一一（平成二三）年一〇月に、「人文学・社会科学の国際化について」と題する最終報告書が提出された。そこでは、東洋史学、社会学、法学、政治学、経済学各分野における状況がまとめられ、分析がなされたうえで、「国際化」を推進するためのいくつかの具体的な提案がなされている。

さらに、第六期学術分科会には「人文学・社会科学の振興に関する委員会」が設けられ、この委員会によって、二〇一二（平成二四）年七月に「リスク社会の克服と知的社会の成熟に向けた人文学及び社会科学の振興について」と題する報告が提出された。この報告においてはじめて「グローバル化」

という概念が用いられ、人文学・社会科学の振興を図る上で最も重要な三つの視点のうちの一つとして、「グローバル化と国際学術空間」が論じられている。[4] この報告を承けて、日本学術振興会は、二〇一三(平成二五)年度から「課題設定による先導的人文学・社会科学研究推進事業」を開始した。支援の枠組みとして設けられた三つのプログラムのうちの一つは、「グローバル展開プログラム」であり、その趣旨は、「人文学・社会科学のさまざまな分野を対象とした国際共同研究を推進し、国際的なネットワークの構築による海外の研究者との対話やグローバルな成果発信を目指す」ことである。

文部科学省や日本学術振興会がこれほどまでに躍起になって、人文学・社会科学の「国際化」を進めようとしているにもかかわらず、この十数年の間、同じ問題が常に課題として取り上げられている。これは、状況が劇的には変化していないことを意味していると考えてよいだろう。その理由をどう考えればよいのだろう。

日本学術振興会による文系研究批判

上で挙げた日本学術振興会学術システム研究センターがまとめた「我が国における学術研究の動向について(中間まとめ)」の人文学の課題の項には、「研究分野が西洋に偏しているため、世界を巨視的に考察する環境が整っていない。組織内部の自発的な研究体制(講座等)の再編成が期待しにくいだけに、改善への道は極めて険しいと見られる」というかなり悲観的な見通しが述べられている。それから一〇年が経った今日でもなお、日本の人文学・社会科学の「国際化」に目覚ましい進展が見られないとすれば、この見通しは概ね当たっていたと言えるのかもしれない。

また、同じ文書の最終報告の「諸課題と推進手法」の項には、人文学、社会科学について、それぞれ以下のような厳しい言葉が書き連ねられている。

〈人文学〉

西洋の研究に追随してきた我が国の人文学は、また、自らの研究成果を海外に発信する力に著しく欠けている。一部の第一線の研究者を除き、人文研究者の大半は国内学会で研究成果を交換しあうことで満足し、海外の研究者の目に届かない国内学会誌等に掲載された論文等を業績一覧に列挙して恥じない。人文研究者、特に本場が海外にある研究分野の研究者は、国際的に通用する言語で海外の研究者と絶えず対話を繰り返し、自分の研究を外から見つめる努力も怠ってはならない。国際化の時代に研究者の大半が未だ英語（乃至は当該言語）を満足に使えない現状は、我が国人文学の致命的弱点となっている(5)。

〈社会科学〉

社会科学全体として研究成果の国際的発信の必要性及び国際的競争力の向上をはかることが重点的課題となる。経済学や実験心理学などの分野では、データや数式を用いた研究を欧米の雑誌に発表し、諸外国の研究者と共通の土俵で競い合う状況になっているといってよいであろうが、言語を媒体とする社会科学のその他の分野においては、欧米を中心とする諸外国の業績を受けて研究を進めつつも、発信は国内のみに向けられるというスタイルが未だに大勢を占めているといっても過言ではない。

日本の社会科学の国際的な立脚点を見据えた場合に、これまで主流を形成してきた欧米に視線を合わせた研究と並んで、アジア諸国との共同研究、アジア諸国のシステム解明およびその成果のグローバルな発表が重要性を増していることを付言しておきたい。アジアの目から見たアジア研究をグローバルに発信する役割は日本が担うべきことであると思われる(6)。

人文学の場合、多くの研究分野の「本場」は海外、特に西洋にあるのに、研究者の多くが国内での研究成果報告に満足していること、研究者が英語などの外国語を満足に使えないことなどが問題だとされている。また、社会科学の場合も、言語を媒体とする分野の研究が、日本語で行われている点が厳しく批判され、アジアの目から見たアジア研究の発信の重要性が指摘されている。

注目すべきは、いずれの場合も、日本語で研究成果を発表するだけでは十分ではないという点が強調されていることである。その理由としては、人文学は本場である西洋に追随し、社会科学も欧米での研究が主流となっているからだという。一見もっともに聞こえる批判だが、私はこの見方は、序章（注16）ですでに指摘したように、「欧米」を青い鳥とみる日本語の論述に特徴的な言説であり、そのまま受け入れることはできないと考える。今日の日本で、人文学や社会科学の範疇に属するとされる諸学問の多くが、西洋、ないし欧米で生まれ、成長してきたことは事実である。しかし、だからといって、日本語での研究に意味がなく、人文学と社会科学の中心が西洋ないし欧米にあるということが直ちに言えるわけではない。私は、日本学術振興会学術システム研究センターの批判自体が、西洋中心主義を半ば無意識のうちに受け入れた従来の日本の人文学・社会科学を身に付けた人たちによるものであると考えている。この点については、後に詳しく論じることにしたい。

2　「国際化」の現実と必要性

英文出版すなわち国際化？

それにしても、文部科学省や日本学術振興会が人文学・社会科学の国際化にここまでこだわるのは、なぜなのだろうか。なぜ、人文学・社会科学は国際化せねばならないのか。その前に、そもそも、彼らのいう「国際化」とは一体何なのだろう。

序章でも述べたように、日本語の「国際化」は、英語では internationalization という語にあたる。文字通りには、国と国が国境を越えて交流と理解を深めることである。したがって、ある日本国籍の研究者の公表した研究成果が、非日本国籍の研究者と共有され、その内容について議論が展開され新たな発見につながれば、それが「国際化が進んだ」ということになる。その意味では、もし、すべての外国の研究者が日本語を理解し、日本語の学術世界で行われている議論に参入するなら、それは日本の学術界の国際化の完成ということになる。要は、日本人研究者が、諸外国の研究者と「同じ土俵の上で相撲を取る」ことが、人文学・社会科学の国際化なのである。

ところが、二〇一一年に出された「人文学・社会科学の国際化について」を読むと、この報告をまとめた委員会は、「英文学術雑誌の刊行、論文投稿など成果の国際発信といった点を含め、国際的な取り組みが不足。我が国の優れた研究成果を英語等で世界に向けて発信する組織的な取り組みが必要」という二〇〇二年の学術分科会の報告（「人文・社会科学の振興について――二一世紀に期待される役割に応えるための当面の振興方策」）を引用し、国際発信の量が少なく、国際発信の増加がきわめて重要であることは委員の間で一致をみた、と記す。ここでいう「国際発信」が、日本語で論文や著作を発表することではないことは明らかである。日本語による発信なら、当該分野の研究者の多くは十分に行っている。つまり、文部科学省や日本学術振興会は、英語などの外国語で研究業績を発表することが「国際化」だと考えているのだ。

ちなみに、アメリカ合衆国やイギリスなど英語圏の人文学・社会科学研究者の大部分は、母語である英語しか話さず、英語でしか研究成果を発表しない。しかし、だからといって、彼らが国際化していないと国内で批判されたという話はあまり聞かない[7]。外国人研究者の多くが英語を使って業績を発表し、英語での議論に参入している上に、米英やオーストラリアなど英語圏の大学には、他国からやってきた研究者が多く在籍し、英語で教育研究を行っているからである。

このように、英語しか使わない英語圏の学界では国際化がさして問題にならないのに対して、発表言語として主として日本語を使う日本の人文学・社会科学の学界は、国際化していないとみなされる。日本学術振興会は、日本語でだけ発表しているのは、「恥」だとまで言い切っている。英語の "internationalization" と日本語の「国際化」は対になる言葉ではあるが、意味は決して同じではない。世界では、同じように、自国で主に用いられる言葉を使って仕事をしているのに、「国際化」が問題になる場合とならない場合がある。甚だ不本意だがこれが現実である。

世界の言語間ヒエラルキー

言うまでもないことだが、今日の世界の学術界で用いられる言語には、明らかなヒエラルキーがある。英語を頂点とするその序列は、言語が使われている国の政治・経済や軍事、そして文化の力に比例している。第二次世界大戦以前、アメリカ合衆国の政治・経済・軍事・文化力がまだ世界で抜きんでていなかった頃は、フランス語やドイツ語が英語と並ぶ学術言語として国境を越えて用いられていた。日本でもある時期まで医師がカルテをドイツ語で記していたことは、年配の方ならご記憶だろう。明治以来、日本の医学者の多くがドイツに留学し、ドイツ語で医学を学んできたからである。

通信や交通が現在ほど容易に各地をつなぐことがなかった一九七〇年代頃までの世界では、複数の国際共通語が並び立っていた。私がかつて専門としていたイスラーム世界史研究分野の権威ある参考図書である『イスラーム百科事典（Encyclopedia of Islam）』についてみると、初版（一九一八―三六）は、英・仏・独の三ヵ国語、新版（一九五四―二〇〇五）は英・仏語、そして二〇〇七年に刊行が始まった三版は英語のみで出版されている。二〇世紀後半以後、英語の力が増してきていることがよくわかる事例である。

この趨勢を見る限り、少なくともこれからしばらくは、英語が世界における学術交流の共通語であり続けるだろう。これが現実だ。したがって、日本の研究者も国際共通語である英語で研究成果を発表すべきだというのが、文部科学省や日本学術振興会の考えだろう(8)。英語での学術交流が、「同じ土俵での相撲」というわけである。しかし、私の意見はこれとは微妙に異なっている。確かに人文学・社会科学の研究者による英語での研究発表は必要である。しかし、それはこの言語が国際共通語である以上、仕方がないからではない。別の理由で、英語による発表も必要だと考えるからである。この点については、後の第3章と第4章でまとめて述べることにする。

国際化の必要性

人文学・社会科学の「国際化」の意味が、英語での学術交流だとして、ここで今一度原点に戻って問うてみたい。日本の人文学・社会科学は、なぜ国際化せねばならないのだろう。日本の研究者はなぜ、英語を用いて英語圏の研究者と同じ土俵で勝負せねばならないのだろう。日本語で人文学・社会科学の研究を行うだけでは十分ではないのだろうか。もし、十分でないとするなら、それはなぜなのだろう。

このような問いを発したとたんに、「いまさら何を馬鹿なことをいっているのか。学問は普遍的なものであり、あらゆる研究の成果は世界中の学者によって吟味・批判・共有されるのが当たり前である。理系の学問を見よ。英語で世界を相手に競争しているではないか！」という罵声が聞こえてきそうである。政治家や文部科学省をはじめマスメディアに代表される社会一般は、学問とは、たとえて言えば、オリンピックのように、各国の選手が同じルールと条件の下で優劣を競い合い、そこでメダルを取ることが究極の目標であると考えている。ノーベル賞受賞者に対するマスメディアの熱狂的な取材が、それを雄弁に物語っている。あれは正にオリンピックで金メダルを取った選手に対する接し方と報道の仕方である。

たしかに、物理学や生物学、数学のように、主として数字と記号を用いて研究を進める理系の諸学問の場合は、世界中の学者が同じルールに従い、同じ条件の下で研究を進めることが可能だと言えるのかもしれない(9)。しかし、最近、私は、人文学・社会科学の場合は、問題はそれほど単純ではないと考えるようになった。しばしば「文系」の学問とまとめて論じられる人文学、社会科学は、本当に、理系諸学問と同様に普遍的な学問と言ってよいのだろうか。別の表現を用いれば、文系の学問は、世界中の人々が共通のルールと条件の下、同じ立場で討議し、共通の結論に到達できる学問なのだろうか。次章以後で、この問題について、人文学・社会科学研究の前提となっている暗黙知と研究で用いられる言語に焦点を当てて、より深く考えてみたい。その前に、まず、そもそも、日本語で一般に「文系」の学問と言われる人文学と社会科学とは何かをまとめておく(10)。

3　人文学・社会科学の定義

日本学術振興会による定義

人文学と社会科学は、一九世紀後半から二〇世紀初めの時期に、ドイツ、フランス、イギリスなどの西ヨーロッパ諸国とその周辺で整備・体系化が進んだ学問群のうち、人間とその社会について、主として言語によって解釈・説明を行い、結論を導き出す学問の総称である。しかし、人文学と社会科学という二つの領域の区分がはっきりと定まっているわけではない。

先に紹介した日本学術振興会学術システム研究センターの「我が国における学術研究の動向について」では、この二つの学問分野は次のように定義されている。「人文学は、人間の思考と行動並びに人間の集団が構成する社会の価値観と行動のスタンスを共時的・通時的観点から考察し、異なる人間の本質と諸文化の特性についてのわれわれの認識を深めることを目的とする」[11]「社会科学は、人と社会の関わり、社会の有り様と在り方について、実証的・規範的・理念的に分析・考察する諸学問の総称である」[12]。ともに人間とその社会を研究の対象とすることはわかるが、この二つの定義だけでは、両者の違いは必ずしも判然としない。

概していうなら、人文学は文字による文献資料を主に用い、その解釈を通じて個々の人間や集団の特徴、すなわちその固有性や独自性を説明し強調する志向を持つのに対して、社会科学は、人間の行動や社会を研究対象とし、そのさまざまな側面を普遍的な理論や方法によって、言葉を用いて説明しようとする。ただし、経済学や社会学の一部のように、記号や数字によるデータを材料として重視する場合もある。しかし、これらはあくまでも傾向であり、実際には、両者の研究対象はしばしば重なり合い、研究領域間の境界はかなり曖昧である。

例えば、江戸の町人社会の実態については、人文学の範疇に入る文献史学的な社会史からも、社会学という社会科学の一分野である歴史社会学からも、アプローチが可能だろう。ルネッサンス期の政治思想は、人文学的な思想史としても、社会科学の一部門である政治学としても研究することが可能である。両者の相違は、研究対象へのアプローチの方法と理論化への志向にある。

ここで主たる議論の対象となる歴史学の場合も、扱う対象と内容によって、人文学の範疇にあるとも社会科学の一部だともいいうる。文献資料を読み込んで定性的な論述を行うという点では確かに人文学の一部と呼べるが、例えば、過去の経済や社会に関する情報をデータとして処理し、定量的な結論を導く場合には、それを社会科学の範疇に入れることも可能だからである。

世界各国における文系研究の定義

人文学と社会科学という学問の区分とその内容、意味は、世界各国でまったく同様ではなく、各国に特有の呼び方や特徴がみられる。似た単語や概念が言語ごとに微妙に異なった意味を持つという点には、十分に注意すべきだろう。

日本語でいう狭義の人文学は、哲学・史学・文学という三つの主要な下位区分を持つが、これは、西ヨーロッパから近代的な学問体系が導入される以前の日本語圏で、学問の主要な部分を占めていた漢籍を用いた研究の区分に由来する。フランス語圏では、人文学・社会科学を一体のものとしてとらえ、全体を「社会科学 science sociale」と呼ぶことが多い。別に science humaine（人文科学）という表現もあるが、歴史学は一般に science sociale に属すると考えられている。また、アメリカ合衆国では、humanities（人文学）と social sciences（社会科学）に加えて、「文系」という意味に近い arts という表現がある。[13] 例えば、イェール大学では歴史学は Arts という学問に属すると理解されており、その学士の学位は、Bachelor of Arts in History である。

このように部分を詳細に検討すると、世界の人文学・社会科学はすべて同じ構造と組織、意味を持つわけではない。しかし、一般に、学問としての人文学と社会科学の使命は、人間とその精神や文化、社会や行動のさまざまな側面を言語化して解釈し、理解すること、また、現代世界で生じている多くの問題を、言語を用いて適切に説明・理解し、その処方箋を示すことにあるということはできるだろう。この「言語化」という点に注意を払っていただきたい。言語は歴史学がそこに含まれる人文学・社会科学という文系の学問が必ず必要とするもっとも重要な道具なのである。

(1) http://www.mext.go.jp/b_menu/shingi/gijyutu/gijyutu4/015/siryo/attach/1343068.htm。
(2) 最終報告は、「我が国における学術研究の動向についてⅢ——日本学術振興会学術システム研究センター報告書」という表題で、『学術月報』平成一九(二〇〇七)年九月号に掲載されている。また、日本学術振興会のウェブサイトで、オンラインで公開されている。https://www.jsps.go.jp/j-center/chousa_houkoku.html。
(3) http://www.mext.go.jp/b_menu/shingi/gijyutu/gijyutu4/siryo/attach/1337411.htm。
(4) この報告では、「グローバル化」と「国際化」は、意識的に使い分けられている。
(5) 『学術月報』平成一九(二〇〇七)年九月号、一二三頁。
(6) 前掲注(5)、六五―六六頁。
(7) 例えば、アメリカにおけるアメリカ史研究者がきわめて内向きであり、外国史や外国人研究者の研究成果に関心がないといった批判はよく聞く。
(8) 「人文学・社会科学の国際化について」では、「研究成果を英語等で世界に向けて発信」とあり、英語以外の外国語での発信も国際化にあたると解釈されていることに注意を促したい。この点については、後でさらに論じる。
(9) もっとも、巨大な観測施設や高度な実験施設を準備できるのは、いわゆる先進国の政府が支援する研究機関に限られる。その意味では、理系の学問においても、世界中で「条件が同じ」だとは言えないだろう。もし、日本政府が学術研究をオリンピックと同様の国別の競争だととらえ、本気で日本の大学や研究機関を世界一にしたいと考えるなら、多額を投じて他国では備えることが不可能な巨大な観測や実験の装置と施設を設置し、そこに世界中から優秀な研究者や学生を呼び込むのが、もっとも効率的な方策である。

（10）　この大きな問いは、本来、大部の研究書で論じられるべきである。しかし、文学や歴史、政治学や経済学など個々の学問領域ではなく、人文学・社会科学を全体として論じた研究は意外なほどに少ない。ここでは、とりあえず、日本学術振興会による「人文学及び社会科学の振興について（報告）――「対話」と「実証」を通じた文明基盤形成への道」（二〇〇九年一月）、安酸敏眞『人文学概論』知泉書館、二〇一四年を参考文献として挙げておく。

（11）　前掲注（5）、四頁。

（12）　前掲注（5）、三八頁。

（13）　本書八四頁参照。

第2章　人文学・社会科学の暗黙知

はじめに

人文学・社会科学の特徴を明らかにするために、本章では、文系の学問体系が成立する際にその前提となり、あらためて検証するまでもないとみなされている世界の見方、すなわち「暗黙知」を取り上げ、これを三つの角度から論じる。

まず、人文学・社会科学の諸学問が生まれ育った西ヨーロッパを代表するドイツとそれを導入した日本において、その学問体系がどのように組織化されているのかを確認する。次いで、これらの学問分野の体系化の前提となった暗黙知について検討する。本来であれば、人文学と社会科学の両方において、この検証作業を行う必要があるが、私の知識と能力に限りがあるので、ここでは、歴史学との関係が深い人文学研究の具体的な組織を例にとって説明することにしたい。次いで、人文学・社会科学の両方に関わる地域研究という学問を取り上げ、その研究の前提となっている暗黙知について論じたい。

1　ドイツと日本の人文学の体系

ドイツの大学の組織

二〇一五年六月初め、私は南ドイツの歴史ある研究型総合大学（以下「A大学」とする）を訪れた。ドイツでは、二〇〇五年以来、連邦政府主導でExcellence Initiativeと呼ばれる大学の研究力強化計画が進行している。トップレベルの研究を強化し、国際的な場でのドイツの大学の競争力を増すことがその狙いである。新しい大学院設立、先端研究拠点の創成、組織改革戦略という三つの側面を対象として公募が行われ、厳しい競争を経て選ばれた計画に、財政的な支援がなされる(1)。第二期の二〇一二年公募では、大学院四五、先端研究拠点四三、組織改革一一の計九九の計画が選ばれ、二〇一七年までの五年間に総額二四億ユーロ（約三二〇〇億円）が配分されることになっている。A大学は、大学院、先端研究拠点、組織改革の各分野で一つずつの計画が採択され、学長が陣頭に立ってこれら三つの計画を統合的に推進している。私はA大学の各方面にわたる改革の成果を評価し助言を与えるために設けられた国際有識者会議のメンバーを務めるように依頼され、その初めての会議に出席するためにこの大学を訪れたのである。

早朝から深夜に及ぶ丸二日間の日程では、大学の組織や予算といった基本的な事項のインプットに始まり、改革の現状や各種研究教育プログラムの内容の説明、先端研究拠点の訪問、大学執行部との意見交換など多彩なプログラムが用意されていた。六人の有識者メンバーだけで評価や助言について

表1

第一列	エジプト・古代オリエントの考古学と言語，新石器時代，ヨーロッパと中世考古学，ギリシア・ローマ考古学，ギリシア語・ラテン語，美術史，音楽史，ヨーロッパの宗教
第二列	文化人類学，インド学・比較宗教学，中国学，朝鮮学，日本学，イスラーム／オリエント学
第三列	古代史，中世史，近世史，近代史，地域史，東ヨーロッパ史
第四列	ドイツ語（中世語，現代語，言語学），英米語（文学，言語学），ロマンス語（文学，言語学），スラブ語（文学，言語学），一般／比較言語学
第五列	修辞学，哲学，メディア研究

議論する時間も設けられた。二日間の懇切丁寧な説明と濃密な討議によって、A大学がとりわけ理系分野を中心に分野融合的、分野協働的な新しい研究領域の開発に力を入れていることがよくわかり、私にとっては、何か助言をするというよりは、学ぶところが多いきわめて貴重な機会だった。

といっても、この大学の組織や改革の動きのすべてに納得したわけではない。大きな違和感を覚えたのは、人文学部[2]についての説明を聞いたときだった。

表1をご覧いただきたい。A大学では人文学部の組織は五つの列に分かれ、合計二八の研究分野（専修課程）が置かれている。それぞれの列に属する研究分野の特徴は、比較的はっきりとしている。第一列は、古典古代研究と考古学、第二列は、非ヨーロッパ世界に関する研究、第三列は歴史、第四列はヨーロッパの諸言語、そして第五列はそれ以外の新旧人文諸学である。このうちで、特に注目していただきたいのは、第二列から第四列である。第二列が非ヨーロッパ、第三、第四列がヨーロッパに関わる研究諸分野となっていることがわかるだろう。特に明示はされていないが、第三列で「歴史」として古代から近代まで時代別に研究されているのは、いわゆる「ヨーロッパ」史であ

る。そこでドイツとその周辺の過去の研究が特に重視されているだろうことは容易に想像できるが、これは狭い意味のドイツ史ではなく、「ヨーロッパ」史である。しかも、地理的なヨーロッパの歴史ではなく、概念としての「ヨーロッパ」の歴史である。それは、東ヨーロッパの歴史が別に区分された単位で研究されていることからもわかるだろう。第四列には、言語や文学についての研究単位が集まっているが、ここで研究されているのは、ドイツ語、英語、フランス語・イタリア語などのロマンス諸語、ロシア語などのスラブ諸語についてだけである。

一方、第二列に日本学、中国学、朝鮮学など非ヨーロッパ研究の単位が集められており、日本や中国などの言語や歴史を研究する場合は、こちらの列に所属しなければならない。このように、ドイツとヨーロッパについての研究と日本や中国など非ヨーロッパについての研究は、明確に区別され、それぞれが別に組織化されている。一方が、歴史学や文学といった複数の学問の方法を用いて対象に迫ろうとしているのに対して、他方は、「日本」「中国」という国ないしその国の文化を枠組みとしている。そこにははっきりとした認識枠組みの相違が認められる。もっとも、日本や中国は一つの単位となっているだけまだましだともいえるだろう。なぜなら、アフリカ諸国や東南アジアについて学びたいと思えば、地域に関係なく文化人類学という一まとまりの単位に所属するより外に方法がないからである。

A大学人文学部におけるこのような学科構成は、全体として一九世紀後半から二〇世紀初めにかけて西ヨーロッパ諸国で確立した当時の人文諸学の基本的な特徴をよく反映している。それは、自国と「ヨーロッパ」に関わる研究が一つのまとまりを形成し、これらと「非ヨーロッパ」に関する研究とを明確に区別して、その区別に応じて学問分野を二項対立的に体系化することである。そして、当然のことだが、自国と「ヨーロッパ」に関する研究の占める割合が圧倒的に大きい。ドイツやイギリス、フランスなどの西ヨーロッパ諸国の大学では、今日でも、名称や組織構成に多少の相違はあるものの、人文諸学はおおよそこのような姿で体系化されている(3)。A大学が特殊な例というわけではない。

人文学部長の苦悩

話は脇道にそれるが、ここでA大学での私の体験の続きを記しておこう。一〇〇年以上前に成立した二項対立的な世界観に基づく学問の体系を維持したままで、果たして本当に「改革」は可能なのだろうか。人文学に関連して現代世界で生じているさまざまな事象を、この二項対立的な世界観に基づいて説明することは不可能だし、もしそうしようとするなら、それは間違った結論を導き出すことになるだろう。例えば、「ヨーロッパ」の文学と「非ヨーロッパ」の文学は、言語以外にどのような点で根本的に異なっているのだろう。「非ヨーロッパ」に属する日本と「ヨーロッパ」におけるさまざまな社会的価値とそれらに基づく思想の展開は、どこが根本的に異なっているのだろうか。私が違和感を覚えたのはこの点である。そこで、私は、質疑の場で、説明を担当した人文学部長にこの点を率直に尋ねてみた。学部長の答えは短く明快だった。「おっしゃる通りだ。現状に問題があるのはわかっている。どういう方向へ改革を進めるべきかを真剣に考えている。ぜひよいアドヴァイスをお願いしたい」というのである。私は拍子抜けした。幾分かでもこの組織体系を正当化するような反論を予期していたからである。

報告セッションが終わった後で私のもとにやってきた学部長は、「大変貴重な質問をいただいた」と話し始めた。彼との会話を通じて、私はこの中世ラテン文学を専攻する学部長の質疑の場での対応をよく理解することができた。教員が交代で順に二年程度の期間だけ学部長を務める日本の多くの大学とは異なり、A大学では学長が学部長を指名することになっている。任期は特に定まっていない。学長がもういいというまでその職務を続けるのが原則だ。彼らは、「職業的学部長」と呼ばれている。人文学部長は、学長の意をうけて学部の改革を進めようとしていたが、他学部との協働をみすえた改革の全体像を描くことの困難さや教員の非協力的な姿勢などでずいぶん苦労していたようだ。その意味で、私の批判は彼にとってはむしろ「助け舟」だったのである。

二日間の日程を終えて作成された有識者会議の学長宛報告では、人文学・社会科学関係の学部における組織改革をさらに進め、大学全体が目指す学際的、分野融合的な先端研究の中に、これらの分野の研究を有機的に組み込むことが提言された[4]。全体の議論が学際、分野融合という方向に流れたので、私はあえて発言しなかったが、人文学・社会科学は、特に理系分野との連携を強化しなくても、学問の前提となっている「暗黙知」を検討し直すことによって、それ自体として現代的な存在意義を新たに獲得できると考えている。この点については、本書でこの後説明することにしたい。

東京大学における人文学の組織

次に日本における人文学の組織について検討してみよう。東京大学をはじめとする日本の主要な国立大学は、政府が主導し、一九世紀末から二〇世紀前半にかけて、ドイツの大学をモデルとして設立された。[5] したがって、人文学の研究組織を設けるにあたっては、A大学人文学部に典型的にみられるような西ヨーロッパ型の組織や体系が必ず参照されたはずである。では、現代日本の大学における人文学の教育研究組織は、A大学と同様の組織を持っているのだろうか。

日本の多くの大学には文学部と呼ばれる学部が置かれ、そこで人文学の教育研究が行われている。ここでは、研究型総合大学の代表として、東京大学を例にとって検討してみよう。

東京大学文学部には、四つの学科があり、そこに次の二七専修課程が置かれている。

思想文化学科：哲学、中国思想文化学、インド哲学仏教学、倫理学、宗教学・宗教史学、美学芸術学、イスラム学

歴史文化学科：日本史学、東洋史学、西洋史学、考古学、美術史学

言語文化学科：言語学、日本語日本文学（国語学）、日本語日本文学（国文学）、中国語中国文学、インド語インド文学、英語英米文学、ドイツ語ドイツ文学、フランス語フランス文学、スラブ語スラブ文学、南欧語南欧文学、現代文芸論、西洋古典学

行動文化学科：心理学、社会心理学、社会学

これを先に挙げたドイツA大学人文学部の組織と比較すると、興味深い事実に気づく。それは、東大の組織が、A大のように、ヨーロッパと非ヨーロッパを峻別し、それぞれについて異なったアプローチをとるというスタイルにはなっていないということである。イギリスやフランス、ドイツなどのヨーロッパの国のものであっても、日本、中国、インドのような非ヨーロッパの国についても、それぞれの思想、言語と文学、それに歴史に関する研究は同じ学科の中に位置づけられている。それ以外

にも細かく見るといくつかの違いが見て取れるが、本書の視点からはこの点にもっとも注目すべきである。

東京大学の組織はいつからこのような体制を取るようになったのだろう。また、なぜ東京大学とA大学の組織にはこのような違いがあるのだろう。まず、東京大学における組織の変遷について確認しよう。

東京大学は、一八七七年に設置されて以後、何度かの大きな組織改変を経験している。その中で、人文学に関する組織は、当初文科大学と呼ばれ、後に文学部、人文社会系研究科と名前を変えながらも、今日まで一つの独立した部局として運営されてきている。この組織の歴史を簡便にまとめた『東京大学百年史』によると、文学部は、一九一九年には、次の一九学科から構成されていた。

哲学、支那哲学、印度哲学、倫理学、宗教学宗教史、美学美術史学
国史学、東洋史学、西洋史学
国文学、支那文学、梵文学、英吉利文学、独逸文学、仏蘭西文学、言語学
心理学、社会学、教育学

この時点で文学部の中にあった教育学は、後に独立して別の学部を形成した。また、一九一九年には一つの単位だった美学美術史学が後に二つに分かれている。さらに、これ以後現在までに、イスラム学、考古学、社会心理学という新しい研究単位が加わり、文学関係でもいくつかの新しい専修単位ができている。しかし、思想、歴史、言語、行動をキーワードとして全体を四つの学科に編成する現在の組織の核となる専修課程のほとんどは、すでに一九一九年の時点で設置されている。つまり、東

京大学文学部の教育研究体制の基本は、一〇〇年前にはすでに出来上がっていたのだ。そして、その体制はその後根本的な変化を経験していない。

ということは、新たに大学を設置しドイツの大学の仕組みを取り入れた当初の一九世紀末から二〇世紀初めの時点で、人文学の体系は、すでに改変されていたということになる。その改変とは具体的にはどのようなものだったのだろう。ここでは、歴史学分野に限って、改変とその理由について簡単に説明することにしよう。

日本流歴史研究体制の成立

東京帝国大学には、一八八七年に「歴史」という名前の講座が設けられた。それは模範としたドイツの大学の場合と同じく、「ヨーロッパ」の歴史を教授するための講座だった。外国人教師ルドヴィヒ・リースが採用されたことからも明らかなように、この時点では、ドイツの学問の体系と組織がほぼそのまま輸入された。しかし、すでにその二年後の一八八九年に「国史」の講座ができ、一九一〇年になるとさらに「東洋史」講座が付け加わった(6)。ドイツにはないこの二つの講座が付加されたことが、日本独自の改変である。最初に設置された「歴史」の講座はその後西洋史と呼ばれるようになり、ここに国史、東洋史、西洋史という歴史研究の三つの専修課程が出来上がった。

帝国大学で学問群を新たに体系化するにあたっては、それまでの日本における学問の伝統が考慮され、可能であれば取り入れられた。「国史」として研究されることになった日本の過去については、すでに江戸時代から『大日本史』編纂の実績があり、「東洋史」の根幹をなす中国の過去についても、清朝で盛んだった考証学や王朝史研究がすでに輸入され蓄積されていた。研究の方法までもが同様だったのではないが、これらの前提条件があってはじめて、この三区分が可能になったのである。

また、東洋史学科の設置は、日清戦争と日露戦争に勝利した日本が、朝鮮半島から中国大陸に本格的に進出する時期と軌を一にしている。この三区分は、当時の日本の知識人や政治家の世界観と密接に関連していたことを忘れてはならない。世界は、私たちの祖国日本、日本が見倣い追いつくべき西洋諸国、そして、日本が指導する立場にある東洋諸国からなっているという見方がそれである(7)。

ここでは東京大学の例を挙げたが、京都大学の人文学に関する組織も東京大学のそれとあまり変わらない。今日の京都大学文学部には、文献文化学、思想文化学、歴史文化学、行動文化学、現代文化学の五つの専攻に三一の専修課程がある。科学哲学科学史、二〇世紀学、現代史学など東京大学文学部にはない専修を備えた現代文化学専攻が設けられている点に特徴があるが、それ以外の四つの専攻の中身は、東京大学の場合とほとんど変わらない(8)。東洋史学の設置は、東京大学よりも早い一九〇七年である。東洋史学から分離独立した西南アジア史学を広い意味での東洋史学、西洋史学から分かれた現代史学を西洋史学の一部だと考えれば、歴史研究は、日本史、東洋史、西洋史の三本立てで行われているともいえる。

このように、日本の国立有力大学では、明治期にドイツから近代大学制度が導入されてそれほど時間が経たないうちに、歴史の教育と研究が、国史（日本史）、東洋史、西洋史の三つの枠組みに分かれて推進されることになった。これは当時の世界に類を見ない日本独自の歴史についての教育研究の枠組みである。同様に、文学や思想の分野でも、いくつかの改変がなされている。インド文学や中国思想に関する学科の設置がそれである。日本では、全体としてドイツの人文学教育研究制度を受け入れはしたが、すぐに「本家」とは異なる独自の学問の体系が形成化されたのである。

なぜ、ドイツに代表される西ヨーロッパと日本では、人文学の学問分野がこのように異なって体系化されているのだろう。これは、人文学の「普遍性」と関わる重要な問いである。この問題を考えるために、ここで、ドイツに代表される西ヨーロッパの人文学と日本の人文学の持つ暗黙知の相違について論じることにしたい。

2　西ヨーロッパと日本の人文学の暗黙知

西ヨーロッパの人文学の暗黙知

一九世紀後半から二〇世紀初めにかけての西ヨーロッパで生まれた近代大学の中で制度化された人文学には、一つの暗黙知、すなわち、わざわざ検証する必要のない前提があった。それは、「ヨーロッパ」と「非ヨーロッパ」を区別することである。当時の西ヨーロッパ諸国の知識人にとって、自らが属し、進歩・自由・平等・民主主義、科学など、彼らが信じるあらゆる正の価値を内包する「ヨーロッパ」と、これらとは反対の負の価値（停滞、不自由、不平等、専制、迷妄など）に特徴づけられる「非ヨーロッパ」は、同じ地球上に存在するとはいえ、まったく別の異質な空間だった。当時、西ヨーロッパ諸国は、非ヨーロッパ地域を次々と軍事的に征服、植民地化しており、その事実はこの二項対立的な世界観の正しさを裏書きするに十分であるように見えた。他に理屈は要らなかった。地球上で生活する人間集団には優劣があり、「ヨーロッパ」人は、「非ヨーロッパ」人と比べてあらゆる点で優れ、進歩していると考えられたのである。

当時の西ヨーロッパ諸国の知識人にとって、「自」として意識される空間は、何よりもまず、建設が進められていたドイツ、フランスなどの国民国家だった。しかし、それを包み込むさらに大きな「自」空間としての「ヨーロッパ」とこれと対照的な「他」である「非ヨーロッパ」を二項対立的に理解することは、彼らにとって議論の余地のない了解事項、別の表現を使えば、暗黙知だった。

西ヨーロッパ各国の人文学と社会科学系の主要な学問の領域と基本的な研究方法は、この暗黙知を前提として整備された。エマニュエル・ウォーラーステインは、当時生まれた学問領域を取り入れて西ヨーロッパの大学で新たに組織化された人文学・社会科学の体系を、次のように整理している。

(1)　一九世紀以前から存在した学問――神学、哲学、法学
(2)　進歩し普遍性を持つ「西洋」を理解する学問――政治学、経済学、社会学、歴史学
(3)　不変で特異な「非西洋」を理解する学問――東洋学、人類学[9]

(2)がこの時期に整備された「ヨーロッパ」に関わる学問だが、これらはすべて各国ごとに自国を研究の単位として体系化され、その上位のもう一つの「自」である「ヨーロッパ」諸国についてのさまざまな研究も、この系列に位置づけられた。歴史学についていうなら、まず「ドイツ史」や「フランス史」があり、それらをたばねるものとしての「ヨーロッパ史」があった。一方、「非ヨーロッパ」に属する日本や中国に関する研究は、(3)の東洋学の下部に日本学、中国学という形で分類された。当時、進歩がなく停滞していると見られた「非ヨーロッパ」特に「オリエント」に、進歩を前提とする

歴史は存在しないが、それでも文字に記された過去があることは確かである。それは進んだヨーロッパの過去を知るためにも重要であり、そのために「日本学」「中国学」という範疇の研究が整備されたのである。ドイツのA大学人文学部の組織は、正にこのウォーラーステインの整理した体系に従っている。

そして、これがきわめて重要な点だが、当時自らを「ヨーロッパ」に属すると認識した人々は、人類の歴史の最先端を行く自分たちの社会を、いずれ非ヨーロッパの人々も採用するはずの普遍的な性格を持っていると考えた。また、彼らが生み出した知は、その基本的な前提や理解の枠組みなどすべてを含めて普遍的なものだと理解された。彼らによって体系化された学問が生み出す知と「非ヨーロッパ」に住む人々の知は多くの点で異なっているが、両者の相違は主として人間集団としての成熟度の相違によるもので、やがては「非ヨーロッパ」でも「ヨーロッパ」の知の体系が受け入れられるはずだと考えられた。なぜなら、地球上の人間は、多くの集団に分かれているとはいえ、すべてが同じ道を同じ方向に向かって歩んでおり、文明の進歩という点で遅れを取っている「非ヨーロッパ」は、はるかに進んだ「ヨーロッパ」が文明化の使命を果たすことによって、やがてはその普遍的な学問の方法と知の体系を理解し、自らのものとするものとみなされたからである(10)。かくして、ヨーロッパで体系化された人文学・社会科学は、少なくとも当のヨーロッパの知識人たちにとっては、言うまでもなく普遍的、すなわち人類共通の知を生み出すためのものだった。

ここでは、ドイツの大学の話から始めたので、「ヨーロッパ」と「非ヨーロッパ」の二項対立を暗黙知としたが、その後アメリカ合衆国を中心とする北米での人文学研究が盛んになると、「ヨーロッパ」概念は、特に北米においては、地理的なヨーロッパに北米を含む「西洋（the West）」概念へと変化した。これに伴ってその対概念も「非ヨーロッパ」から「非西洋」へと変わる。「ヨーロッパ」と「西洋」は同義ではないが、どちらもがすべての「正」の価値を有し、対概念である「非ヨーロッパ」と「非西洋」はすべての「負」の概念に特徴づけられているとみる点では、同じ性格を持っていると考えてよい。ウォーラーステインが学問を分類する際に用いているのは、この意味での「西洋」である。

日本の人文学の暗黙知

最近公表された論考の中で、佐藤仁は、すでに創成期の東京大学において、人文社会科学に独自性のある知の体系を求める動きが見られたことを明らかにしている。第二代総長を務め、国家学（政治学）の創設に携わった加藤弘之は、「実験科学を手本にし、欧米の理論を金科玉条のごとく唱えて日本語に置き換えるだけでもない、諸事実との対話に立脚した実証的な研究」を、新しい国家学に求めたという(11)。

人文学の学科改変も同じ文脈で理解できるだろう。歴史研究についていえば、西洋の大学には、日本史の講座は存在しない。しかし、日本の大学である以上、たとえそれが西洋の大学には存在しなくても、日本の歴史に関する講座を設けるのが当然だと考えられた。当時の知識人がどこまでその点を明確に意識していたかははっきりしないが、それは、研究に際して対象をどの立場、角度から見るかという研究者の立ち位置と視点、別の言い方をすると、「自」と「他」の区分の問題と深く関係している。世界観、すなわち、世界をどうとらえるかという点において、日本にはドイツおよび西ヨーロッパとは異なる独自の暗黙知があり、輸入された人文学の組織は、それに基づいて再編成されたのだ。以下、この点をもう少し詳しく説明しよう。

すでに述べたように、ドイツの大学では、自国を「自」、それ以外を「他」とする見方を基本とし、それに加えて、ヨーロッパを「自」、非ヨーロッパを「他」とする暗黙知が存在した。そして、この暗黙知をもとに、人文学・社会科学の学問分野が体系化された。ところが、国民国家を建設中の日本に、この体系をそのまま移そうとすると、たちどころに厄介な問題に直面する。それは、「自」であるはずの日本が、元の体系では「他」である「非ヨーロッパ」に含まれており、自他認識の「ねじれ」が生じるということである。ドイツ方式にそのまま従うなら、「自」である日本に関する研究を「他」を理解するための学問である東洋学の視点と方法によって行い、「他」であるはずのヨーロッパに関する研究を、「自」の視点からの複数の方法によって行わねばならないのだ。しかし、日本の知識人にとってみれば、自国である日本も、西ヨーロッパ諸国と同様に、政治、経済、歴史などさまざまな側面から研究されるべき対象であることは当然だった。

そこで、「ヨーロッパ」ないし「西洋」を研究するはずの国家学（政治学）、経済学や歴史学などの学問の視点と方法が、「自」としての日本の政治、経済や歴史を研究する際に適用されることになった。人文学についていえば、日本に関する専修課程が歴史や文学の系列に埋め込まれ、日本の歴史や文学についての研究は、西洋諸国のそれらと同じ枠組みで行われることになった[12]。一方、西洋では「他」を研究する学問である東洋学は、その研究対象の中に「自」である日本を含むので、日本では学問として成り立たず、採用されなかった。その代わりに、日本にとっては重要な中国やインドに関する専修課程が独立して設置されたと考えられる。

明治期の知識人が、どこまで「自」と「他」の対立に自覚的だったのか、定かではない。しかし、結果として、これらの措置によって、日本の人文学は、総体として、西ヨーロッパや北アメリカの人文学とは異なる独自の体系と視点を持つことになった。日本の人文学では、「日本」が「自」と認識される。日本以外はすべて「他」である。ドイツの場合の「ヨーロッパ」にあたるようなもう一つの「自」は存在しない(13)。「日本」対「非日本」の二項対立が暗黙知となっているのである。ただし、輸入先の西ヨーロッパ諸国における「自＝ヨーロッパ」と「他＝非ヨーロッパ」の二項対立的世界観が、日本型人文学の暗黙知に微妙な影響を与え、「ヨーロッパ」と「非ヨーロッパ」が、ともに半分「自」と認識される場合があるという点には注意が必要である。

日本の人文学研究者の著作は、ときに「ヨーロッパ中心的」だと批判されることがある。それは、著者が西ヨーロッパ諸国における「自＝ヨーロッパ」に基づく学問体系の解釈や叙述方法をなかば無自覚のうちに自らのものとし、これらに従って「ヨーロッパ」の視点から研究対象にアプローチしていることから生じる現象だと考えられる。一方で、第二次世界大戦前から戦中にかけて力を持った大東亜共栄圏という考え方は、「自」である日本を「非ヨーロッパ」であるアジアの一国ととらえることによってはじめて可能となる。このように、日本の知識人は、日本＝「自」を暗黙知としながらも、時と場合に応じて、ヨーロッパやアジアを都合よく「自」に含めて、世界を論じ理解してきたともいえるだろう。

西ヨーロッパや北米の人文学と日本のそれとでは、このように「自」と「他」に関わる暗黙知が異なっている。だとすれば、それに基づいて整備された研究分野から生み出される研究成果の論点と文脈、意義は微妙に異なることになるはずだ。言語だけではなく、立場と視点、別の表現を用いれば、初期条件が異なっているのに、日本語での研究成果と英語での研究成果を同じ範疇のものとみなし、人間や世界についての普遍的な知を追求することは可能だろうか。また、確かに元来は西ヨーロッパで成立した学問であるとはいえ、その後、日本で独自に発展してきた人文学の「本場」が西ヨーロッパにあるとする日本学術振興会学術システム研究センターの見方は妥当だろうか。立場と視点、それに言語が異なった研究成果を横並びにして、その優劣を競わせることはできるのだろうか。繰り返しになるが、ここでこれらの疑問を再掲しておきたい。

3　アジア研究の暗黙知

日本のアジア研究

ここまでの論述で、日本の人文学・社会科学が、人間と世界を把握するに際して、北米や西ヨーロッパ諸国とは異なった独自の枠組みと視点を持っていることが了解されただろう。では、これは、日本の人文学・社会科学だけの特徴であり、日本の人文学・社会科学は他国の同種の学問群とは異なる〝ガラパゴス的〟存在となっているのだろうか。地域研究という研究分野について論じることで、この問題にアプローチしてみたい。

日本語でいう地域研究は、人文学・社会科学、ときには自然科学の手法も動員し、一つの地域にさまざまな角度からアプローチし、その特徴を総合的に明らかにすることを目指す。比較的新しく開拓され、狭い意味の人文学の範疇には入らない。しかし、文系研究分野の手法をさまざまに用いるという点から、その性格や特徴は、社会科学も含む文系研究全体とも共通だと考えられる。そこで、ここで、日本で普及して重視され、前述の日本学術振興会の報告も取り上げていた「アジア研究」と呼ばれる研究分野を例にとり、世界各地でこの分野の研究体制がどのように組織されているかを確認してみよう。

まず、日本におけるアジア研究である。これを明確に定義することは簡単ではないが、広くとらえるなら、何らかの形でアジア諸地域と接点を持つ研究すべてがその範疇に入る。その目的は、政治・経済・社会などについての社会科学的なアプローチ、歴史、文学、思想などの人文学的な方法、それに地質、海洋、気象、植生、動物など理系の研究によって、あるいはこれらを組み合わせたり融合させたりして、アジアと接点を持つ研究対象、ないし問題群を個別に、また総合的に理解することである。といっても、地理的なアジアは空間として大きすぎるので、実際の研究では、東アジア研究、東南アジア研究、南アジア研究、西アジア研究などの下部分類がしばしば用いられる。さらにその下に、中国研究、インドネシア研究、イラン研究など一つの国単位で研究の枠組みが設定されることも多い。いずれの枠組みを使うにせよ、研究の対象を総合的に理解するためには、異なる学問分野の協力や連携が重要である。これは、アジア研究に限らず地域研究すべてにおいて言えることだ。それゆえに、地域研究は、研究者がバラバラに個人研究を行うことが多い人文学・社会科学系の研究の総合化、ないし学融合のために有効な研究分野だと考えられている。

本書の論点との関連で重要なことは、日本における「アジア研究」が、外国研究の一種だと認識されているという点である。自国である日本がアジア研究の研究対象として意識されることはまれである[14]。日本の研究者は、自らとは異なる他者として日本以外のアジア諸地域を研究対象に定めている。彼らは、日本に立ち位置を定め、世界、とりわけ日本語で意味するアジアを見て、その多様な側面を理解しようとしているのだ。この立場は、二〇世紀初めに整った日本流世界認識、すなわち、日本、東洋、西洋の三区分の延長線上に位置しているともいえるだろう。前述の日本学術振興会による報告では、「アジアの目から見たアジア研究」と記されているが、日本の研究者は、決して自分を研究するという態度でアジア研究に従事しているのではない。あくまでも、他者としてのアジアを理解しようとしているのだ。それでは、日本以外の諸国では、「アジア研究」とはどのような内容の研究を意味しているのだろうか。また、そこで日本についての研究はどのように扱われているのだろう。まず、北米と西ヨーロッパからなる「西洋」の現状をみてみよう[15]。

西洋のアジア研究(1)——イェール大学のアジア研究とその組織

アメリカのイェール大学には、「アジア」を一つのまとまりとして教育や研究を行う組織はない。一方、日本に関わる教育と研究の組織は二つある。一つは、マクミラン国際・地域研究センター（MacMillan Center for International and Area Studies）、もう一つは東アジア研究機構（Council on East Asian Studies）である。

前者は、世界をいくつかの地域に分け、それらの地域に関する総合的な教育を行う地域研究のセンターである。七つの学部教育プログラムがあり、そのうちの六つが具体的な地域、すなわち、アフリカ、東アジア（日本研究はここに含まれている）、ラテンアメリカ、現代中東、ロシア・東ヨーロッパ、南アジアを対象とする。残りの一つは地域を越えたグローバルな問題を考えるプログラムだ。この地域区分は、一見妥当だが、すでに述べたように、アジアが一つにまとめられていない点、また、いくつかの地域の名前がないという点に注目したい。後者について補足すると、東南アジア、オセアニアが研究対象とならず、さらに、西ヨーロッパと北米も地域としては設定されていない。

東南アジアとオセアニアが研究対象から外れているのは、おそらく人員と予算の関係だろう。一方、北米が研究の対象となっていないことの理由は、マクミラン国際・地域研究センターのウェブサイトに記されたセンターの説明を読めば明確となる。そこには、このセンターの目的が、「国際関係と世界の諸社会や諸文化のあらゆる側面についての研究と教育の進展、大学における教養教育の不可欠な部分として、アメリカ合衆国の国境の外側の世界と世界におけるアメリカ合衆国の役割を理解させること」であると明記されている。(16) つまり、「自」であるアメリカ合衆国から他地域を研究し、その成果を学生に教育するという姿勢である。ここは、アメリカ合衆国の研究者が「他者」を研究するセンターなのだ。彼らは「自」であるアメリカ合衆国自体を直接の研究対象とはしていない。

では、このセンターが扱わない西ヨーロッパは、「自」なのだろうか、それとも「他」なのだろうか。昨今の国際情勢を鑑みるとこれはなかなか難しい問題だが、「自」に入っているのだろうと私は考える。アメリカ合衆国の伝統的な教養教育においては、合衆国は西洋文明（Western Civilization）の後継者と位置づけられている[17]。したがって、このセンターでは、西洋文明の基盤を作った西ヨーロッパは、合衆国と根を同じくする「自」のうちに入るととらえられ、特に研究の対象とはなっていないのだろう。このセンターに所属する研究者は、アメリカにおける世界観を背景に、日本を含む他者の理解に取り組んでおり、学生はその研究成果を学ぶことになる。言語の相違は別にしても、それが日本におけるアジア研究や日本研究の成果と微妙に異なるだろうことは容易に想像できる。これはどちらがすぐれているかという問題ではなく、研究者の立ち位置・視点と関心に関する問題である。

もう一つの東アジア研究機構は、イェール大学の各部局に散在する東アジア関係の教員をつなぐネットワーク型組織で、人類学、言語・文学、比較文学、経済学、歴史学、宗教学、政治学、社会学などの多彩な専門家が集まっている。この組織の主要な役割は、上記マクミラン・センターでの東アジア研究の教育プログラムを提供すること、各種研究集会の主催、教員や学生の研究活動への資金提供、それに学外関連研究者の受け入れなど多岐にわたる[18]。日本は中国と並んでこの機構における教育研究活動の主要な対象である。

以上二つの地域研究に関する教育研究組織を概観したときにもう一つ注目すべき点は、日本が中国、朝鮮半島の二つの国とともに「東アジア」という同じ枠組みの中に置かれているということである。そして、東アジアを研究対象とする学生には、日本語、中国語、韓国語のうちの少なくとも二ヵ国語を学習することが強く推奨される。同じ東アジアに位置する国なのだから当然だとも思える。しかし、日本では決してこのような教育と研究の枠組みは採用されない。日本では、「東アジア研究」の対象は、主として中国と朝鮮半島の国々であり、「自」である日本はこれらとは別に扱われている。

そもそも、すでに述べたように、日本を地域研究の対象とするという考え方はほとんどない。アメリカ合衆国で合衆国が地域研究の対象とはならないのと同様である。また、日本で中国を研究対象とする学生は、通常は中国語だけを学び、韓国語の学習まではなかなか手が回らない。多くの中国研究者は、韓国語よりは英語を身につけることを選ぶだろう。韓国研究者の場合も同様である。このように、同じ東アジアを研究しているとしても、イェール大学と日本の大学では、研究者の立ち位置と視点、関心が相当異なっていることは明らかである。

イェール大学の地域研究に関する組織は、アメリカの大学の標準的なスタイルであり、決して例外ではない。アメリカの多くの大学では、「アジア研究」という大きな枠組みは採用されず、東アジア研究、南アジア研究、中東研究など、空間的にはより狭い地域が教育研究の基本的な単位となっている(19)。日本に関する教育研究プログラムは、ほとんどの場合「東アジア研究」という枠内に置かれている。アメリカにおける世界観を投影した学術界のなかば暗黙の了解として、日本は間違いなく「西洋」ではない他者であり、中国・韓国・北朝鮮などとともにまとめて研究されるべき対象なのである。

西洋のアジア研究(2)——オクスフォード大学のアジア研究とその組織

次に、イギリスのオクスフォード大学の場合を見てみよう。この大学のアジア地域研究に関する組織も大きく二つに分かれている。イェール大学の場合と異なるのは、アジアに関するさまざまな研究が、人文学と社会科学という二つの領域にかなりはっきりと区分されている点だろう。一つは、東洋学部（Faculty of Oriental Studies）、もう一つは、学際地域研究・研究科（School of Interdisciplinary Area

Studies）である。前者が学部と大学院を併せ持つ部局であるのに対し、後者は大学院だけの研究科である。東洋学部がどちらかというと人文学、文献研究、言語教育に重点を置くのに対して、学際地域研究・研究科は、社会科学的な方法によって、現代世界を理解することを目指している。

東洋学部は、一八世紀以来の伝統を誇る西ヨーロッパ東洋学の中心的拠点の一つである。その内部は、ヘブライ・ユダヤ学、東方キリスト教学、エジプト学と古代近東研究、イスラーム世界研究、南・内陸アジア研究、それに東アジア研究に分かれている。日本語や日本文学、日本史などについての研究は、「東アジア研究」の中に含まれる。自らとは異なる「東洋」を研究対象としているので、オクスフォードの知識人が「西洋」とみなす空間は研究の対象とはならない。それは、例えば、西ヨーロッパや北米である。

学際地域研究・研究科には、七つの分科が置かれている。アフリカ、現代中国、ラテンアメリカ、中東、日本、ロシア・東ヨーロッパ、それに南アジアである。イェール大学のマクミラン・センターとよく似た構成になっており、ここでも、西ヨーロッパと北米は、研究されるべき地域とはみなされていない。「自」は西ヨーロッパと北米なのであり、そこからその他の地域を他者としてとらえ、理解しようとしているのだ。この研究科では、中国と日本についての教育研究は「東アジア」として一括されず、別々に行われている。その理由はよくわからない。しかし、日本研究センターの名前には「日産」という冠が付されており、日産自動車が日本についての教育や研究に限って資金援助を行っているようだ。このことが、日本と中国が区別されている理由なのかもしれない。いずれにせよ、アメリカと同様にイギリスの代表的な大学でも、日本は東アジアの一国として東アジア研究の一つの単位となっており、中東やアフリカ、ラテンアメリカなどと並ぶ他者として位置づけられている。

このように、米英の有力大学は、地域研究についてよく似た教育研究の体制を持っている。日本のそれとは枠組みや研究の対象が異なっているが、その差異は、何を「自」と認識し、何を「他」ととらえるかという世界認識と関わっていることがわかるだろう。

西ヨーロッパと北米を「自」とし、その立ち位置から他者を研究する組織は、米英だけではなく、フランスやドイツの研究機関にもみられる。その代表は、一七世紀以来の伝統を誇るフランス国立東洋言語文化学院（INALCO）である。ここでは、「東洋」という古い名称を残しながらも、中央・東ヨーロッパをも含む世界各地の言語と文化が教えられている。ただし、西ヨーロッパと北米の言語や文化だけは教育研究の対象となっていない[20]。世界の中でこの空間が、「自」と認識されているのだろう。

また、ドイツの代表的な研究型大学の一つであるベルリン自由大学には、上で紹介したExcellence Initiativeの資金を獲得し、活発な教育研究を展開している「東アジア研究」の大学院がある。ここでは、アメリカ合衆国と同様の研究枠組みが採用され、主な研究対象となっているのは、中国、朝鮮と日本である[21]。これらから見て、「西洋」における日本やアジアに関する研究の視点と枠組みは、かなり共通していると言えるだろう。地域研究という分野横断的な新しい学問領域においても、「西洋」の人文学・社会科学に特有の「暗黙知」がそのままの形で持ち込まれ、伝統的な学問の場合と同様に機能しているのである。

アジア諸国のアジア研究

では、西洋や日本以外の国々、特に、肝心のアジア諸国では、アジア研究はどのように行われているのだろう。結論を先に述べると、教育研究の単位として、「アジア研究」という枠組みを備えた大学は、私が知る限り、それほど多くはない。例えば、北京大学や復旦大学の知人に尋ねた限りの情報だが、中国にはアジア研究という名前を持つ確たる研究分野は存在しないようだ。日本では自国を除き地理的にアジアに位置する諸国をまとめて「アジア」と認識する場合が多いが、中国で自国を含まない地理的な意味でのアジアを一体のものとして認識することは、なかなか難しいだろう。たとえそういう存在を想定したとしても、それを一つのものとして研究することの意義を説明することは困難である。別の言い方をすれば、中国では、「西洋」と相対するのはあくまでも自としての「中国」なのである。

東南アジアや南アジアの諸大学にも、「アジア研究」という研究や教育の枠組みはほとんど見られない。「アジア研究」が基本的に他者についての研究だとすると、自らがそこに含まれる「アジア」を地域研究の手法で研究するのは難しいからだろう。それは、北米や西ヨーロッパで、北米研究や西ヨーロッパ研究が稀にしか行われないことと同様である。

「アジア研究（Asian Studies）」という名称の組織を持つのは、シンガポール国立大学や香港大学のように、元来イギリスの植民地だった場所に建てられ、英語圏の大学との交流に実績のある大学にほぼ限られる。例えば、シンガポール国立大学には、アジア研究所（Asian Research Institute）があり、それとは別に東アジア研究所（East Asian Institute）と南アジア研究所（Institute of South Asian Studies）、さらにグローバル・アジア研究所（Global Asia Institute）が設けられている。

ウェブサイトを閲覧するだけでは、これら多くの研究所間の区別は必ずしも判然としないが、アジア研究所やグローバル・アジア研究所では、移民、都市計画、宗教とグローバル化、人間の行動変化、健康増進など社会科学的なテーマについて、空間を明確に区分せずに、漠然と「アジア」を対象とした研究が行われている。また、東アジア研究所では主に現代中国の諸側面、南アジア研究所では現代インドの諸側面について、多様な研究が展開されている。これらの研究組織とは別に、教養学部にはアジア研究部門が置かれ、その下に東南アジア研究、マレー研究、南アジア研究、中国研究学科などと並んで日本研究学科がある。日本と中国をまとめた「東アジア」という枠組みでの教育は行われていないようだ。

アジア研究という枠組み自体が珍しい中で、意欲的な「アジア研究」が展開されている大学も、少数だが見受けられる。例えば、ソウル国立大学には、二〇〇九年にアジアセンター（Asia Center）が新しく設立されている。私は直接このセンターを訪れたことはないが、ウェブサイトを見ると、このセンターは、日本から中東までの広義のアジア全域をその研究対象とし、ポピュラー・カルチャー、米中関係、民主主義と経済発展、市民社会とNGOなど八つのテーマを定めて研究を行っている。カン・ミュンクー（Kang Myung-koo）所長が、アメリカやイギリス、日本とは異なったアジア研究を目指すと宣言し、韓国研究を包み込んだアジア研究、韓国研究としてのアジア研究を目指すと述べている点は注目に値するだろう。韓国には韓国の地域研究があるとする一方で、「自」と「他」の区分を明確に意識し、それを乗り越えようとしているからである。[22]

同様の取り組みは、実は日本にもみられる。東京大学の部局の枠を越えたネットワーク型の教育研究組織の一つ、「日本・アジアに関する教育研究ネットワーク」（ＡＳＮＥＴ）がそれである。一見奇異なこの名称は、国際的な研究とのつながりを重視するがゆえの工夫だ。単に「アジアに関する教育研究」とすると、少なくとも日本語では、そこに日本が含まれないとみなされるので、「日本」を付することによって、ネットワークが日本研究とも連携しているということを明示しているのである。一方で、このネットワークの英語名称は、単に、"Asian Studies Network" である[23]。英語にすれば、わざわざ付け加えるまでもなく、日本はそこに含まれているからである。

このように、韓国や日本の一部の研究機関には、例外的に「自」と「他」の区分を意識した教育や研究の組織も見られる。しかし、これらの組織が目指すのは、世界をアジアと非アジアに区分し、その一方のアジアに焦点を絞って研究を進めることであり、その結果としての新しいアジア像の提示である。そこでは、アジアと非アジアは別の空間であることが、研究の前提となっている。これは、「ヨーロッパ」と「非ヨーロッパ」を峻別した一九世紀後半以後の西ヨーロッパにおける人文学・社会科学の暗黙知の裏返しであり、世界における人間とその社会がはっきりと二つに区分されている点では、西ヨーロッパや北米における世界認識と変わりがないともいえる。この見方によるなら、自国とともに「アジア」が「自」となるのである。それは、「ヨーロッパ」とそこに位置する国民国家の関係と同様であり、この路線で議論を進める限りは、従来は考えられなかったまったく新しい世界のとらえ方を提案しているとは言えないだろう。

アジア研究の多様性

長くなったが、以上、日本、西洋、アジア各地で、いわゆる「アジア研究」がどのような枠組みや組織によって行われているかを一通り眺めてみた。研究の枠組みや教育の組織が国や地域によって異なり、多様であることが了解されるだろう。まとめてみると、アメリカ合衆国や西ヨーロッパでは、他としてのアジアをいくつかの地域に分けて研究し理解することが目指されている。そして、自であるアメリカ合衆国や西ヨーロッパがこれらの地域で果たすべき役割が検討されている。アメリカ合衆国や西ヨーロッパで設定される研究枠組みでは、日本は、中国・朝鮮と同じ「東アジア」という枠に入る。

一方、日本では、原則として、自らを含まず西アジアまでを視野に入れたアジア諸地域をアジアという一つの枠組みの中に入れ、他者として理解しようとしている。また、その前提として、アメリカと西ヨーロッパという西洋諸国は、アジアとは区別されている。ロシアが地理的、概念的にどのように理解されるのかはきわめて曖昧である。

日本以外のアジア諸国では、そもそもアジア研究という枠組みはあまり用いられない。自としての自国研究はありうるが、「アジア」を自とする枠組みや他とする枠組みを設定することは、政治的にも文化的にも難しいからだろう。アジア研究という枠組みを設定しているのは、ごくわずかな例外を除くと、かつてイギリスが植民地支配の拠点としたシンガポールや香港の大学だけである。

このように研究の枠組みや視点が異なっている理由は、これまで繰り返し述べてきたように、何を「自」とし、何を「他」とするかが、国や地域によって異なっており、そのため、研究者の立ち位置や視点とその結果としての世界認識が異なっているからである。一部の例外を除いて、アジア研究に従事する研究者は、基本的には、自分の属する国の社会や学界における「自」と「他」の認識の仕方に従って研究を進め、自国語で成果を発表している。研究成果は、まず、自国の人々の世界認識に貢献することが期待され、同時に、自国の政治・経済・軍事などの政策や計画にも役立つことが目指されている。

地域研究の成果は、まず「自」に対して語られる。その際、「自」である「私たち」はあらためて検討する必要のない暗黙知として、研究の前提となっている。それは、日本では「日本」であり、アメリカ合衆国ではまず「アメリカ合衆国」、さらには「西洋」である。研究成果を語る人の立ち位置と語る相手、それに語る言語が異なれば、同じ対象を扱っていても、その語りの内容や結論は当然異なる。つまり、地域研究においては、その研究成果にいくつもの限定的な価値や判断が含まれるので、世界中の誰もが納得できる普遍的な結論に至ることは考えにくいということになる。

例として検討した「自」と「他」をめぐる以上のような地域研究の特徴は、主に言語を用いて研究を行う人文学と社会科学、いわゆる文系研究全般の特徴でもある。日本の人文学・社会科学には独自の見方があるが、それは世界の人文学・社会科学の中で「ガラパゴス化」しているからではない。これまで世界各国の人文学・社会科学研究者は、ある時は意識的に、また別の時には半ば無意識のうちに、各国や言語ごとにそれぞれの国を「自」、それ以外を「他」として、各学問分野の研究を各国語で展開し、言語ごとに独自の知の体系を作りあげてきた。ドイツとフランスは、日本では同じ「ヨーロッパ」あるいは「西洋」の国だとみなされる。しかし、ドイツにおけるドイツ語による知の体系とフランスにおけるフランス語の知の体系は決して同じではない。言語の違いはもちろんだが、研究者の立ち位置も異なっているからだ。また、同じ英語圏に属するとはいえ、アメリカ合衆国の英語による知の体系とオーストラリアの英語による知の体系も、まったく同一だということはできない。日本における日本語による知の体系は、このような各国別の知の体系の一つの典型的な例なのである[24]。

もちろん、これらの異なる知の間をつなごうとする試みや、互いの知を理解し合おうとする企てはこれまでにも数多く持たれてきた。いわゆる国際会議はそのもっとも一般的な例である。グローバル化の時代を迎え、この方向への動きが加速し、人文学・社会科学研究は新たな段階を迎えている。このことについては、第4章で語ることにしたい。

（1）第三期はそれまでとは異なり、先端研究拠点の申請が先行し、一定数の拠点が採択された大学の将来構想に対して、さらなる支援が行われる予定である。

（2）原語は、Philosophische Fakultät、文字通りには「哲学部」である。当日の説明や質疑はすべて英語で行われ、英語では Faculty of Humanities と説明された。ここにも、異なる言語間で似た語の意味の微妙な違いが見て取れる。

（3）例として、オクスフォード大学の人文学研究の構成を以下に記す。この研究領域は、次の一三の部門からなっている。古典学、英語英文学、歴史学、言語学・音声学、中世・近代語、音楽学、東洋学、哲学、オクスフォード人文学研究センター、アメリカ研究、美術、神学・宗教学、ヴォルテール基金。東洋学を除くすべてがイギリスと西洋に関する研究をミッションとしている。歴史学部には、次の九つの研究センターがあるが、基本的にイギリスとヨーロッパの歴史を研究対象としている。近世イギリス・アイルランド史、ジェンダー・帰属意識・主観性、子供の歴史、近代ヨーロッパ史、ビザンツ研究、グローバルヒストリー、古代後期史、アメリカ合衆国史、医学史。日本や中国などの歴史は、東洋学部の担当である。https://www.ox.ac.uk/research/divisions?wssl=1、http://www.history.ox.ac.uk/research-centres を参照。

(4) 翌二〇一六年六月初めに開催された第二回国際有識者会議では、現代ドイツで大きな問題となっている「移民」問題を念頭に置きながら、人文学・社会科学の多くの分野が「相違」をキーワードとして共同研究を企画する体制を作ること、また、サステイナビリティー研究に文系の研究者が積極的に関わることの二点が、A大学側から提案された。一年の間に、大学内部での議論と意識改革は相当程度に進んだように感じられた。

(5) 吉見俊哉『大学とは何か』岩波新書、二〇一一年。

(6) その前身として、一九〇四年には支那史学科が設置されている。中見立夫「日本的「東洋学」の形成と構図」岸本美緒(責任編集)『岩波講座「帝国」日本の学知　第三巻　東洋学の磁場』岩波書店、二〇〇六年、三〇頁、羽田正『新しい世界史へ——地球市民のための構想』岩波新書、二〇一一年、一一四—一一六頁。

(7) 前掲注(6)羽田『新しい世界史へ』二〇一一年、二九頁。

(8) 文献文化学が東洋系、西洋系に明示的に分かれていること、「思想」各研究分野のうちで、中国哲学史、インド古典学、仏教学は文献文化学東洋系に、西洋哲学史とキリスト教学は思想文化学に分かれて組織されている点が特徴的だといえるだろう。日本哲学史や西南アジア史学、地理学など、東京大学文学部にはない専修もいくつか見られる。

(9) ウォーラーステイン著、本多健吉・高橋章監訳『脱＝社会科学——19世紀パラダイムの限界』藤原書店、一九九三年、三一—三三頁。

(10) 本来は、ヨーロッパ諸語の膨大な文献を用いて、ここでまとめて述べたことを論証する必要があるだろう。とりあえずの邦文文献として、以下を参照。武田英尚『文明と野蛮のディスクール』ミネルヴァ書房、二〇〇〇年、工藤庸子『ヨーロッパ文明批判序説——植民地・共和国・オリエンタリズム』東京大学出版会、二〇〇三年、羽田正『イスラーム世界の創造』東京大学出版会、二〇〇五年、前掲注(9)ウォーラーステイン『脱＝社会科学』、ウォーラーステイン著、山下範久訳『ヨーロッパ的普遍主義』明石書店、二〇〇八年。

(11) 佐藤仁「大学の内なる国際化に向けて──東京大学にみる国際化の一四〇年」羽田正編『グローバルヒストリーと東アジア史』東京大学出版会、二〇一六年、二九九─三〇〇頁。国家学ははじめ文科大学に設置されていたが、後に法科大学に移設された。

(12) 思想に関する系列にだけは、なぜか日本思想、ないし、日本哲学という名の専修課程がない。「哲学」という専修課程がそれにあたるのだろうか、日本には哲学に値するようなものがないと考えられたのか、それとも、仏教、神道など宗教に関わる思想は、哲学とは定義できなかったからなのだろうか。検討されるべき課題だと考える。

(13) のちのアジア主義は、もう一つの「自」を作るための運動だったとも解釈できるだろう。

(14) ジェトロ・アジア経済研究所のウェブサイトでは、この研究所におけるアジア研究が、日本を除く東アジア、東南アジア、南アジアであることを明記している（http://www.ide.go.jp/Japanese/Research/Region/Asia/index.html）。早稲田大学には、アジア研究機構という部局を越えた連携研究のネットワークがあるが、この機構における研究地域は、東アジア、東南アジア、南アジア、イスラム圏アジアの四つであり、日本は含まれていない。私の所属する東京大学東洋文化研究所は、自らを「アジア研究の世界的拠点」と位置づけているが、他のアジア諸国と比較すると日本についての研究を本格的に展開しているとはいえない。これら主要な研究機関では、日本は通常のアジア研究の対象とはなっていないことがわかるだろう。ただし、東京大学大学院総合文化研究科の地域文化研究専攻には、アジア研究の下位区分として「日本」が置かれている。したがって、日本におけるアジア研究には日本研究が含まれないとまでは言えない。

(15) 北米やイギリスにおけるArea Studiesという学問の性格は、必ずしも、日本における地域研究のそれと同じではない。この点については、羽田正「グローバル・ヒストリーの豊かな可能性」羽田正編『グローバル・ヒストリーの可能性』山川出版社、二〇一七年、一一頁を参照。

(16) http://macmillan.yale.edu/about。

(17) 試みに、Western Civilization(s), history という二つの語を使ってインターネットで検索すると、教科書として使われているぼう大な数の書籍がリストアップされる。これらの本では、例外なく、アメリカ合衆国史が西洋文明の歴史の一部に組み込まれている。

(18) 詳細は、以下のウェブサイトを参照：http://ceas.yale.edu/about-ceas。

(19) ただし、学会としては AAS（Association for Asian Studies）がある。この学会に含まれる「アジア」は南アジアまでで、西アジアまたは中東研究に対しては、別の学会組織（中東学会、MESA）がある。

(20) 正確を期すなら、北米の先住民言語は教育研究の対象となっているが、現在の北米大陸の主要な言語である英語、フランス語、スペイン語とそれらに関連する文化は教育研究の対象ではないということになる。詳細はこの機関のウェブサイトを参照：http://www.inalco.fr/formations/langues-civilisations。

(21) http://www.geas.fu-berlin.de/index.html。

(22) http://snuac.snu.ac.kr/center_eng/?page_id=224。

(23) 詳細はこのネットワークのウェブサイトを参照のこと：http://www.asnet.u-tokyo.ac.jp/。アジア研究を英語にすると、Asian Studies となる。アジアに関する研究という意味である。ただし、英語の Asia の用法は多様である。例えば、イギリスで Asian people というと、南インドの人々のことを指すが、アメリカの特に西海岸では、多くの場合、東アジアや東南アジアの人々を意味する。日本は、中国や朝鮮半島の国々とともに、Asia、ないし、Far East、East Asia の一国とみなされ、日本に関する研究は Asian Studies、あるいはそれに類する研究の一部だと考えられる。これは、一九世紀のヨーロッパで形成された東洋学の場合と同様である。

(24) ドイツとフランスの場合は、「EU」「西洋」「キリスト教」など、政治的、文化的にかなり多くの重なり合う特徴を持っている。また、アメリカ合衆国とオーストラリアの間には、英語という共通の言語がある。したがって、国は異なるが帰属意識が一部重なり合う研究者が生み出す知の体系は、重なり合っている部分が多くなっていることが予想される。一方、日本の場合は、他の国々と共有しうる要素や特徴が限られており、その独自性が際立っているという点には注意が必要である。

第3章　知の多元化と言語

1　人文学・社会科学とその言語

日本語と外国語の意味のズレ

暗黙知と並ぶ日本の人文学・社会科学のもう一つの特徴は、その主要な研究成果が日本語で発表されているということである。当たり前のように思えるかもしれないが、これはきわめて重要な特徴である。そして、この点が「国際化」が足りないとの各方面からの批判を招く大きな原因となっている。

かつて、私は同僚の理系研究者と研究の言語をめぐって大激論を交わしたことがある。この友人は、「日本語の研究業績をただ英語に置き換えるだけでよいのだから簡単なことではないか。それをやらないのは怠慢だ」と、日本の人文学・社会科学の現状を厳しく批判した。これに対して、私は、これまで日本語で蓄積されてきた知の体系や日本語に特有の世界の見方、つまり日本語で話をする際の暗黙の前提を全体として英語で説明することなしに、日本語で発表された個々の研究をただそのまま英語に翻訳しても、日本語を解さない人々にはその重要性や文脈、意味が十全に理解されない、英語圏の研究の背後にある世界の見方、すなわち、英語圏における暗黙の前提は、日本語のそれとは異なっている、したがって、ことはそれほど単純ではないと反論した。しかし、友人は最後まで私の説明に納得してくれなかった。研究者という同じ職種の人間を説得することですら難しい。まして、一般の人々に理解を求めることは容易ではないだろう。文部科学省や日本学術振興会の批判は、ある程度一般の人々の考えを代弁していると言えるだろう。そこで、以下、研究に際して用いる言語についての私の考え方をさらに詳しく説明したい。

西ヨーロッパに起源を持ち、人間とその社会を理解するための新しい学問の体系、すなわち、人文学・社会科学が、一九世紀後半から二〇世紀初めにかけての時期に、「大学」という新しい機関の設置と並行して、組織的に日本に導入された。これと軌を一にして、近代になって西洋諸語で重要な意味を持つようになった政治や社会に関わる概念が、大量に日本語に入り込むようになった。これらの概念を取り入れるにあたって、当時の日本の知識人たちは、古くからあった日本語の単語に新しい意味を追加したり、漢字二字の新しい単語を考案したりした。当時の西ヨーロッパ各地と日本列島の社会は、当然のことながら、まったく同じ構造を持ってはおらず、それぞれの社会には特有の価値と規範が存在した。

例えば、英語における right や freedom といった概念にピッタリと一致する語は、これらの概念が知られるようになった当時の日本語には存在しなかった。そこで、これらに対応する日本語の訳語が新たに作られた。しかし、その意味は当然、イギリスや西ヨーロッパ諸社会におけるものとまったく同じではなかった。そして、新しい訳語は、日本列島の社会の実情に合わせて、日本語の体系と価値、文脈の中で、原語とは微妙に異なる独自の意味を持って理解されるようになっていった。また、新しい西洋起源の概念の意味に合うように、社会そのものが変化してゆく場合もあっただろう。

柳父章は、外来語がまず意味が定まらない状態で日本語に取り入れられ、その後、日本語の文脈に合うように意味を変えることを「カセット効果」と呼び、「権」「自由」「社会」など具体的な語を例に挙げて、その現象を説得的に説明している。(1) 同じことはそれより前の時代に日本語の中に取り入れられた漢語の語彙の場合にも言えるだろう。ある語の起源が漢語や西洋諸語にあるとしても、それが一旦日本語の中に取り入れられると、その意味が、元の漢語や西洋諸語のそれとまったく同じままであることはできないのだ。

例えば、「国」「民族」「自然」といったごく基本的な語彙を思い浮かべてほしい。(2) これらは、日本語と西洋諸語の代表である英語との間で一語ずつピッタリと意味が対応しているだろうか。答えは否である。日本語と英語では二つの言葉の意味が異なる場合、日本語で複数の異なった語が英語の一語だけに対応する場合、英語には多くの語があるのに日本語にはそれに対応する語が一つしかない場合、また、対応する語はあってもそれぞれがカヴァーする意味の範囲が異なっている場合、さらには一方の言葉にはあるのに他方の言語にはそれに対応する語がない場合などさまざまなケースがある。最後の例としては、よく「わび」や「さび」が挙げられるが、最近の語では「おもてなし」もその一つだといえるだろう。英語でこれに対応しうるかもしれない語は、“hospitality”や“service”だろう。しかし、受け入れる側が訪れる側を自らとはっきりと区分し、必ずしも言葉では表現されないような訪問者の希望や行動を忖度し場の雰囲気を読んで訪問者を喜ばせるために尽くすという「おもてなし」の意味と、これらの英単語の意味は、微妙に異なっている。

日本語と英語の語彙は、それが抽象的なものであればあるほど、完全には意味が一致しない。単語の意味が異なるなら、それが表象する対象と価値やそれが他の単語と組み合わさって創り出す文脈や文章全体の意味が一致しないのは当然である。つまり、ある一つの事象について、日本語話者が日本語で考え理解し頭に思い描いているイメージと英語話者が英語で考え理解して頭に思い浮かべているイメージが同じであるという保証はどこにもないのだ。「国際化」と"internationalization"の例で示したように、両者の思い浮かべている内容は、文脈によって微妙に異なっていることが十分にありうる。[3]プリンストン大学の歴史学者リンダ・コリーが、最近の論文で、英語の constitution とその日本語の対応語である憲法の意味が同じではないと指摘していることを例として挙げておこう。[4]

英語に代表される西洋諸語だけではなく、同じ漢字を用いる中国語と日本語の間でも、しばしば単語の意味は微妙にずれる。例えば、「国民」という単語がそうだ。日本語の国民と同じ意味の語は中国語にはなく、それに近い語は、公民や民族である。中国語の「民族」は日本語から輸入されたものだが、今日では中華民族を指す場合と中国国内の少数民族を指す場合の両方で使用されており、日本語の単語とは少し意味が異なっている。

日本語で記された人文学や社会科学の研究成果を外国語に翻訳しようとするなら、このような対応する単語の間の微小ではあるが重要な意味のずれ、さらにはそれが起因となる文脈の違い、テキスト全体の意味の相違に十分な注意を払い、それらを可能な限り説明せねばならない。それは、数字や記号という普遍的な媒体を用いて論じる理系の学問とは異なり、決して容易なことではない。

日本語による教養

問題は単語や文脈の意味の相違だけにはとどまらない。そのような単語を用いて日本語で著された人文学や社会科学の研究成果が、諸外国における外国語による研究を取り入れながら、一〇〇年以上にわたって積み重ねられ、人間とその社会について一つのまとまりのある知の体系を形成している。それは日本語による人間観、世界観であり、全体として「教養」とでも呼ぶべきものである。この知の体系は、他の言語による類似の体系と似た構造を持ってはいるが、多くの部分で独自の特徴を備えてもいる。現代日本における日本語による人文学・社会科学の研究は、この教養を前提として、それに何かを付け加える、あるいはその一部に異論を唱えたり修正を提案したりすることを目的にして発表される。ということは、ある研究の論点や意味が正確に理解されるためには、著者と読者の間で日本語による教養が共有されていなければならない。それがない場合、個々の研究をそのまま外国語に翻訳しても、なぜそのような研究が必要なのか、その研究によって何が明らかにされ、それはどのような意味を持つのかといった点が十分に理解されるかどうかはわからない。

そもそも、ここで述べた日本語の「教養」を、一言の英語で説明することは容易ではない。手元の辞書では、「教養」にあたる英単語として、culture（日本語では一般に「文化」）、refinement（日本語では一般に「洗練」）などが紹介されている。しかし、これらの語は、「教養」と重なる部分もありそうだが、カヴァーする意味内容にはかなりのズレがある。日本語の教養はドイツ語の Bildung に対応する概念である。この二つの言語の間であれば、少なくとも「教養」については比較的容易に意志の疎通ができそうだが、英語との間だとさまざまな言い回しを用いて相当詳細に説明しないと、正確な意味は伝わらないだろう。[5] つまり、私がここで日本語を用いて論じていることを英語にそのまま直訳した場合、その真意がどれだけ伝わるかはわからないのである。

教養という語の翻訳の困難さに関連して、もう一つの例を挙げておこう。東京大学には、教養学部という部局がある。その英訳は College of Arts and Sciences である。arts という語の起源は西ヨーロッパ中世の大学における liberal arts（自由七科）にあるが、[6] アメリカの英語ではしばしば人文学を指す。Arts and Sciences のように Arts と Sciences を並べて用いる場合の arts は、「文系」というほどの意味になり、「理系」を表す sciences と合わせると、一般教養科目の意味で理解される。しかし、東京大学教養学部では、単に学部一、二年生に対して一般教養科目が教授されるだけではなく、学部後期課程で専門科目も教えられる。College of Arts and Sciences という言葉が、この複雑な構造を表現できているかどうかはやや疑問である。

さらに厄介なことに、この学部はその上に大学院を持っており、それは総合文化研究科と呼ばれる。英訳は、Graduate School of Arts and Sciences である。Arts and Sciences が一般教養科目だとするなら、その大学院とは一体どのような存在なのか。日本語がわからず、ただ、この英訳だけを見た人は、きっと不思議に思うに違いない。日本の大学の仕組みや東京大学の複雑な構造を説明すれば、最終的に納得はしてくれるだろうが、いずれにせよ、この事実は、日本の大学における教養や総合文化という語が、英語では Arts and Sciences という言葉でしか表現できないということを示している。

話がやや脇道にそれたが、このように、日本語による人文学・社会科学の研究を英語に翻訳しようとするなら、その背景となっている日本語で蓄積されてきた知の体系や日本語に特有の見方、語彙、すなわち日本語による教養を全体として英語で説明しなければならない。それは無理だとしても、少なくとも、研究の背景にある日本語の知の特徴を十分に意識した上で、自らの研究の成果とその意義を英語の文脈で語ることが必要である。むろん、英語には英語特有の価値や文脈があるから、その点にも注意せねばならない。数字や記号という単純明快で世界共通の要素によって研究成果の説明が可能な理系の学問と文系の学問の大きな違いはここにもある。

2　人文学・社会科学と知の体系

複数の知の体系の一つとしての日本の人文学・社会科学

西ヨーロッパ諸国で体系化された人文学・社会科学の諸学問は、それが日本に持ち込まれた後、そこで「自」と「他」の転換を軸に改変され独自の性格を持つようになった。そして、学問分野ごとに日本語で研究が積み重ねられてきた。その過程では、当該分野の外国語による研究の成果も適宜取り入れられた。私たちの先達は、日本語と強く結びついた「日本人」という立ち位置から人間・世界・宇宙を十分に理解できるように、新たな日本語の語彙を作り、外国語の語彙を日本語の単語に転換し、自然科学など他の研究分野の成果をも取り込みながら、日本語による特徴的な知の体系を作りあげてきた。

日本語による知の体系は、人間とその社会、さらに人間が生きる地球や宇宙に関して、統合的で一貫した説明を行いうるという点も、あらためて指摘しておきたい。これは、あまり強調されることがないが、日本が世界に誇ることのできる文化的な達成の一つである。世界には、高等教育や先端研究のすべてを必ずしも自らの母語で行うことができない人々が数多くいるからである。自然科学も含む日本語による知の体系は、間違いなく、世界有数の規模と内容を備えている。日本が世界に誇るべき宝の一つがここにある。

現在の日本における人文学・社会科学の研究は、この特徴的な知の体系の上に立って進められている。それまでの多くの研究成果を取り込んだ研究がさらに先に進み、深まるにつれ、そこから生まれる分析や総合、新しい考え方や見方は独創的な性格を強め、それらを正確に表現し、伝えることができる言語は、日本語しかないということになる。かくして、日本語の知に基づく人文学・社会科学の研究成果を英語に翻訳することは、容易ではない。逆説的だが、日本語は翻訳するには高度に発達しすぎているのだ(7)。

一方で、日本語を用いた人文学・社会科学の研究成果は、初等・中等学校教育や出版、メディアなどの手段を通じて、日本国民の教養の基礎となり、私たちの知の中にしっかりと根付いている。特に、大日本帝国が滅びた第二次世界大戦後に、各方面で新たな日本国の骨格と姿が構想されるなかで、日本列島に住む人々にあらためて日本人という国民意識を強く植え付け、他に類を見ないほど安定した国民国家を再建することができたのは、日本語による日本国民の教養の力だったともいえる。仮に、日本語の使用が禁じられ、人文学・社会科学の研究が英語で行われていたとすれば、日本国民としての意識や教養は現在のそれらとは相当に異なった形をとることとなり、必然的に日本国の枠組みも現在のような確固たるものとはならなかっただろう。文系の学問は実生活に直接役立たない不要不急の学だとしばしば批判されるが、それはとんでもない間違いである。日本語による人文学と社会科学こそ、日本人に特有の人間観と社会観、世界観の基盤を形成し、その日常的な言論や判断を支えてきたのである。

このように、日本語には日本語に独自の知の体系と教養があり、それは英語やフランス語、中国語などの外国語によるそれらとは異なっている。世界には、国と言語ごとに数多くの知の体系があり、外部への発信量に違いはあるが、基本的にそれらの間に優劣はない。それらの知の体系が互いにつながり、重なり合いながら重層的に存在しているのが、現代世界における知の姿なのである。

人文学・社会科学と国民国家建設

人文学・社会科学の諸学問分野は、それらが制度化されて間もない頃から現代に至るまで、互いに参照を繰り返しながらも、基本的に、各国別・各言語別に研究され、体系化され、その成果が各国語で発表されてきた。なぜ単一の言語によって体系化されることがなかったのだろう。その理由の一つは、これらの学問が生まれた当時の人間社会が、共通語による体系化を必ずしも必要とはしなかったからである。特に、文系の諸学問は、人間社会の動向と緊密に絡み合いながら、社会の需要に応えて育ち、体系化されてきた。

西ヨーロッパでは、形成途次の「国民国家」を「自」とし、それ以外を「他」とする世界認識と「ヨーロッパ」対「非ヨーロッパ」という文明に関わる二項対立的な暗黙知が組み合わさり、それがすべての人文学・社会科学知の基盤となって、各国ごとに学問が体系化されていった。当時としては、それがもっとも必要とされた知の体系化だったのだ。例えば、フランスでは、フランス史、フランス文学、フランス思想、さらにはフランス政治、フランス経済、フランス社会など、「フランス――」を枠組みとし、人文学・社会科学の各分野で、国民の言語となったフランス語を用いて研究が行われるようになった。すべてが明示的ではないにせよ、基本的な枠組みは、国民国家としての「フランス」であり、歴史、文学、思想、政治、経済、社会、地理などにみられるフランス的特徴こそが明らかにされるべき最も重要な要素だった。外国研究は、比較によってフランス的特徴をさらに深く理解するためにこそ重要だった。

また、フランス的な特徴はヨーロッパ的な特徴、すなわち当時は「普遍」と考えられていた特徴と相当程度重なり、フランスのさまざまな側面を研究することは、ヨーロッパのそれらを研究することとほぼ同義だった。(8) イギリスの学問は「ヨーロッパ」とは一定の距離を置いていたし、ドイツの学問が、常に自らと「ヨーロッパ」を重ね合わせていたとは言えないかもしれない。「ヨーロッパ」との関係は各国によって微妙に異なる。しかし、国家を基本的な研究の枠組みとする学問の姿勢は、ともにフランスのそれと変わるところがなかった。

当時の西ヨーロッパ諸国は、主権国民国家建設の道をひた走っており、人文学・社会科学の多くの領域は、国家を研究枠組みとして設定し、その性格や特徴を各分野別に分析し、明示することによって、全体として主権国民国家の可視化、実体化に大きく貢献した。国家によって設置されたり、国家が支援したりする大学や研究機関には、有用な人文学・社会科学の各学問分野の研究単位が設置され、そこから、国家を単位とする膨大な数の研究が生み出された。そして、その成果が、国家の管理する初等中等学校で教育に活用された。また、主要な成果は出版物として人々の間で共有され、それらが国民の教養となった。

フランス人の歴史家、ジュール・ミシュレが、一九世紀半ばすぎに『フランスの肖像』と題する小学生用のテキストを書き、フランスの地理をわかりやすくかつ愛国的に記したことを、その典型的な例として挙げることができるだろう。[9] このテキストの冒頭には、「フランスの歴史はフランス語とともに始まる」という象徴的な文章が掲げられている。[10] 人文学と社会科学は、それが制度化された一九世紀の西ヨーロッパで、人びとにフランス人やドイツ人としての自覚とフランスやドイツという国民国家への帰属意識を呼び起こさせることに大きく貢献したのだ。

同じことは、この学問体系が導入された日本についても言えるだろう。すでに上で述べたように、西ヨーロッパの近代学問体系が導入されるに際しては、それを日本の現状に合わせるための改変が必要だった。その上で、その後一世紀にわたって、独自の世界観に基づく膨大な研究成果が日本語で発表されてきた。日本の法、政治、経済、文学、歴史、思想、社会等々。これらの研究において、「日本」はほとんどそれを意識しなくなるほどに自然な基本的枠組みだった。[11] 外国研究は、日本の特徴をより深く知るために、また、日本から見た世界を体系的に理解するために重要だった。

このように、人文学・社会科学は、一九世紀以来、各国での主権国民国家建設と連動する形で制度化され、その実現に大きな役割を果たしてきた。人文学・社会科学の多くの分野は、その意味では世界中で共通のミッションを持っていたといえる。研究の方法も相当程度は共通である。しかし、生み出される研究成果は、決して統一的で普遍的だったわけではない。研究の背景には必ず自と他の認識に関わる国・言語ごとの独自の暗黙知と知の体系があり、別の場所で同じことをテーマとする研究が行われているとしても、その二つの研究を行う研究者の視点と立場は同じではなかった。したがって、同じ事象を扱っていても導き出される研究成果は多様なものとなりうるのである。ある問いに対する答えは、必ずしも一つには定まらない。多様な見方と解釈の可能性を持つことこそが、文系の学問の特徴だといえるだろう。

知の体系の多元化

二〇世紀前半から半ば過ぎにかけて、まだ西洋の人文学・社会科学が生み出す知が普遍だと信じられていた頃は、負の価値を帯びることになった非西洋に属し日本語で展開されるうえに視点が異なる日本の人文学・社会科学は、西洋の知識人の大多数にとってその関心の外にあった。主として西洋諸言語の作品かその翻訳で人文学・社会科学の方法を学び、西洋的な教養を身に付けた日本の知識人自身も、自らの日本語での知的営みに対してなにがしかの劣等感を抱いていた面があったかもしれない。この頃、人文学・社会科学の「本場」は正に西洋にあったのである。しかし、それは過去の話だ。

かつて西洋の人文学・社会科学を支えた暗黙知である「西洋」対「非西洋」の二項対立的世界観とそれに基づく研究成果は、何十年にもわたって徹底的に批判され、人間と世界を理解する知の枠組みとしては、もはや普遍であるとは言えなくなっている。(12) 西洋諸言語による人文学・社会科学の知の体系は、自意識と結びついた自国やヨーロッパという一つの空間に視点を置き、時代に特有の文脈と価値を含んだ限定的で特殊な性格を持つものなのだ。少なくとも、その世界観は「普遍」ではありえない。

A大学における私の個人的な体験が示すように、「ヨーロッパ」概念を生み出した当の西ヨーロッパの有力な研究型総合大学でも、人文学の研究体制の改革について議論がなされている。既存の知の体系を生み出す仕組みを維持することが重要だと唱える人の声が依然として大きいことは事実だが、少なくとも、今のままではまずいと考える人の数が増えてきていることは確かだ。

であるなら、日本語話者の人文学・社会科学研究者が、自らが帰属意識を持つ空間を独自に設定して生み出す日本語による知の体系や教養と、西洋諸言語によって生み出されるそれらとの間には、根本的な優劣はないと考えるべきである。同じことは、中国語やアラビア語など、非西洋諸言語による知の体系や教養との間についても言えるだろう。ある研究成果が、どの国で、あるいは、どの言語で記されていても、それが定められた方法に則って適切に論じられていれば、読む人や活用する人にとっては、必ず何らかの意味があるはずだ。そして、重要な研究成果はその言語による知の体系に組み入れられ、その言語を用いる人々の教養となってゆく。

むろん、まっとうな研究の手続きを踏んでいない、利用すべき資料を使っていない、論理の展開に飛躍があるなどの点で劣った研究はあるだろう。しかし、これはどこの国でもどの言語でも起こりうることである。言語そのものの間に優劣があるわけではない。つまり、現代の世界には、異なった言語による異なった立場に立つ知の体系が多数多元的に存在しており、これらはすべて同じだけの、しかし独自の価値と意味を持っているのである。

知の体系間の不平等

ところが、この多元的・水平的であるはずの世界の知の体系の間には、今日でも、明らかな非対称性と不平等が存在する。具体的には、西洋諸言語、特に英語と非西洋諸言語の体系の間に見られる格差である。例えば、日本の知識人の多くは、西洋の研究成果を日本語に翻訳して日本語の知の体系に取り込むことに熱心である。しかし、西洋の知をも取り込んで充実した日本語の知を基盤として生み出された自らの研究成果を外国語で発信することにはあまり積極的ではない。すでに述べたように、文部科学省や日本学術振興会は、この点を厳しく批判している。他方、英語国民をはじめ西洋の知識人の多くは、日本語をまったく解さず、日本の人文学・社会科学の成果には無関心・無知である。また、自らの研究成果を自国語以外の外国語で発信することにはほとんど関心がない(13)。

日本に限らず、非西洋諸国の知識人の多くは、西洋諸国における人文・社会科学の動向には一定の注意を払うが、自国以外の非西洋諸国の知の体系についての彼らの関心は限られている。日本の知識人だけが例外というわけではない(14)。

日本の人文学・社会科学研究においては、日本史や日本文学といった「日本」そのものを研究する分野を別とすれば、論文のテーマに関連する外国語の研究を引用しないことは、致命的な欠点とみなされる。一方、西洋諸語による論文では、テーマに密接に関わる日本語や中国語の研究を引用せずにすませることがままある(15)。それらが存在することを知らない、あるいは知っていても読めない、ないし、読まないことが、西洋諸語による研究では許されるのである。

これらを考えに入れると、西洋諸国と非西洋諸国の人文学・社会科学の知の間には、かつてと変わらず、依然として一方通行の流れから生じる非対称性があるといえる。本来横並びであるはずの各言語の知の体系の間に、実際は厳然とした格差がみられるのである。文部科学省や日本学術振興会は、それを前提として、日本の人文学・社会科学研究者に「国際化」を要求している。

しかし、この格差は、西洋諸国の人文学・社会科学の成果が普遍であり先進的であると考えられていた頃の悪しき慣習の名残にすぎないのではないだろうか。西洋、非西洋を問わず、知識人は他国における知の動向に関心を持ち、それを知るための努力を惜しむべきではない。西洋諸国の知識人が非西洋諸語による研究を価値のないものとみなし無視することは、彼らの怠慢や傲慢、あるいは無知のせいであり、もっと責められるべきだと私は考える。結果としてこの態度を容認することになる文部科学省や日本学術振興会の議論の立て方は、いわば「二〇世紀的」であり、今日では古くなっている。

大学における国際関係の仕事をしていて、一番残念で不合理だと思うのは、英語圏の大学のカウンターパートと学生交流の話をしている時である。先方は平気で「学生交流はやりたいが、日本語は難しいので、そちらの大学における英語の授業を増やしてほしい」という。こちらは相手に対して、日本語の授業を増やしてほしいとは依頼しにくい。英語がほぼ世界の共通語となっているからである。しかし、一体、言語の習得に難易の差はあるのだろうか。確かに、日本語や中国語は文字数が半端ではないので、読み書きができるようになるためには時間がかかるだろう。しかし、日本で生まれた子供は、国籍に関係なく難なく日本語を聞き、話すようになる。この点は英語圏の子供が英語を話すようになるのと同じことである。とするなら、これからは、英語圏の若者こそ、本格的に外国語、特に日本語など非西洋の言語を学ぶことを考えるべきだろう。

不平等の理由と新しい知の構図

現実の世界には、以上に述べたような異なる言語の間での明らかに不平等で非対称的な知のヒエラルキーが厳然として存在する。冷静に世界の知的状況を見渡せば、英語を筆頭とする西ヨーロッパ諸語による研究が、学問分野を問わず、国際的に大きな影響力を持ってきたことは間違いのない事実である。それはなぜなのだろう。その理由の一つは、人文学・社会科学が学問として整備されたのが、ドイツ、フランス、イギリス、それにアメリカ合衆国などの西洋諸国においてであり、これらの国々の研究者が各学問分野のリーダーとして当初からすぐれた研究を自国語で発表してきたからである。このことは率直に認めなければならない。

二つめとして、これらの国々が、過去二世紀近くにわたって、世界の政治・軍事・経済・文化などの各側面で大きな力を持ち続けているという点を見逃してはならない。表現はよくないかもしれないが、西洋諸国の人々は、非西洋諸国のことをよく知らなくても、自分たちの政治・軍事・経済・文化の力がしっかりしていればそれで特に問題は生じないと考えてきたのだろう。逆に、非西洋諸国の人々は、国際政治や二国間の関係において圧倒的な力を誇るこれらの国々とさまざまな局面で難しい交渉をしいられ、何とかして自らの権益を守らねばならなかった。そのためには、これらの国々の言語を学び、学問の方法を取り入れ、人々の人間観や世界観、政治や経済・社会の仕組みを知ることがどうしても必要だった。この点で、人文学・社会科学という学問と国際政治とは決して無関係ではなかった。

三つめとしては、その誕生の経緯からして当然のことだが、人文学・社会科学研究の基本的な方法や枠組みが、一九世紀から二〇世紀初めの「西洋」という空間に生きた人々にもっとも理解・利用しやすく、彼らが研究を進めるのにふさわしく整備・調整されている点が指摘できるだろう。すべてが、「西洋」の学者が研究を進めやすいように整えられているのである。

四つめの理由は、学問そのものが持つ前提に関わる。一九世紀に西ヨーロッパで人文学・社会科学が体系化された段階では、その知は普遍的だと考えられていた。当然、これらの学問によって体系化された西洋諸国における知が他に先んじているとみなされた。このため、その視点と手法を導入した非西洋諸国では、西洋の人文学・社会科学の優位性が疑われることは最近までなかった。非西洋の国々出身の優秀な研究者が、研究条件や待遇のよい西洋諸国の大学や研究機関で職につくことも多く、彼らは西洋流の人文学・社会科学の充実と高度化に貢献した。それこそ「本場」は西洋諸国だという意識が長くぬぐいがたく存在したのである。

しかし、現代の世界は、政治・経済・社会・文化などのあらゆる面で、二〇世紀後半頃まではガラリと様相を変えている。西洋諸国では、非西洋諸国、特に経済的な発展が著しい中国やインドのさまざまな側面についてもっと知らねばならないという意識が相当強くなっている(16)。北京の北京大学や清華大学、それに上海の復旦大学など、中国の有力大学の夏休みのキャンパスは、西洋諸国から訪れたと思しき相当な数の学生であふれている。彼らはおそらく中国語の現地研修のために中国までやって来ているのだろう。日本語も、オーストラリアや西ヨーロッパの諸大学では、人気の高い言語の一つとなっているという(17)。

かつての西洋諸国では、東洋学者や地域研究学者、それに一部の好事家以外は、中国や日本の言語や文化に関心を持たなかったということを思うと、現代世界の知の構図は、世界の現状を反映し、何十年か前とは明らかに変わっている。かつては、世界を支配するかに見えた西洋を理解するために、自である西洋、他である非西洋がともに西洋のみに注目し、したがって、西洋諸言語による知の体系が圧倒的な存在感を持っていた。しかし、今日では、世界の政治状況の多元化と歩調を合わせるように、世界各地の諸言語で多様な知の体系が並存し、全体として知の多元化が生じているのだ。西洋諸国といえども、非西洋の社会とその知を深く理解できなければ、世界の現状を正しく把握し、それを動かすことはできないのである。

だとするなら、西洋諸言語の知が上位を占め、下位にある非西洋諸言語の知に一方的に情報が流れるという一時代前の世界における知の構造を変革し、多元的な知の体系相互の間で、研究成果や情報の交換がもっと積極的に、しかも体系的に行われるべきである。特に、非西洋諸言語から西洋諸言語へ、また非西洋諸言語間でできる限り双方向の交流を行うことが重要だろう。

このように、現代世界における知の構図は、いま大きく変化しつつある。次章では、この現実をさらに詳しく検討した上で、日本における人文学・社会科学がこれからどのような方向へ研究を展開してゆくべきかを論じたい。

（1）　柳父章『翻訳とはなにか』法政大学出版局、一九七六年、六四―一二七頁。

（2）「自然」については、柳父章『翻訳の思想――自然とNATURE』筑摩書房、一九七七年、フェデリコ・マルコン「思想の世界史は可能か」羽田正編『グローバルヒストリーと東アジア史』東京大学出版会、二〇一六年、一〇六頁を参照。

(3) このことは「世界史」や「グローバルヒストリー」という語についても言える。詳細は第II部で述べる。

(4) Linda Colley, "Writing Constitutions and Writing World History", James Belich, John Darwin, Margaret Frenz, Chris Wickham (ed.), *The Prospect of Global History*, Oxford University Press, 2016, p. 162. 邦訳（阿部尚史訳）「憲法を起草することと世界史を書くこと」羽田正編『グローバル・ヒストリーの可能性』山川出版社、二〇一七年、三〇六頁。

(5) フランス語にも Bildung に対応する語がない。

(6) 吉見俊哉『大学とは何か』岩波新書、二〇一一年、石井洋二郎・藤垣裕子『大人になるためのリベラルアーツ――思考演習12題』東京大学出版会、二〇一六年。

(7) この後ですぐに述べるように、だからといって、私は日本語を外国語に翻訳することができない、するべきではないと言いたいのではない。高度な知の体系を背景とする英語の文献はしばしば日本語に翻訳されている。日本語の知は、可能な限り英語や他の外国語に翻訳され、日本語を読めない人々に知ってもらうべきである。

(8) この論点については、工藤庸子の仕事、特に、『ヨーロッパ文明批判序説――植民地・共和国・オリエンタリズム』東京大学出版会、二〇〇三年が参考になる。

(9) アンヌ＝マリ・ティエス著、斎藤かぐみ訳『国民アイデンティティの創造――十八～十九世紀のヨーロッパ』勁草書房、二〇一三年。なお、これらの動きが顕著だった一九世紀後半から二〇世紀初めが、ちょうど、ヨーロッパ諸国が広大な植民地を支配する帝国主義の時代だったことに注目すべきである。当時の人文学・社会科学の体系は、イギリス帝国やフランス帝国、ドイツ帝国を全体として把握し理解する手段を持たず、本国と植民地の人々や社会は異なった方法によって研究された。

(10) Jules Michelet, *Tableau de la France: Géographie physique, politique et morale*. A. la Croix et Cie. 1875, p. 1.

(11) 例えば、歴史研究の分野では、今でも、単に「中世」といえば日本のそれを指す。日本以外の地域について語る場合は、西洋中世、中国中世などと前で空間を限定する必要がある。

(12) マニングは、合衆国の歴史研究の分野で、西洋中心主義の見方に対する反対が強まり、「いまや、そのような偏狭性や、勝利を誇るような頑迷さは信用に値しないものとなった」と論じている。パトリック・マニング著、南塚信吾・渡邊昭子監訳『世界史をナビゲートする――地球大の歴史を求めて』彩流社、二〇一六年、一三七頁。

(13) ただし、正確な統計資料を見たわけではないが、後にも述べるように、英語での発信を試みるドイツ、フランスなど非英語圏の研究者の数は、飛躍的に伸びていると考えられる。

(14) 例えば、日本と韓国の人文学関係者が、テーマを決めて毎年集まる日韓人文学者の会議があるが、そこでは両国の人文学者が各国語で話し、同時通訳がつく。

(15) 最近のこの種の例として、松方冬子による Adam Clulow の著書に対する書評を参照。『洋学』二三号、二〇一六年、一三五―一四一頁。

(16) 二〇一六年九月一〇日、清華大学でシュワルツマン・カレッジの開講式が挙行され、私は東京大学を代表してこの式典に出席した。アメリカの富豪シュワルツマンの寄付により創設されたこの修士課程の目的は、中国をよりよく理解する次世代リーダーの育成である。初年度は百人余りの世界三一ヵ国出身の学生が、一年間共同寮生活を送るとともに、種々の講義を英語で受ける。詳細は、http://schwarzmanscholars.org/を参照。北京大学にも、これとよく似た燕京学堂というコースが最近設けられた。

(17) 二〇一七年五月に駐日オーストラリア大使とお話しする機会があったが、現在のオーストラリアの大学でもっとも人気のある外国語は日本語だとおっしゃっていた。

第4章　グローバル化時代の人文学・社会科学

1　世界共通語としての英語

英語の世界共通語化

グローバル化の進む現代世界で、知の構図が急激に、しかも大きく変化している。現代世界には、各国・各言語別の人文学・社会科学の研究成果によって体系化された知が多元的に並び立っているはずだ。しかし、その中で、英語による知の体系だけが、圧倒的に巨大となり、他と比較して優位性を持つようになってきている。これまでは、英語の他にフランス語やドイツ語、ロシア語などの知が、たとえて言えば八ヶ岳のようにいくつかの峰を作っていたのに対して、現在は英語の知だけが富士山のようにそびえる形に変化しつつある。はじめに、このような変化がなぜ生じたのかを検討しよう。

アメリカ合衆国をはじめとする英語圏諸国の政治・軍事・経済・文化面での影響力が、その理由の一つであることは間違いない。この影響力を背景にして、英語がほぼ世界全域で通じるコミュニケーション言語の地位を獲得したという点が大きいだろう。現代世界では、政治や経済、情報や環境などあらゆる分野で、人、組織、国家、地域が相互に複雑な関係を持ち、これまでとは比較にならないほどの緊密さで、つながり、影響を与え合っている。それは、二つの要素の間での相互往復的で単純な関係ではなく、三つ以上の多くの要素がつながり絡まり合った複雑な関係である。

つながった人や組織、国家、地域が多数集まった中で直接意見を交わし、それぞれについてより深く知り合って合意を形成するためには、コミュニケーションの道具として共通の言語が必要となる。その役割を英語が果たしているのである。コンピューター、インターネット、ＳＮＳなど現代世界に必須のアイテムの多くが、アメリカ合衆国において、高度な科学技術の活用によって誕生したことは決定的だった。つまり、グローバル化が、英語の優位性を作り出したのである。

ビジネスの世界ではすでにかなり前から生じていたことだが、知の世界でも、世界の多くの人々は、互いの母語が異なる場合に、互いを理解するためのコミュニケーションの道具として英語を使うようになった。例えば、これまでであればどちらかの国の言葉で話すのが普通だったドイツ人と中国人、あるいは、スペイン人と韓国人の間で、コミュニケーションの道具としてどちらの国語でもない英語が採用されているのだ。さらに、三つ以上の複数の言語を使う人たちが集まった時、そこで使われる共通語は、ほぼ間違いなく英語である。(1)

グローバル化の進展に伴い、世界各地の人々が意見を交換する機会がこれまでとは比較にならないほど増えている。これを承けて、これまでは各言語別の知の枠中にとどまっていた非英語圏の知識人の多くが、積極的に英語で発言するようになっている。数えきれない数の国際会議が、英語圏諸国はもちろん非英語圏諸国でも、英語を共通語として開催され、多くの出版物が英語で刊行されている。インターネットのウェブサイトを通じて得られる情報の多くも、英語によるものだ。この流れは、ここしばらくは止まらないだろう。政治、経済や環境の分野だけではなく、知の領域でも英語を軸にしたグローバル化が急速に進んでいるのだ(2)。

私がフランスのパリに留学していた一九八〇年代前半のヨーロッパでは、共通語としての英語の優位性は必ずしも明白ではなかった。フランスやドイツで英語を話す人の数は限られていたし、自らの言語に誇りを持つフランス人は、知っていても英語で話しかけられると「わからない」と答えるという話がまことしやかに流れていた。そもそも、交通や通信技術が今日ほどには発達しておらず、知識人の間の国境を越えての交流は限定的だった。国際会議を開催しようとするなら、連絡はほぼ手紙に限られ、日程調整を行うだけでも大変な労力を要した。インターネットを使えば瞬時に会議の日程を決めることができる現代とは大きな違いである。今日のフランスやドイツでは、知識人の多くが問題なく英語を話す。一般の人でも、パリやベルリンのような大都市だと、こちらが外国人だとみると、向こうから英語で話しかけてくるほどだ。時代は大きく変わった。

英語の限界

ただし、ここでもう一度、英語による知の体系が、他の言語による知の体系とは異なる性格を持ち、抜きんでて豊かで充実した内容を持っているとまでは言えないということを確認しておきたい。ここまで繰り返し述べてきたように、各国、各言語による人文学・社会科学の体系は、それぞれが独自の意味や価値、文脈や表現を持っている。どこかに「本場」があるわけではないし、これらの体系の間にはっきりとした優劣があるわけでもない。英語を日常的に使う諸国民の教養の源としての英語による知は、これらの知識の体系のうちの一つでしかないはずだ。英語には英語に特有の意味や価値、文脈や表現がある。それは、必ずしもたやすく他言語に翻訳できないし、他言語の特徴的な表現や意味は簡単には英語にはならない。当然のことだが、英語にも一つの言語としての限界がある。

世界の中で日常生活に主に英語を用いている国は数多い。アメリカ合衆国とイギリスはもちろんだが、カナダ、オーストラリアやニュージーランドなどのイギリスとの同君連合諸国、南アフリカ、インド、アイルランド、シンガポール、等々。これらの国々の英語が、すべて同じ価値や意味、文脈や表現を共有し、共通の知識の体系を形成しているのではないという点にも注意が必要である。それぞれの地域や人々に特有の価値観や慣習、人々の立場性とも結びつき、各地の英語はそれぞれ独自の特徴を有し、ときには独特の語彙を持ってもいる。たとえ英語圏という共通空間があるとしても、その内部は完全に一体ではない。各国の英語は、文法や語彙の点で多くの共通の特徴を備えながらも、それぞれが個性を持っている。

したがって、一口に「英語の知の体系」といっても、その内実は相当程度複雑だということを心得ておかねばならないだろう。かつて西洋諸語による「八ヶ岳」型の知が世界をリードしていたとするなら、現在は、英語がその内部で「八ヶ岳」化し、全体として世界の知の世界で大きな影響力を持っていると言えるだろう。

Global English

英語の世界共通語化に伴って、英語による知の体系が大きく変わってゆくことは間違いない。英語を母語とする人々にとって意味や価値があり、彼らが文脈や表現をよく理解できた従来の英語特有の知の体系に、元来は英語を母語としない人々の言語による知が取り込まれてゆくからである。その多くは、英語圏の人々が必ずしもよく知らず、理解できずにいたことである。このことは、一見、グローバル化によって生まれた新奇な現象であるかのようである。しかし、実は、すでに過去一〇〇年以上にわたって、日本語を母語とする人々は同種の課題に真剣に取り組んできている。知の還流、ないしは逆流が生じ、元来西洋とそれが生み出す知以外にはあまり関心を持たず価値を認めなかった英語圏の人々が、ついに外国語の知の体系とそこにおける価値や意味について本格的に知らねばならなくなったということなのである。従来日本語に生じていたこととの違いは、英語を母語とする人々ではなく、他言語を母語とする人々が、自分たちの考え方や価値を英語にし、その知の体系の中に適切に位置づけて説明しようとしているという点である。日本語から英語への翻訳を例にとってここまでの二章で説明したように、これはきわめて難しい作業である。

しかし、もしこの作業が一定程度の成果を挙げれば、そこには、このように多くの言語による知の体系から生まれた知識や価値を受け入れうる柔軟な英語、すなわち、Global English が姿を現しているはずである。この言葉は、グローバル化の肯定的な側面の象徴として、それを使う人々が地球の住民としての意識を共有できるようなものになるべきである。現代世界に見られる複雑な諸問題に人々が共同で取り組み、具体的な解決策を見出すためには、異なった国や人間集団に属する人々が、自分たちは同じ地球の住民だと認識することから始めるしかない。Global English という共通語は、そのための有効な手段となるはずだ。しかし、問題はそう簡単ではない。

英語の世界共通語化が進み、英語圏の人々はそれによって多くの利益を受けているとこれまでは考えられてきた。他国の人々が自分の母語を話してくれるのだから、意思の疎通は、例えば、日本語しか話さない人に比べると格段に容易だろう。外国でのビジネスも有利に展開できるに違いない。英語圏の人々にとって、グローバル化と英語の世界共通語化は歓迎すべき現象であったはずだ。しかし、イギリスのEU離脱やアメリカにおけるトランプ大統領誕生といった最近の出来事は、グローバル化が必ずしも英語圏の人々にプラスの影響を及ぼすだけではないということを明らかにしている。英語を母語とする人々の中には、英語が大きく姿を変え、自分たちだけの言葉ではなくなるということに違和感を持つ人々も多いに違いない。元来の英語の価値や意味、文脈を大切にするために、「正しい英語」を守ろうという運動が起こっても不思議ではないだろう。

私がこの原稿を記している二〇一七年の世界では、グローバル化とは逆の方向へ向かうベクトルの力が相当に強い。言語についても、単純にGlobal Englishを奨励する方向には話が進まないかもしれない。果たして、現代世界における多元的な知の体系は、これからどのような姿に変わって行くのだろう。はっきりしていることは、今、地球上の人々は、将来の世界における知の体系の特徴と性格を決めるための重要な分岐点に立っているということである。この機を逃さず、私たち日本語圏の知識人は、将来の世界における言語と知の体系をどのようなものにしたいのか、日本語だけではなく多言語で積極的に発言していかねばならない。

グローバルな日本語

今後の世界における知のあり方を見通して、もう一つ強調しておきたいことがある。それは、英語に生じつつある変化を、決して英語に特有の現象として理解してはならないということである。現在は、たまたま英語が世界の共通語化しつつあるために、特に英語において、Global English の成長が目立っている。しかし、これからの世界の知のあり方として、異なる言語による知の体系が横に並び相互に影響を与え合っているという姿を理想とするのなら、私たちは英語だけではなく、他の言語においても同様の試み、すなわち、その言語のグローバル化、に取り組むべきだろう。

例えば、日本語の場合でも、日本国民のための日本語とグローバルなコミュニティーのためのグローバル日本語を用いた二種類の知の体系があってよいのではないだろうか。アメリカやイギリスの人たちのための英語と Global English という二種類の英語があるのと同じことである。私たち日本語話者は、外国人の書き、話す日本語を「誤った用法や語彙を含んでいる」「意味がよくわからない」「本当の日本語ではそうは言わない」といってしばしば批判し、拒否している。しかし、日本語をグローバル化するには、これまでの日本語の語彙や文法を守るだけでは不十分である。外国人の話し、書く日本語を、「そういう日本語もありうる」と受け入れることが肝要である。そこから、簡単には日本語話者の日本語にならないような外国語の概念や文脈、外国語話者の考え方や価値観を知ることができるかもしれないからだ。

世界中の人々が、世界中の言語について、同様な現象が生じるように、努力するべきだ。二〇世紀の世界におけるように、知が一方的に一つの言語や言語群から他の言語や言語群に流れるという単線の交流ではなく、徹底して、異なる言語間における双方向交流をこそ目指さねばならない。世界でコミュニケーションの共通語である英語への一極集中が進む現状では、これはほとんど不可能な絵空事であり、このような主張は冷笑を浴びるだけかもしれない。しかし、それでも、言語間のヒエラルキーを取り払い、世界に多様な言語による多様な知が存在する状況を維持してゆくためには、この方向への努力を怠るべきではないとあらためて強調しておきたい。

2　これからの日本の人文学・社会科学

日本の人文学・社会科学の三つの課題

現代世界では、異なる言語による知の体系の多元化が進行する一方で、世界共通語としての英語の優位性が急速に増してきている。この新たな知的状況を前にして、日本の人文学・社会科学研究者は、今後自らの研究を進めるにあたってどのような姿勢をとるべきなのだろうか。私はそこには大別して三つの取り組むべき重要な課題があり、それらは同時並行的に進められるべきだと考える。以下、この三つの課題を順次説明したい。

第一は、従来からの人文学・社会科学各分野での日本語による研究をさらに強化することである。世界各地で展開されている諸外国語による最新の知の成果をも取り込みながら、それぞれの学問分野で創造的、先端的な論点を提出し、日本語による知の体系の強化・拡充を図るべきだ。人間とその世界、地球や宇宙について、日本語を用いて体系的に説明・理解できることの意味は計り知れず大きい。

一見地道なこの従来の作業を続けることによってはじめて、高度な日本語の知の体系のさらなる発展と世界におけるその独自性が保証されるだろう。

ただし、ドイツの大学における人文学部の改組の動きについて述べた際に指摘したように、これまでの研究組織と枠組みを維持してその中でただ漫然と研究を続けるだけでは不十分である。一九世紀後半から二〇世紀初めにかけて作られた既存の研究の枠組みやそこから生まれた研究の歩みを当然視してその中からだけ研究テーマを見つけていると、それは研究のための研究となってしまいかねない。研究自体が目的化し、研究と現実の世界の間に大きなギャップが生じてしまうだろう。二〇世紀初めの人間とその社会を理解するために考案された学問の基本的な枠組みと方法だけによって、それから一〇〇年経った現代の世界のすべてを理解することは不可能である。現代世界とそこに生きる人間を理解し説明するために必要な研究の枠組みやテーマと現代世界が解決を期待する問題群を研究者自らが新たに探し出し、積極的にそれらに取り組むことが絶対に必要である。

現在、政府や産業界がしばしば言及し奨励する「イノヴェーション」に関わる文系理系の共同研究にも、倫理学や心理学、法学や経済学など、求められる分野の研究者はどんどん参入すればよい。それ以外にも、例えば、高齢社会や格差社会、それに環境問題や国際テロリズムなど、グローバル化した世界が抱える数々の問題の解決には、人文学・社会科学分野からの知恵と提言が不可欠である。これらの重要な課題への働きかけによって、人文学・社会科学が社会的にいかに有用で重要であるかが証明されるはずだ。むろん、よい意味で人々が「日本」を意識できるような研究も、引き続き行われるべきだ。これらは、いわば日本語での人文学・社会科学が現代に対応し、その基礎体力を維持し強化するための方法である。研究活動が活発であり、研究の確固とした基盤があってはじめて、以下の二つの課題に挑戦することができるだろう。

外国語での成果発表

課題の第二は、日本語による研究の成果を、外国語で表現し説明することである。その際には、その研究の背景にある日本語の知の体系と外国語のそれとの相違に留意し、日本語の知の体系の中でのその研究の意味と重要性を外国語で説明することを試みねばならない。単に単語や文章をそれに対応する外国語に移し替えるだけの直訳では不十分である。同じ対象を研究するとしても、二つの異なった知の体系においては、問題関心やアプローチ、文脈や価値、単語の意味、それに論述の作法や背景となる知識が異なっているからである。

外国語での研究発表の重要性については、本書の冒頭で述べたように、文部科学省や日本学術振興会の関係者がすでに繰り返し指摘している。ただ同じことを述べているだけのようにも見えるが、彼らの意見と私のそれとは結論に至る道筋がまったく異なっている。彼らは人文学・社会科学の本場が「西洋」にあるので、西洋の言語で研究を発表すべきだという。これに対して私は、人文学・社会科学の研究に「本場」はない、各言語による知の体系には等しい価値がある、したがって、日本語による研究の成果は、外国語でも表現し、説明するように試みるべきだと主張しているのだ。その意味で、西洋諸語へだけではなく、中国語や韓国語などの非西洋諸語への翻訳もきわめて大事である。

繰り返しになるが、世界に多く存在する異なる言語による知の体系は、それぞれに価値がある。私たちは、西洋の諸言語による知を頂点とする既存のヒエラルキーをつき崩し、これとは逆の秩序、すなわち、フラットな知の体系の集合体を作ってゆかねばならない。そのためには、まず、世界の諸言語による多元的な知の体系が、互いにもっとよく知り合うことが大切である。日本語と他言語の間でこの状況を実現しようとするなら、日本語の知の体系を背景として研究活動を行っている研究者が、その研究成果を自分自身で外国語にして公表することがぜひとも必要である。特に外国研究を専門とする研究者には、少なくとも、日本語と対象とする国や地域の外国語という二つの言語で研究成果を発表する覚悟が求められる。日本語とその知の体系に詳しい外国人の研究者に頼っているだけでは、他の言語における日本語の知に関する情報量が圧倒的に不足するからである。このことは人文学・社会科学のどの研究分野についてもいえることだ。

しばしば、日本語の良書を英語に翻訳するプロジェクトが提案される(3)。しかし、多くの場合、翻訳は英語の専門家が行い、元来の著者は翻訳の中身には関わらない。決して翻訳の専門家を軽んじる意図はないが、私はこれでは不十分だと思う。少なくとも、著者自身が翻訳家と相談しながら英文書の作成に積極的に関わること、あるいは、著者が自分で翻訳を試み、それを翻訳の専門家に修正してもらうことが必要である。翻訳者は、すべての研究分野に通じた専門家ではない。もしそのような人がいたら、その人は世界レベルの研究者になっているに違いない。一人の研究者が著した最先端の専門書の翻訳や内容説明は、その人にしかできないのだ。今後、人文学・社会科学の研究者を志す人は、どのような分野であっても、ぜひ、外国語で書く力を身に付けてほしい。

新渡戸稲造や岡倉天心のように、日本やアジアに関する論考を英語で著して注目された日本人の学者は、明治以来何人もいる。しかし、ここで私が提案しているのは、あらためて彼らの真似をしようということではない。彼らは負の価値を体現する非西洋には存在しないはずの高度な倫理観（武士道）や美術が、日本という非西洋の地に存在したということを強調することで、西洋の学者の注目を集めた。彼らは、西洋の人文学・社会科学の暗黙知である西洋対非西洋の二項対立を受け入れた上で、そこに見られる思い込みの誤りを指摘したのだ。日本人ならではの着想だとはいえるだろうが、彼らは初めから英語を用いて考え、英語圏の価値や常識、単語の意味や文脈に従って議論を進めている。だからこそ、彼らの論理展開は「西洋」の人々にはよく理解できた。その意味では、彼らは日本の人文学が生み出した学者ではなく、「西洋」の学者なのである。そして、彼らの主張は、当時の西洋の知識人の世界認識の構図を根本的に変えるには至らなかった。彼らの議論を理解した知識人の多くは、「日本は例外だ」と述べて済ませてしまったからである。

私の提案は、現代日本における日本語の知の体系から生み出された「日本」の研究者の研究を外国語にするということである。具体的には、第一の課題への取り組みから生まれた、日本語による人文学・社会科学の新たな業績を外国語で説明することをまず実現すべきだ。日本に関係するテーマは、外国語で論じられることもある。しかし、日本に関することだけではなく、日本人研究者がその独自の世界認識に基づいて生み出した研究成果は何であれ、外国語で発表することが大事だ。それがなされれば、非日本語話者の知の体系と日本語の知の体系が融合して、さらに高度で独創的な人間と世界についての見方が生まれるだろう。

むろん、日本語による高度な知の体系を背景に日本語で生み出される新しい研究成果は、簡単には外国語に翻訳できない。二つの異なる言語の間での単語や文脈の意味のずれについては、すでに繰り返し述べてきた。たとえ苦労の末に、ある研究成果が外国語に翻訳されたとしても、その研究の背後にある日本語による分厚い教養とその中での特有の価値や文脈、問題関心、枠組みや表現方法が了解されなければ、非日本語話者にはその研究成果の独自性や革新性は真には理解されないだろう。つまり、日本語での教養全体がある外国語で理解されていなければ、その外国語を使う人々には、日本語による研究論文や著書の問題意識や意図と研究の意味が正確には理解できないのだ。

また、これらの作品の内容が、外国語による知の体系における価値や文脈、問題関心、枠組みや表現方法に合わなければ、たとえ翻訳されたとしても、その意味や重要性はその外国語では理解されないだろう。微妙に異なる複数の知の体系を結ぶ翻訳の作業は、きわめて困難である。例えば、アジアと西洋の真ん中に自としての日本を置き、文脈に応じてアジアと西洋のどちらかをも自に組み入れて展開される日本語の論説は、簡単には非日本語話者には理解されず、西洋諸国では、論文としての価値を認められないことすらあるかもしれない。それでも主として日本語を使う研究者は、この課題にぜひ取り組まねばならない。日本語の知の体系と外国語のそれが、翻訳の試みと説明を通して本格的にぶつかり合い、摩擦を起こしてはじめて、日本語の知の体系の意味や重要性が外国語の知において理解されるからである。同時に、この作業は、日本語の知の体系を見直したり、その特徴をあらためて発見したりすることにもつながるだろう。

多言語による知のネットワーク

ここまで、「英語」ではなく「外国語」で発表すると記してきたという点にご注意いただきたい。日本語の知を他言語で発信するといっても、その方法は大別して二つある。一つは、いまや世界共通語の地位を固めつつある英語ですべてを発表してそれで済ませるという方法、もう一つは、可能な限り世界の各国語で発表するという方法である。前者の方が簡便であるようにみえるが、ここまで述べてきたように、私は断固として後者を採ることを主張したい。

現在の世界で急激に進行しているグローバル化は、その負の側面として、ともすれば同じ価値や基準を世界各地におしつけがちである。世界のさまざまな社会で異なった役割を持つ大学を、英米の大学の価値や基準によって格付けし一列に並べる世界大学ランキングはその悪しき実例の一つである。人文学・社会科学研究の言語についても、発表をすべて英語で行うということになれば、多言語による価値や意味の多様性は失われ、世界の知は単純化し衰退するだろう。

世界の知識人は、グローバル化の負の側面が大きくならないように、世界各地の多様で独自性をもつ価値、思考、行動様式などを十分に尊重する方向へ向けてできる限りの努力を傾けなければならない。言語はこれらの多様性を生みだし表現するためのもっとも有力な手段である。上位に英語があり、その他の言語がその下に位置するという垂直な関係を作るのではなく、英語も世界の数多い言語の一つとして、多言語間での水平な関係を構築し、互いに交流を進めることを目指すべきだ。この点が、研究者の国籍や母語とは関係なく、すべて英語で行われている理系の研究とそこから生み出される知との大きな違いである。

世界の多元的な知の体系は、互いに直接の交流を行うことによって、意味や文脈のゆがみを最小限に抑え、互いの意見や認識をより正確に理解することができるだろう。日本語を英語にすることはもちろん大事である。しかし、その他に、フランス語、中国語、ロシア語、アラビア語など、できる限り多言語での研究成果の公表を試みたい。車輪の軸の位置に英語があってその周辺の各国の言語と相互交流の関係が築かれるのではなく、複数の言語の間で相互交流の関係が構築され、全体として一枚の網のような平面的なネットワークが形成されるようになれば素晴らしい。

このようなネットワークの実現がきわめて難しいことは確かである。まずは英語での発表を考えるべきだろう。しかし、それはあくまでも手始めである。研究者は、日本語の教養を背景に組み立てられた自らの研究を、どのような外国語であっても表現できるように、可能な限り自らを鍛えねばならない。英語をはじめとするヨーロッパ諸語から日本語への翻訳は、もう一〇〇年以上絶え間なく続けられてきている。ヨーロッパ諸語で記された重要な研究は、ほぼすべて日本語に翻訳されていると言ってもよいだろう。これからは、これとは逆方向、つまり、日本語から英語やその他の外国語への翻訳、あるいは、知識の移転が行われてしかるべきだ。

双方向での知の交流という趣旨からすれば、本来、その仕事は西洋をはじめとする諸外国の研究者が担うことが望ましい。しかし、それはあまり現実的とはいえない。日本語を使う研究者が、自らの研究を自分で外国語にすることを考える方が手っ取り早いだろう。それを行えば、日本の人文学・社会科学の研究者は、間違いなく世界レベルの研究者となる。現状は、ごく少数の研究者が、職人芸的に自分の考えを外国語で表現する方法を習得し、細々とこの作業を行っているだけである。しかし、ある言語での論述や見解の提示をどのようにすれば別の言語で誤りなく表現することができるかという問いは、もっと組織的、体系的に研究され、その成果が整理・継承されるべきである。その意味で、いわゆる翻訳研究、トランスレイション・スタディーズは、今後ますます重要となるだろう学問領域である。(4)

ある地域や言語の専門家が、自らの研究成果をその言語でその地域向けに発表することは、これまでも試みられてきている。間違いのないように繰り返すが、私の主張は、ある言語による知の体系全体を可能な限り別の言語でも表現・理解できるようにすることである。例えば、日本のドイツ史研究者がその研究をドイツ語で発表することだけでは十分ではない。日本政治やインドネシア社会の研究者、西洋古典文学や中国思想の研究者もがその成果をドイツ語で記す、あるいはドイツ語に翻訳することによって、日本語による知の体系の全体像がドイツ語でも理解できるように努力するべきなのだ。

グローバル人文学・社会科学

日本の人文学・社会科学が挑戦すべき第三の課題は、グローバル人文学、グローバル社会科学という研究分野で成果を発表することである。これはきわめて新しい研究分野であり、まだその定義自体が確定していない。以下で、私の考えるグローバル人文学・社会科学がどのようなものかを説明したい。(5)

グローバル人文学やグローバル社会科学は、日本やイギリスなどの国家やヨーロッパ、アジアといった地域を、アプリオリには研究の単位や枠組みの前提としない。究極的な枠組みはグロウヴ、すなわち地球であり、研究のテーマに応じて人間とその社会を柔軟にグループ化、単位化し、既存・新規を問わず、さまざまな学術的アプローチを用いて研究対象に迫り、それを理解し説明しようとする。ある時には実際に地球そのものが単位となり、別の時には国や地域を越えた広い空間、国や地域の一部同士を一緒にした空間、それに、国よりもはるかに狭い空間も研究の枠組みとなりうるだろう。現実の地理的な「面」としての空間だけではなく、地球上の点と点を結んだ仮想空間やIT上のサイバー空間などが研究の枠組みとなることもあるはずだ。むろん、必要に応じて国も研究の枠組みとなりうる。そのような多彩な研究単位と枠組みを効果的に用いながら、現代世界の特徴や構造とそこで生じる事象を理解し、説明すること、また、そこに見られる種々の問題解決のための処方箋を提出することが、グローバル人文学・社会科学の使命である。例えば、後で述べるような「地球」を枠組みとする世界史、それに世界文学[6]や世界思想などの研究は、この範疇に入る。二〇一五年に国連で制定されたSDGs（Sustainable Development Goals）の一七の目標に関わるさまざまな研究は、たとえ、それが特定の国に関わるものであっても、グローバルを意識しその文脈で語られるなら、グローバル人文学・社会科学の一部となりうる。

このような研究が構想されるようになった背景には、次の事情がある。一九八〇年代頃までの世界では、国境で区切られた領域を持ち帰属意識を共有する国民が居住する主権国家群が、南極大陸を例外として、地球上のすべての陸地を切り分けて存在するのが当然だと考えられていた。出生地、言語や風俗、慣習などを通じて共通の帰属意識を持つ人々は、「民族」として自分たちの国家を持つことがあるべき姿とされ、第二次世界大戦の敗戦国の植民地からはもとより、戦勝国のそれからも多くの独立国家が誕生した。地球上で生じるさまざまな問題は、これら二〇〇に近い数の主権国家同士の話し合い（とときに起こる戦争）で解決を図るものと想定されていた。第二次世界大戦後に、平等な権限を持つ主権国家を単位とする国際連合が創設された理由の一つは、そのためである。(7)

しかし、冷戦が終了する一九九〇年頃以降、状況は大きく変化する。交通と通信の発達により、企業の活動が地球大に拡大し、その経済活動は必ずしも国家の枠内には収まらなくなった。ＮＧＯやＮＰＯの活動も、国境を越えて、彼ら自身の目的に沿って独自に行われている。国際テロ組織は、一国や一地域の中でだけ活動するのではなく、インターネットを効果的に用い、世界中の色々な場所で過激なテロ行為を発生させている。地球温暖化や大気汚染などの環境問題は、国境を越えた広い範囲に影響を及ぼし、一国や一地域だけで取り組んでもその根本的な解決が難しい状況が生まれた。

例えば、よりよい状態の世界を作るためにという目的で、一九七〇年代以来継続して活動を続けているＮＧＯである「世界経済フォーラム」は、毎年冬にスイスのダボスで会議を開催している。そこには、国家の運営責任者である政治家はもちろんだが、有力なグローバル企業やＮＧＯ、言論界や大学の代表など、さまざまな分野で世界の将来に影響を及ぼしうるリーダーたちが集まり、年ごとに定められたテーマに関して、活発な議論を展開する。毎年様々な分野から多くの有力者がこの会議に参加するということは、世界の将来を考える際に、国家は依然としてもっとも重要な要素ではあるが、国家の意志だけですべてが決まるわけではないということを明白に示している。また、安定的な主権国民国家が成立せず、混迷を極める中東やアフリカ各地の状況を観察するなら、私たち日本人にとっては当然のように思える主権国民国家という概念と政治や社会の仕組みが、決して普遍的なものとはいえず、ある空間と時間の中に限って有効だということがわかるだろう。つまり、現代世界において、世界の現状を正確に理解し、数多い問題を解決し、よりよい未来を作るためには、国という枠組みだけを用いて議論し、方策を考えるのでは不足なのである。

従来の人文学・社会科学の多くの研究分野では、自と他を区分する暗黙知を下敷きに、国家を基本的な単位や枠組みとして研究を進めることが一般的だった。これは、これらの学問分野が形成され発展してきた時期、すなわち、主権国民国家が形成され始める一九世紀半ばから帝国主義時代を経て主権国民国家が地球上の陸地すべてを覆うようになった二〇世紀後半まで、の世界の状況にうまく適合した研究の方法だった。研究者は、いずれかの主権国民国家の国民として、自らの属する国を自、それ以外の国を他とみなす暗黙知に基づいて、自国の言葉でその国や世界各地の人々と社会に関わるさまざまな側面を明らかにし、世界全体を理解しようとしてきた。西ヨーロッパや日本などの多くの国では、国家が大学に人文学や社会科学の講座を設立し、継続的な支援を行ってきたが、それは、このような国家と学問の関係を考慮すれば当然だった(8)。

しかし、主権国民国家という仕組みや枠組みが普遍的ではなく、限定的な空間と時間の中でだけ存在するものだとするなら、また、上で論じたように、現実の人間の活動は必ずしも国家の枠組みの中でのみ行われているわけではないとするなら、人間とその社会の過去と現在をさまざまなアプローチによって観察、分析、理解するとともに、現代世界の諸問題を解決しようとする人文学・社会科学において、国家という研究の枠組みは相対化されるべきである。現実の世界は、互いに重なり合う多様な単位を基盤として動いているのだから、研究の枠組みを柔軟に設定すべきだ。そこにグローバル人文学・社会科学の発想が生まれてくる所以がある。

グローバル人文学・社会科学には、もう一つ期待される役割がある。それは、人々に地球への帰属を意識させるような研究成果を生み出すということである。グローバル化の進行に伴って、善きにつけ悪しきにつけ、人々が一国の国民であると同時に、自分は地球に帰属しているのだということを意識して行動せねばならない場面が多々生じるようになった。異なる国に属する人々が、地球の住民という共通のアイデンティティを持ち、互いに協力してことにあたれば、国境を越える複雑な問題の解決はより容易になるだろう。従来の人文学・社会科学は、その研究成果によって、各国の国民が国民意識を強く持つようになることに大きく貢献してきた。ならば、グローバル人文学・社会科学も、人々が地球の住民という意識を育むことに協力できるはずだ。グローバル人文学・社会科学は、人類の未来を見通すための学問的営為なのである。

まだ必ずしも人々に共有されていない「地球の住民」というアイデンティティを人々が意識するためには、グローバル人文学・社会科学はどのような方法を用い、どのようなテーマについて研究を行うべきだろうか。上で、世界史、世界文学、世界思想などの例を挙げたが、新しい研究の枠組みやテーマはそれだけではない。また、単純に「地球」という枠組みですべてを考え直せばよいというわけでは決してないだろう。さまざまな研究の単位を設定し、その背景として地球を意識するというのが、グローバル人文学と社会科学の基本的な研究の姿勢である。そのような態度から生み出される新しい研究成果は、従来の国や地域、文明を単位として形成された人文学・社会科学の言説と、どのように交錯し、互いに影響を与え合うのだろう。これらは考えてみる価値のある現代的で重要な課題である。

言語と暗黙知

グローバル人文学・社会科学を考える際に，もう一つ留意すべき点は，本書の第2章，第3章で論じた研究における自と他を区分する暗黙知と言語についてである。グローバル人文学や社会科学は，従来の人文学・社会科学と同様，言語を用いて研究され，その成果が発表されるはずだ。言語は研究者の帰属意識や世界認識と強い関係を有している。例えば，日本語で発表された研究成果は，日本語の知の体系確立に貢献し，それがひいては日本人という帰属意識とその教養を生み出した。とするなら，グローバル人文学と社会科学は何語で研究され，その成果が発表されるべきなのだろう。また，従来の人文学・社会科学では，研究者の多くが自らの所属する国に立脚し，自国とそれ以外の国々を自と他に区分して，人間とその社会，世界を理解しようと試みてきた。では，地球の住民意識を生み出すべきグローバル人文学と社会科学では，自と他を区分する暗黙知の問題はどう処理すればよいのだろう。

言語についてまず頭に浮かぶのは，Global English を用いて人文学と社会科学の研究成果を発表するという方法である。Global English は，国ごとの帰属意識を超越し，地球への帰属を生み出すためのコミュニケーションの道具であるはずだ。その下位に国や地域別のアイデンティティが存在するにせよ，この言葉を使う人々は，地球の住民として，自と他の区分を乗り越えようとしているだろう。また，彼らの報告を聞き，読む人々も，同様の考え方を持っているはずだ。とするなら，すべての研究者がこの言葉を用いて研究成果を発表するだけでよいのだろうか。私はそれで十分だとは思わない。

すでに述べたように、これからの世界では、多言語による多元的な知の体系が、多数、互いにフラットな関係を持ちながら存在することが望ましい。だとすれば、英語だけではなく、すべての言語で、人々が地球に帰属意識を持ちうるような枠組み、表現、文脈、価値、意味などが生まれるように工夫がなされねばならない。つまり、どの言葉でも、グローバル人文学と社会科学は追求されねばならないのだ。

ならば、日本語を母語とする人文学・社会科学研究者は、自らの立ち位置を従来の日本ではなく地球に置くことを意識し、人々が地球への帰属意識を持つためには、どのような概念や表現を用いてその研究を進めればよいのか、他の言語を母語とする人々にどのようにその研究成果を伝えればよいのかを、まず日本語で考えてゆけばよい。グローバル日本語による研究である。地球という広大な空間に立ち位置を定め、有効な議論を展開することは、当初は難しいだろう。日本語で議論する以上、そこに日本人の教養という要素が入り込むことは避けがたい。研究成果によって強調されるのは、日本語の知の世界における地球の住民意識であり、それがそのまま他の言語でも通用するかどうかはわからない。しかし、ここから挑戦を始めるのがもっとも成功確率が高いはずだ。

日本語での高度な議論を行う一方で、その内容の重要な部分を外国語でも発信することを試みたい。グローバル人文学・社会科学は、世界的に見てもまだきわめて新しい研究領域である。各国語で検討され総合化された知とともに、日本語の知を各国語の知の中に組み入れてゆくことは、世界の多元的な知の体系を高度化し、ネットワーク化するためにぜひとも実現せねばならないことである。

以上をまとめるなら、日本語を用いるグローバル人文学・社会科学研究者には、日本語と英語、あるいは他の外国語の二本立て、三本立てで、地球を究極の枠組みとして意識した自らの研究の成果の発表に取り組むことが必要だということになる。これはきわめて難しい課題であり、ハードルの高さにしり込みする人がいるかもしれない。しかし、自らの思考をどのように表現すれば日本語を解さない相手に通じさせることができるのかを考えることは、そのこと自体がきわめて興味深い研究である。わかり合える同志は世界中にいる。このように考えられる人は、理想の実現に向けてぜひ積極的に研究に取り組んでほしい。

（1）　二〇一六年の初夏にお話ししたバーゼル大学（スイス）の学長は、ドイツ語、フランス語、イタリア語、ロマンシュ語話者が住むスイスで開催される学長会議には共通語がなく、学長たちが自分の母語で話すのが通例だったが、若い人の中にスイスの言語ではない英語で話す人が現れたこと、一〇年後には、ひょっとすると、学長会議の公用語が英語になるかもしれないことを英語で（！）語っていた。この例にみられるように、世界の知識人の間での英語使用率は急激に高まっている。

（2）　英語で出版された書物が他の言語に翻訳されることも多くなっている。

（3）　すでに動いている有力なプロジェクトとして、出版文化産業振興財団（JPIC）によるJapan Library（http://www.jpic.or.jp/japanlibrary/jp/）、国際文化会館の長銀国際ライブラリー（http://www.i-house.or.jp/programs/publications/ltcblibrary/ltcblibrary_list/）がある。また、日本学術会議の哲学委員会と芸術と文化環境部会による提言『人文社会系学術研究成果の海外発信のためのプロジェクト』（二〇一四年）は、日本語人文社会系学術図書翻訳出版センター（仮称）の設立を訴えている。

（4）　世界の主要な人文学研究機関の連合であるCHCI（Consortium of Humanities Centers and Institutes）が公募によって開始しようとしている二つの共同研究のうちの一つのテーマは、「翻訳という難題（Challenges of Translation)」である。人文学に関わる研究者が、私がここで論じている問題を意識し始めていることの証左と言えるだろう。https://chcinetwork.org/GHI-pilot-call。

(5) 最近、日本のいくつかの大学で「グローバル・スタディーズ」という名前を持つ専攻が設置されている。この単語の意味や定義は必ずしも確定していないと思われるが、この学問分野とグローバル人文学・社会科学の関係は、検証してみる必要があるだろう。そこで、上智大学大学院グローバル・スタディーズ研究科のウェブサイトを見ると、グローバル・スタディーズは次のように紹介されている。「グローバル・スタディーズとは、単一の学問領域というよりむしろ複数の学問分野の共同によって成り立つ複合的な学問領域です。国際関係論、地域研究、日本研究、ビジネスと開発、などの個々の学問伝統を活かしつつ、それらを総合することにより、グローバル化時代の新たな学術フロンティアを切り拓くことをめざしています」。この説明を読む限り、グローバル・スタディーズとはいくつかの学問分野を総合することを目指す研究領域だと考えられているようで、その限りでは、私がこれからここで説明しようとするグローバル人文学・社会科学とは同じ範疇のものとは言えないようだ。

また、注(4)で紹介したCHCIの共同研究の大枠は、Global Humanitiesである。これは、多言語で個々別々に行われている多様な人文学の間での風通しをよくするために、各国の研究機関が共同で研究に従事するという意味で用いられているように見える。

(6) 日本でもこの新しい分野の研究に取り組んでいる研究者がいる。例えば、沼野充義による一連の世界文学関連の業績を参照。

(7) 実際の運営においては、安全保障理事会の常任理事国であり、核兵器保有国でもあるアメリカ合衆国、ロシア、中国、イギリス、フランスの五ヵ国が拒否権を有しており、完全な平等が実現しているわけではないことは、あらためて指摘するまでもない。

(8) この点で、国立大学を持たず、公立大学と私立大学の多いアメリカ合衆国の状況をどのように理解すればよいかは、課題として残されている。

第Ⅱ部　新しい世界史とグローバルヒストリー

第I部では、日本における人文学・社会科学の課題を整理し、グローバル人文学・社会科学という新しい範疇の研究が必要であることを説いた。そして、その具体的な一例として、私が現在取り組んでいる新しい世界史の研究を挙げた。では、それはどのような研究であり、従来「世界史」の研究と理解されているものとどう異なるのだろう。また、昨今しばしば取り上げられるグローバルヒストリーは、それとどうかかわるのだろう。新しい世界史は、具体的にはどのように描けるのだろう。第II部ではこれらの問題を論じることにしたい。

なお、この本を通じて繰り返していることだが、日本語の「世界史」「グローバルヒストリー」と英語の"world history","global history"は、対になる言葉ではあるが、その意味がまったく同じであるとはいえない。以下の論述においては、とりわけこの点を意識しなければならない。そこで、両者をはっきりと区別するために、英語の"world history","global history"は、原綴りをそのまま用いることにする。煩瑣で読みにくくなるが、この点をぜひご了解いただきたい。

第5章　世界史の系譜と新しい世界史

1　「世界史」という語の系譜と意味

戦前

現代日本語で「世界史」という言葉が使われる際、それはどのような意味を持っているのかをあらためて考えてみたい。まず、辞書の説明を見てみよう。「統一的な連関を持つところの全体としてとらえられた人類の歴史」(『広辞苑』岩波書店)、「世界を連関のある統一的全体としてとらえた時の人類の歴史」(『大辞林』三省堂)、「世界全体を総合的にとらえた人類の歴史。ふつう、古代、中世、近代(近世)の三つに区分する」(『大辞泉』小学館)。

これらを読むと、人類の過去を、その始まりから現在に至るまで、何らかの統一的・理論的な体系として理解することが、世界史だと考えられている。前提となる空間は世界、時間は人類の誕生から現在までである。この時空が世界史の舞台として設定される。当然の前提であるように思えるが、このことは直ちに、この時空で生じた人類の過去を満遍なく取り上げるということを意味しない。

まず、狭義の歴史学が対象とするのは、文字資料が用いられる時代に限られる。文字資料が残っていない地域や時代も含めた「人類」の過去をすべてカヴァーしようとするなら、人類学や考古学など、狭義の歴史学には含まれない学問との連携がどうしても必要となる。現在の英語圏では、deep history と呼ばれる研究の潮流があり、このような連携を実際に行う研究がようやく展開されるようになった。しかし、その成果をどのように統一的、体系的に理解し、叙述するかという点に関しては、依然として模索が続いている状況だ。

西ヨーロッパに始まる近代歴史学という学問においては、当初、地球上の人類諸集団のうちで歴史を持つのは、いわゆるヨーロッパの人々だけだと考えられていた。例えば、一九世紀ドイツの有名な歴史家であるランケは、『近世史の諸時代について』という著作の中で、人間の諸集団のうちで、ラテン風、ゲルマン風民族にだけ内在化された偉大な史的発展の諸要素が存在し、ある段階から次の段階へと発展する世界史的運動は、ただ一つ、この住民体系においてのみ実現したと主張している(1)。彼はこの解釈に従って『世界史（Weltgeschichte）』と題する九巻の書物を著したが（一八八一―一八八八年）、その内容は、現在の私たちが「西ヨーロッパ史」とみなすものとほとんど変わらない(2)。小山哲は、「ランケにとっての「世界史」は、人類の起源から現代までのすべての民族・地域の歴史を網羅するような「人類史」とは異なるものであった」と指摘している(3)。

マルクスによる史的唯物論も、基本的には、ランケと同様に、近代ヨーロッパの発展を説得的に説明するために構想されたと言えるだろう。人類社会は原始時代から古代的生産様式、封建的生産様式、近代ブルジョア的生産様式と段階的に発展を遂げ、最後に共産主義社会が実現すること、マルクス自身が生きていた西ヨーロッパの社会が他に先んじて近代ブルジョア的生産様式の段階に達し、もっとも進歩していることなどは、その理論の中で唱えられたことである。[4]

パトリック・マニングによれば、アメリカ合衆国では、この一九世紀西ヨーロッパ流の歴史の見方を受け継ぎ、西ヨーロッパと北米の過去を合わせた西洋文明の展開をたどることこそが歴史であるとみなす傾向が強かった。一九九〇年代の末頃になってはじめて、「世界史（world history）」という語が、すべての大陸、数千年の時間、そして広汎な諸問題に向けられる学習コースを意味するようになりつつあったのだという。[5]

ランケやマルクスに見られるような西ヨーロッパに起源を持つ普遍的で一定の法則を持った世界史という考え方は、日本語の「世界史」という語の意味にも大きな影響を与えてきた。[6]とはいえ、西ヨーロッパと同じ見方や意味がそのまま採用されたのではない。そこには日本語に独自の工夫がみられる。以下、この点について検討してみよう。

すでに第2章述べたことだが、日本の大学などの研究機関では、二〇世紀初めから、世界全体を、日本、東洋、西洋という三つに区分し、それぞれの歴史、すなわち、日本史あるいは国史、東洋史、西洋史を別々に研究し、その成果を教育するようになっていた。これは、当時の西洋の知識人による世界についての見方、すなわち、先進的な西洋（Occident）に対して遅れている非西洋、あるいは東洋（Orient）という二項対立的な世界観を基に、自である日本に特別な位置に与えたもので、日本に独自の世界認識である。

西ヨーロッパ諸国で盛んになった元来の歴史学は、人類の進歩を体現するヨーロッパ[7]の過去を研究し体系化することを目的としたので、人類全体の過去を研究するという姿勢を欠いていた。西ヨーロッパの人々にとって、歴史はヨーロッパにのみ存在したのである。[8] これに対して、日本では、日本の歴史を研究する講座、さらには東洋の歴史を研究する講座が設けられ、これに最初に設置された西洋の歴史を研究する講座を合わせれば、地球上の地域の過去の多くをカヴァーすることができる体制が、すでに早い段階で形成されていたという点に注目すべきである。この三つの地域の間での発展段階に差があると考えられたとしても、世界のすべての地域に等しく研究に値する歴史があるという考え方は、すでに戦前に出来上がっていたといえるだろう。また、明示的ではないにせよ、それらを合わせれば「世界史」となると考えられていた。

例えば、京都帝国大学の国史学教授だった西田直二郎は、一九三二年に刊行された『日本文化史序説』の中で、日本史（国史）と世界史の関係について、次のように論じる。

> かくの如く意味関連の上に於て歴史事件が考へられることは、意味の関連によつて個々事件が時代の全体の事実となり、時代の事実が国民の歴史全体の事実となり、更らに国民の歴史を世界歴史にとその関連を進めて行くであろう。一個の国家内に生起した事件がそのままに世界史であると云ふこともここに考へらるべきである。[9]

西田本人がそう記すように、これは一種の歴史哲学としての世界史である。しかし、国民史を積み上げてゆけばそれが世界史となるという考え方が表明されている点に注目したい。

狭い意味での文献史学研究の領域では、戦前には「世界史」という枠組みはそれほどの重要性を持たなかったが、思想・哲学の分野では、第二次世界大戦中に、京都学派の哲学者を中心にして、「世界史」が大いに論じられたということには注目しておきたい。[10] 彼らは、ランケが「世界史」を諸国家・諸民族の闘争の場ととらえている点に注目し、これを大東亜共栄圏の建設と戦争遂行を正当化する論理として応用したという[11]。ヨーロッパ諸国・諸民族を主役とする「世界史」は、それ以外の地域をも視野に入れる日本においては、容易に戦争と侵略のためのイデオロギーに転化したのである。

また、マルクス主義の史観に日本をどう位置づけるかに関する講座派と労農派との対立も、広い意味での世界史をめぐる論争だったと言えるだろう。

戦　後

第二次世界大戦での日本の敗戦後も、大学における歴史研究体制は、日本史・東洋史・西洋史に三区分されたままで変更されなかった。この三区分の意味が明らかに時代にそぐわなくなっている今日でも、日本の主要大学ではなお、同じ体制のままで日本を含む世界各地の歴史の研究と教育が行われている。歴史学研究会や史学会のように歴史学研究全般を対象にした全国学会でも、その下部組織は日本・東洋・西洋に三区分されているし、日本史研究会、東洋史研究会、日本西洋史学会など、日本史、東洋史、西洋史を枠組みとする学会が、歴史学研究の主流を占めている。これらを見て、最先端の研究を展開すべき大学が進取の気性を失っていると批判することはたやすい。

しかし、実際のところは、従来の歴史研究においては、そのほとんどの場合、一つの国家の歴史が研究の基本的な単位となってきた[12]。歴史研究者の多くは、実質的には各国史という枠組みで研究にいそしんできたのである。日本・東洋・西洋の三区分は、ドイツ、ロシア、インドなど国別に研究を進める歴史研究者が仮に所属する研究室の看板以上の意味を持たず、したがって、その変更の必要性を真剣に考える研究者があまりいなかったとも言えるだろう。

一方、高等学校の教育では、文部省による学習指導要領の告示により、一九五〇年代の初めから、それまでの東洋史と西洋史が合体されて世界史という科目が設置され、歴史教育は、世界史と日本史の二本立てとなった(13)。「世界史」という言葉が日常的に用いられるようになったのは、この時以来である。東洋史と西洋史が合わさって世界史とされ、それと日本史が別にたてられたというところに、日本独自の世界と歴史のとらえ方がある(14)。以後、世界史に日本史をどのように組み込むかという点は、世界史を考える際に常に課題となっている(15)。これは、自国史の延長が歴史、あるいは世界史とみなされることの多い西洋諸国とは大きな違いである。

日本では、ごく最近まで、世界史を自らの専門と考える歴史研究者はまずいなかった。当然、世界史学会も存在しない。歴史研究を対象とする学会は、上で述べたように日本史、東洋史、西洋史に分かれて組織されている。歴史学者としての研究は、世界のどこかの国や地域のある時代におけるある側面や要素について史料を読み込んで行うものであり、世界史そのものは規模が大きすぎて個人としての研究に値するとは考えられていなかった。あるいは、世界史は、実証的な研究の対象としてふさわしくないとみなされていたと言い換えてもよいだろう。

しかし、その一方で、歴史学者に限らず多くの研究者や知識人は、世界史の基本法則や世界システム論に代表されるように、世界史とは一定の法則に従って動くものであり、理論化が可能だと考えていた。そして、その理論に従えば世界の歴史の流れはどのように体系化できるかという点や、その理論の枠組みの中で日本の歴史をどう整合的に理解するかという点などについて、狭い意味での歴史学界に限らず広く論壇でしばしば議論が盛り上がり、意見交換が多々なされてきた[16]。

以上をまとめると、戦後日本においては、一定の法則を持つはずの「世界史」の体系化・理論化をめぐって知識人の間で議論が活発に行われる一方で、それとは必ずしも直接に関わらない形で、各国、各時代、各分野別の個別実証研究が大量に生み出されてきたと言えるだろう。この二つの方向性は、世界歴史の講座や全集の出版の際に交わることはあったが、交点としてもっとも注目すべきなのは、高等学校における世界史という科目の内容である。一般の人々への教育と普及という点で、それは無視できない重要性を持っていたからである。

学習指導要領を定める文部省の指導によって、世界史という科目の創設が決まったことは確かだが、創設が決まった当時、文部省の側に世界史という科目についての確たる方針があったとは考えられない。一九四七年に公示された第一回学習指導要領（試案）を読む限り、優秀な近代文化を生み出した西洋とそれに圧倒された古風な文化を持つ東洋の歴史を合わせ、西洋の歴史を軸に展開されるのが世界史だと考えられている。また、日本の歴史は東洋のそれに含まれ、東洋の歴史をまとめて述べる章に、日本古代国家、日本封建制の特色、中日文化の交流、明治維新、日本の大陸進出などの個別の節が挿入されていることに加えて、最後に「世界史上における現代日本の位置」と題する章が置かれている[17]。このように、日本政府が自国の来し方に自信をなくし、また、日本史教育そのものが認められていなかった戦後すぐの時点では、日本も含む世界全体の過去を体系的に叙述することが、世界史の役割だった。ほどなく、日本史が独自の教科となり、五一年になると、日本史と世界史についての学習指導要領が公示され、それに合わせて、世界史の教科書が執筆、出版されるようになった[18]。

その後、時を追って学習指導要領の内容に変更が加えられ、二〇〇九年に最新の学習指導要領が告示されている。これらを検討すると、時間の経過に沿って、教科としての世界史の具体的な内容が次第に変化してきていることがわかる。ただし、枠組みそのものはまったく変わらない。戦後第一回の学習指導要領から最新のものに至るまで常に、時間としては人類の出現から現代に至るまで、空間としては、全世界をカヴァーしようとする姿勢が明確である。現実には、参考とすべき資料や研究が十分に得られず、触れることのできない地域や人間集団があったことは確かだが、学習指導要領も教科書も、可能な限り人類すべての過去を時系列に沿って説明するのが当然だと考えている。また、日本の過去を世界史の流れの中にどのように位置づけるかという点についての関心も常に強く見られる。

かくして、「世界史」という概念が一般的となってから六十数年を経て、具体的な叙述と理解の方法は別として、日本語における「世界史」という語の基本的な意味は、変わっていない。それは、「時系列に沿って解釈し提示された、日本人を含む人類全体の過去についての体系的な説明」という意味である。時系列に沿った体系的な説明とは、いうまでもなく、ある対象の変化を時の流れに沿って、連続的、体系的に語ることである。体系的な説明とは、別の表現を用いれば、ある種の理論、法則のことである。日本語では、人類の過去は、時の流れに沿って、体系的・理論的に一種の法則として説明できるはずだと考えられており、それが世界史だとみなされている。ヨーロッパ中心史観、世界史の法則や世界システム論はその典型といえるだろう。それでは、「人類全体の過去についての体系的な説明」は、具体的にはどのように行われているのだろう。学習指導要領の内容をもう少し詳しく検討してみよう。

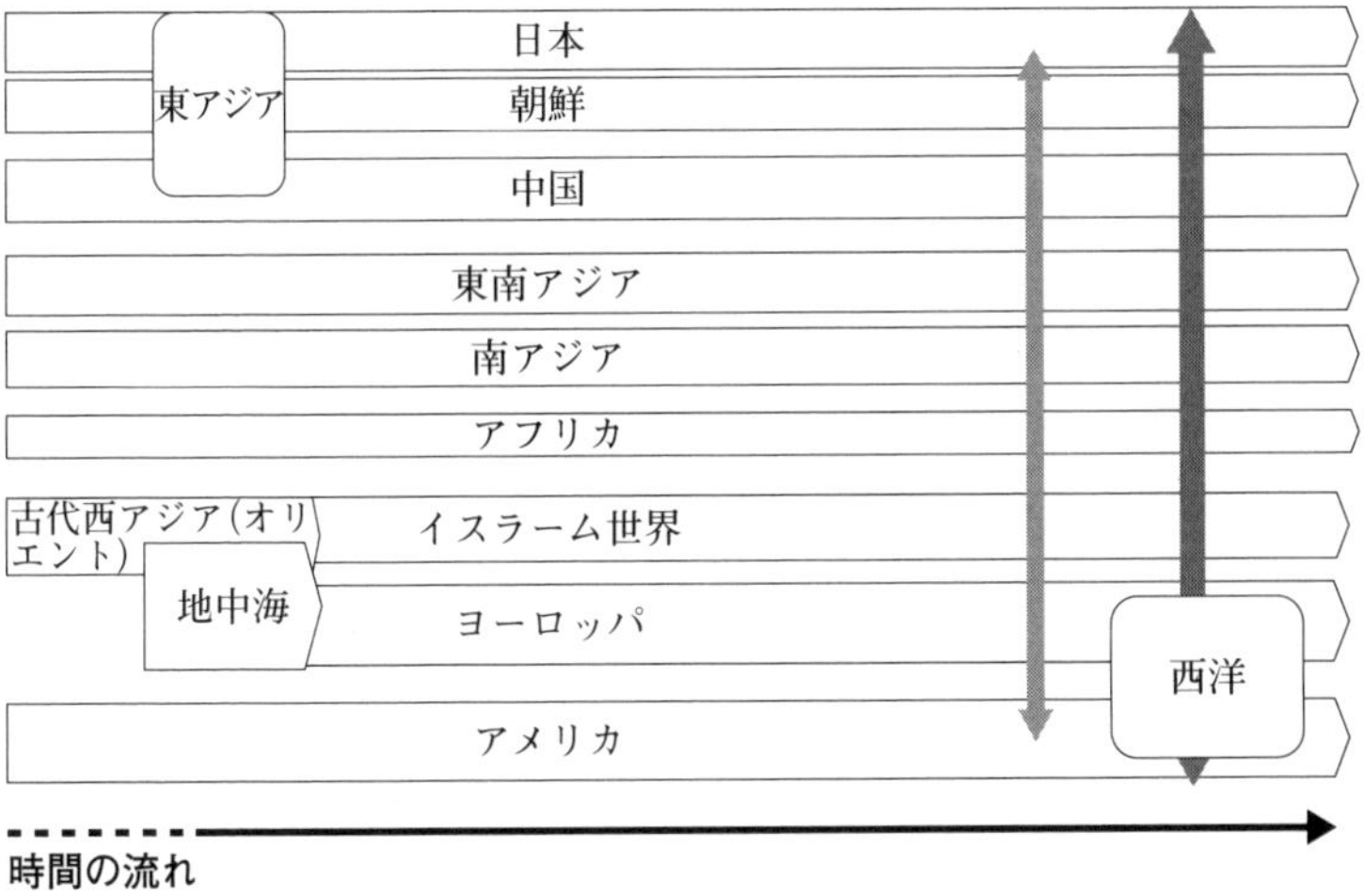

図　現代日本における一般的な世界史理解（概念図）

現代日本における世界史の理解

戦後、高等学校の科目として創設された世界史をどう教えるかは、現実の政治や社会の動きと学界での議論や研究動向を参考にして作成され公示される文部科学省の学習指導要領によって、定められてきた。学習指導要領は、大学と高校の教員を中心とする識者による検討会での討論を経て、およそ一〇年に一度改定される。世界史の教科書は、この学習指導要領に従って作成される。そして、その内容が高等学校での授業で生徒に教授され、彼らの知識となってゆく。その意味では、学習指導要領が、現代日本における世界史理解の骨格を実質的に決めてきたといえるだろう。

学習指導要領の内容の変遷については、すでに前に検討したことがあり、またその前後にも多くの研究が公表されているので、ここではその詳細に触れず[19]、ただ、最新の学習指導要領が示す現代日本の標準的な世界史理解だけを確認しておこう。図は、それをモデル化して示したものである。この図から明らかなように、世界史は、時間としては人類の誕生から現代まで、空間としては世界全体を扱う。その時空の中身をどのように描くかは、その時々によって異なるが、この枠組みそのものは、戦前から一貫している。

現代日本では、世界は国とそれらがいくつか集まった地域、ないし文明圏からなるととらえられている。これらの国や地域はそれぞれ別個に時系列に沿って独自の歴史を持ち、それらを合わせて一つにまとめたものが世界史だと考えられている。また、一六世紀以後はヨーロッパないし「西洋」という地域が世界各地に進出し、「西洋」の主導によって世界の一体化が進むと説明される。これが、現在の日本において体系化された世界の歴史の解釈である。一九七〇年代頃までのマルクス主義的な世界史の基本法則に基づく発展段階論的な枠組みはほとんど目立たず、その後盛んになった世界システム論的なとらえ方が、近現代史の部分に組み込まれていると言えるだろう。

この図の中で、特に「東アジア」に注目していただきたい。教科書では、「東アジア」はそれ自体が一つの「地域」あるいは「文明圏」[20]だと説明されるので、それは「南アジア」や「ヨーロッパ」などと同様に独自の歴史を持つはずである。しかし、教科書では、その時系列に沿った歴史がどのようなものか、明確には説明されない。なぜならば、そこに「自」である日本が含まれているからである。日本は他の国とは別に独自の歴史を持っていると考えられているので、これも独自の歴史を持つはずの東アジア史との関係が不明瞭になるのだ。東アジア史という枠組みを設定するなら、中国大陸や朝鮮半島の歴史はそこにどうしても欠かせない。日本には独自の歴史があるとする一方で、他国も含む地域としての東アジアの歴史を想定するところに無理が生じているようだ。第Ⅰ部で論じた「自」と「他」の認識のゆがみがここに象徴的に現れているとも言えるだろう。(21) また、もし「東アジア」という地域ないし空間を現代において実体化させようとするなら、その地域ないし空間に住む人々が共有できる歴史叙述が必要となる。現状は、その段階には至っていない。

2　新しい世界史

『新しい世界史へ』その後

私は、二〇一一年に刊行した『新しい世界史へ』で、従来の世界史の理解や説明は、現代世界の状況に適合しておらず、新しい世界史の解釈や理解が必要だと論じた。当時の私は、世界史を語る枠組みやそれに基づく世界史理解の現状に対する漠然とした不満と危機感を抱いてこのような主張を展開したものの、自分の考え方や主張が、近代的な学問体系としての人文学・社会科学とどう対峙し、私たちの有する知の体系の中でどのように位置づけられるのかということを、まだ必ずしもよく理解していなかった。しかし、あらためて整理してみると、その時私が提案したのは、前章で説明したような、グローバル人文学・社会科学としての新しい世界史なのだと今は思う。

上記の著書では、現行の世界史に足りない点として、以下の三つを挙げた。

1①　現行の世界史は、日本人の世界史である。

1②　現行の世界史は、自と他の区別や違いを強調する。

1③　現行の世界史は、ヨーロッパ中心史観から自由ではない。

また、私たちが目指すべき新しい世界史の条件として、次の三点を指摘した。

2①　地球主義の考え方に基づく地球市民のための世界史であり、人々が私たちの地球という世界認識を持ちうるものであること。

2②　中心史観を排すること。

2③　従来見過ごされていた関係性や相関性の存在を示すこと。

さらに、このような世界史を実現するための方法を三つ挙げた。

3①　ある時代の世界の見取り図を描くこと。

3②　時系列史にこだわらないこと。

3③　横につなぐ歴史を意識すること。

この考え方の根幹は変わっていないが、それでも刊行後六年以上の月日が経ち、この間多くの人々と情報と意見交換を積み重ねたこと、特にこの三年ほどの間、外国の研究者との本格的な意見交換を活発に行ったことのために、いくつかの点で修正の必要を感じている。以下に、それらを書き留めておきたい。

まず、現状の世界史に足りない点として、それが日本人の世界史であることを挙げた（1①）。しかし、現在の私は、1②と1③という問題はあるにせよ、そのことが致命的な欠点だとは考えていない。地球上のすべての人々が共有する世界史は、まだ世界のどこにも存在しないし、そのような世界史がすぐに必要だとも考えていない。また、1②と1③は世界の多くの場所で受け入れられている一九世紀西ヨーロッパに起源を持つ世界史解釈に共通してみられる問題であり、日本における世界史だけに特有のものではない。

現代世界においては、国や地域ごとに、自国と他国、自地域と他地域を峻別した世界史の解釈と説明が行われているのが通例だ。歴史研究者、あるいは歴史を語る人の立ち位置が異なっているからである。外国史研究者を含むほとんどの歴史研究者は、その人が属する国の国民としてその国の言語で歴史を研究し、その成果を自国語で発表している。英語やスペイン語のように複数の国で使用されている言葉も多いが、歴史学者の国籍とその研究言語には強い結びつきがある。かくいう私も、自分の研究の多くを日本語で発表している。

上記の日本の世界史に足りない点をそのまま読むと、日本における世界史だけが他と異なっていておかしいととらえられかねない。そうではなく、問題は自国と他国の歴史を区別した世界史理解が、世界各地に林立しているということなのだ。日本における世界史だけが、例外なのではない。

歴史研究の成果を活用して行われる歴史の教育も、当然各国語で行われている。一九世紀の後半以来、多くの国で、歴史はその国の国民を生み出すために学校で教えられてきた。国民が共有すべきものとして自国史が構想され語られ、他国とその過去を知るために外国史が描かれてきた。その根本にあるのは、自と他を明確に区別する二項対立的な世界の見方だ。歴史学者が自国語で語り、国が国民教育を志向する限り、世界史の枠組みや描き方が国によって異なっているのはむしろ当然だろう。近代ヨーロッパが生み出した主権国民国家という国のかたちが存在する限り、このような歴史の理解と描かれ方がなくなることはないはずだ。

地球の住民のための世界史

次に、私たちが目指すべき新しい世界史の条件の一つを、「地球主義の考え方に基づく地球市民のための世界史」と説明した（2①）。しかし、現在、私は「地球市民」という表現は使わないようにしている。「地球主義」も「地球市民」も日本語として耳障りはよいが、その定義が曖昧だからである。「地球市民」を英語にするなら、"global citizen"という語が用いられるだろう。"citizen"という概念は、西洋近代によって「発見」され、西洋近代に特有の文脈で説明され、現代西洋社会では普通に使用される語である。しかし、日本語の「市民」の意味は、西洋近代的な文脈で語られるものとは微妙に異なっている。また、英語圏では、二〇〇〇年代になって、"global citizen"という概念に関して政治哲学の分野でかなりの著作が発表されている[22]。しかし、その後、議論はやや停滞しているようだ[23]。私はまだその経緯の詳細を十分に承知していない。この概念と「地球市民」という語の対応についても、より突っ込んだ検討が必要だ。意味のよくわからない単語は使うべきではない。それがないままでこの語を使うことは避けたい。

替わりに用いているのは、「地球の住民」という語である。ある国際会議の報告で、"global citizen"という語を用いたくない私は、かわりに"Earthmen and women"という語を使った。これは日本語だと「地球人」という意味に近い。これを聞いたあるアメリカ人の女性研究者[24]が、報告後に、「その表現は、英語だと宇宙人に対する地球人というようなニュアンスになり、聞いていて奇妙だ」とコメントしてくれた。そこで私は、彼女に、私が地球上の人々が相互理解を深めるとともに地球に帰属意識を持つことができるような新しい世界史を構想していること、"global citizen"という語は使いたくないことなどを再度詳しく説明し、私の考え方をうまく表すことのできる適当な語はないだろうかと相談を持ち掛けた。しばらく考えた後で彼女が口にしたのが、"residents of the Earth" という表現だった。確かに、この表現を用いれば、「citizen≒市民」という微妙に異なる価値を含みさらなる議論と定義が必要な語の使用を避けることができる。日本語でも、「住民」は「市民」よりも中立的な語だろう。なるほどと思った私は彼女に感謝し、以後、英語ではこの語を使い[25]、日本語ではそれに対応する「地球の住民」という語を用いている。

たとえ、現在はそのような帰属意識が強くなくても、人々が「地球の住民」意識を持てるような世界史解釈や叙述の方法を考え、提示することは、現在の世界の情勢を考えると絶対に必要である。それがユートピア的な考えだとの批判は承知している。しかし、私は政治家ではなく学者である。学者が唱えずして誰が理想を唱えるのだろう。前著を出版してから六年あまりが経ち、世界の情勢はますます混迷を深めている。「地球の住民」という帰属意識は六年前にもまして必要となっている。新しい世界史を追求するに際して、この基本的な姿勢はこれからも堅持してゆきたい。

ただし、この姿勢に関連して、論じ、確認しておくべき点がいくつかある。第一は、ここでいう地球の住民意識が、単純に世界中の人々がみな同じであり、同じ意見を持つべきだと主張するためのものではないということである。世界の各地にはさまざまな人々が住み、さまざまな考え方を持っている。また、それぞれがすでにいくつもの帰属意識を同時に有している。

日本列島に居住する人々の大多数は、日本語を話し、突出して「日本」という帰属意識だけを強く持っているが、例えば、イラクの人々の帰属意識はそれよりはるかに複雑である。イラク人以外に、言語、宗教、部族や家族、職業、居住地域等によって区分されたさまざまな帰属意識があり、それらは時にはイラクという国家の領域の一部だけで、あるいは領域をはるかに越えて、人々に共有されている。フランス人もフランスという国家への帰属意識が強いという点では日本人と似ている。それでも、彼らの場合、別の大きな帰属意識を生み出すヨーロッパというまとまりがあり、それ以外にも、宗教（カトリック、プロテスタント、ユダヤ、イスラームなど）や言語（フランス語以外にバスク語、アルザス語など）などの点で、フランスという国の国境を越えるさまざまな帰属意識を持つ人々がいる。

地球の住民意識を持つということは、地球上の人々がすでに有するこれらさまざまな帰属意識に、さらにもう一つの新しい帰属意識を付け加えるということである。同じ「日本」という帰属意識を持っていても、それ以外の点でさまざまに異なる考え方を持つ人がいるように、地球の住民という帰属意識を持つからと言って、すべての人々が同じ価値観や世界観を持つわけではないし、同じように行動するわけでもない。しかし、人々が地球上で生じている多くの難問を解決しようと試みる際には、皆がこの意識を持ってそれらに立ち向かう方が、共同作業に有利であるに違いない。

私たちの住む唯一のかけがえのない地球を守るために、また、人類がより平和でより幸せな生活を送ることができるように、どうすれば、より多くの人々が互いの意見の相違を乗り越えて、地球の住民であるという意識を念頭に置いて行動するようになるだろう。政治家や宗教の指導者、高名な知識人のように社会的に影響力を持つ人々が、この意識の重要性を強調することがまず大事である。マスメディアの影響も大きいだろう。実際に人々が世界各地を訪れ、互いの立場や考え方をよく知り合うことも有益である。これらに加えて、大学では、文系、理系を問わず多くの研究者が、持続可能な地球社会の実現に共同で取り組んでいる(26)。私は、歴史学も、ささやかではあってもこの運動に貢献することができると考える。それが、新しい世界史の構想である。

また、「中心史観」を排するという考え方（2②）は変わらないが、その一方で、日本語で解釈し叙述する世界史の場合、その中に「日本」の過去についての情報が多く含まれることは当然だと思う。これは、中国語で記された世界史においては中国の過去の、ドイツ語で記された世界史ではドイツやその周辺諸国の過去についての情報が多くなるのと同じことである。その際にそこを中心とする見方や表現が紛れ込まないように注意せねばならない。ある場所を中心とする世界史の解釈とある場所についての情報が多い世界史とは別ものである。

縦の世界史と横の世界史

最後にもう一点。新しい世界史を実現するためとして挙げた三つの方法は、従来の世界史解釈や叙述が国や地域ごとの時系列に沿った縦の歴史の寄せ集めであり、それが数十年来変化していないことを意識した上での過激な提案である。現在の私は、縦の歴史が不要だとは考えていない。今こそ縦の歴史を必要とする人々や国、地域もあるだろう。また、時間軸を想定しないで過去を考えることはそもそもありえない。しかし、「世界史」を一枚の織物に例えてみよう。時系列史は「経糸」、私の三つの提案は「緯糸」である。すでに相当程度の蓄積がある経糸に対して、緯糸の編み込みはきわめて心もとない。堅牢で美しい織物を完成させるためには、経糸のほころびを繕うとともに、緯糸の強化を心がけるべきだ。緯糸がうまく編み込まれることによって、新たな美しい絵柄が現れるに違いない。

緯糸を意識することは、これまでいくつもの意味で難しかった。一つは、経糸にあたる一国史研究とそれに基づく国民史への関心の高さが明白で、わざわざ緯糸に目を向けるまでもなかったからである。また、実際に方法としての緯糸に注目しても、複数の言語で記された史資料を一人の研究者が読みこなすことは難しかった。一次資料の読解を重要視する歴史研究の基本に忠実であろうとするなら、他の研究者の研究を使用して大きな絵を描くことには禁欲的でなければならなかった。大きな絵の柄はすでに決まっており、研究者はその絵の細部に色を塗ることに集中してきたのである。

しかし、一〇〇年以上前に西ヨーロッパで描かれた大きな絵の柄は古くなった。絵の柄そのものを刷新しなければならない。とすれば、他の研究者による良質な研究成果を活用して、個人の研究者が新しい大きな絵を描くことは許されてよい。また、研究者が共同で新しい絵の柄を考えることがあってもよい。その際には、緯糸としての三つの方法は有効なはずである。特に、ある時代の見取り図を描くこと、横につなぐ歴史を意識することは、最近「グローバルヒストリー」と呼ばれる歴史研究の潮流と関係が深い。そこで、以下、この歴史研究の新しい方法について考えてみることにしよう。

（1）岡崎勝世『世界史とヨーロッパ』講談社現代新書、二〇〇三年、一八六頁。
（2）この点については、羽田正『イスラーム世界の創造』東京大学出版会、二〇〇五年、一四四―一四七頁で論じた。
（3）小山哲「実証主義的「世界史」」秋田茂ほか編『「世界史」の世界史』ミネルヴァ書房、二〇一六年、二八一頁。
（4）小谷汪之「マルクス主義の世界史」秋田茂ほか編『「世界史」の世界史』ミネルヴァ書房、二〇一六年、三二一―三四四頁。

(5) パトリック・マニング著、南塚信吾・渡邊昭子監訳『世界史をナビゲートする――地球大の歴史を求めて』彩流社、二〇一六年、一二〇頁。

(6) 前掲注(3)で挙げたきわめて示唆に富んだ論文の中で、小山は、一九世紀のヨーロッパで成立した二つの異なった学知の系譜に注目するようにうながしている。すなわち、ランケ的な歴史学と、コントやバックルの文明史論である。ランケが人類の歴史を段階的に進歩する過程とみなす歴史観を批判し、各時代の個性を同時代の史料の批判的分析に基づいて描き出すことが歴史家の使命だとしたのに対して、コントやバックルは、人類史を一定の法則にしたがって原始的な状態から高次の文明へと段階をふんで進歩していく過程としてとらえようとしたという。この二つの潮流が一九世紀後半から二〇世紀前半にかけての日本における「世界史」認識に大きな影響を与えたとする小山の指摘は傾聴に値する(二七四―二七五頁)。

(7) この点については、ウォーラーステインが整理した一九世紀に成立した六つの社会科学ディシプリンが研究対象とする空間の違いを検討するとよく理解できる。山下範久「世界システム論」秋田茂ほか編『「世界史」の世界史』ミネルヴァ書房、二〇一六年、三五七頁。

(8) 例えば、一九〇二年に刊行が開始された*Cambridge Modern History*全一四巻では、数百の章のうちで数章だけが非ヨーロッパ、北米の叙述に充てられていたにすぎないのに、出版社はこれを「世界の歴史」と記しているという。Merry E. Wiesner-Hanks, "Preface", David Christian (ed.), *The Cambridge World History, Vol. I Introducing World History, to 10,000BCE*, Cambridge University Press, 2015, p. xix.

(9) 西田直二郎『日本文化史序説』改造社、一九三二年、三四頁。この点については、京都大学の上島享教授にご教示頂いた。記して謝意を表する。

(10) 例えば、高山岩男『世界史の哲学』岩波書店、一九四二年。世界史は、実証主義的な歴史学のテーマとなることは難しかったが、現実の政治や社会と結びついた思想研究のトピックとしては、十分に意識されていた。この点については、中島隆博「東アジア近代哲学における条件付けられた普遍性と世界史」羽田正編『グローバルヒストリーと東アジア史』東京大学出版会、二〇一六年、八九―一〇一頁。

(11)　前掲注(3)小山哲「実証主義的「世界史」」二八四―二八五頁。

(12)　ただし、前近代の東南アジア史や中央アジア史などのように、必ずしも現代の国家を単位としては研究が行われていない場合もある。

(13)　上原専禄・江口朴郎・尾鍋輝彦・山本達郎監修『世界史講座　第八巻　世界史の理論と教育』東洋経済新報社、一九五六年、二四九頁。

(14)　中国では、今日でも中国史とは別の外国史という意味で世界史という語を用いることが多い。羽田正『新しい世界史へ――地球市民のための構想』岩波新書、二〇一一年、六〇―六六頁。

(15)　茨木智志「初期世界史教科書考――『世界史』実施から検定教科書使用前後までの各種出版物に焦点を当てて」『歴史教育研究』第六号、二〇〇八年、尾鍋輝彦編『世界史の可能性――理論と教育』東京大学協同組合出版部、一九五〇年など参照。高等学校における世界史教育については、今日までに多くの研究があるが、最新のものとして、以下の論文とその文献目録を参照。桃木至朗「現代日本の「世界史」」秋田茂ほか編『「世界史」の世界史』ミネルヴァ書房、二〇一六年、三六八―三八九頁。

(16)　その最新の業績としては、柄谷行人『世界史の構造』岩波書店、二〇一一年がある。桃木至朗「現代日本の「世界史」」秋田茂ほか編『「世界史」の世界史』ミネルヴァ書房、二〇一六年、三七四頁。

(17)　前掲注(14)羽田正『新しい世界史へ』三二―三六頁。

(18)　貴志俊彦は、「東アジア」という地域概念に焦点を絞って、学習指導要領の作成や教科書の構成を時系列的に検討しており、参考になる。「東アジア――相関する地域・交錯する地域像」羽田正編『地域史と世界史』ミネルヴァ書房、二〇一六年、四六―四九頁。

(19)　前掲注(14)羽田正『新しい世界史へ』三三―四一頁。桃木至朗「現代日本の「世界史」」秋田茂ほか編『「世界史」の世界史』ミネルヴァ書房、二〇一六年、三六八―三八九頁のほかに、この論文の文献目録に収められている茨木智志、小川幸司、中村薫らの諸論考を参照のこと。

(20)　この二つの単語は英語では相当意味が異なるが、日本語で世界史について語る際はほぼ同義と考えてよい。

(21)　羽田正「新しい世界史と地域史」羽田正編『グローバルヒストリーと東アジア史』東京大学出版会、二〇一六年、一九—三三頁。

(22)　いくつかを挙げると、April Carter, *The Political Theory of Global Citizenship*, Tayler & Francis, 2001, Hans Schattle, *The Practices of Global Citizenship*, Rowman & Littlefield, 2007, Louise Cabrera, *The Practice of Global Citizenship*, Cambridge University Press, 2010, Geoffrey Stokes, "Global Citizenship: Theory and Practice", G.Stokes, R.Pitty, G.Smith (ed.), *Australian Activists for Change*, Cambridge University Press, 2008など。

(23)　BBCによると、発展途上国においては、自らのことをglobal citizenと考える人が多くなってきているのに対して、ドイツやロシアなどではむしろそのように考える人の割合が減ってきているという。http://www.bbc.com/news/world-36139904?SThisFB。

(24)　Valerie Hansen イェール大学教授。元来は宋代を中心とした中国史を専攻していたが、現在は視野をユーラシア規模に広げ、シルクロードの歴史についての著書（*The Silk Road: A New History*, Oxford University Press, 2012）を出版するなど、世界史の新しい解釈について活発に見解を発表している。「地球の住民」という表現を教示頂いたことに対して、あらためて感謝の意を表したい。

(25)　ほかに、似た表現として、"inhabitants of the Earth"を使うこともある。

(26)　東京大学が、五神総長のリーダーシップのもと、国連で定められたSDGs（Sustainable Development Goals）の実現に向けて「未来社会協創推進本部（Future Society Initiative）」を立ち上げ、この目標に関わる研究を全学的に展開しようとしているのはその例である。http://www.u-tokyo.ac.jp/adm/fsi/ja/index.html。

第6章　さまざまなGlobal History／グローバルヒストリー

1　各国におけるグローバルヒストリー

グローバルヒストリー／global historyの流行

冷戦が終了し、グローバル化が急速に進み始める一九九〇年代に、英語圏、特にアメリカ合衆国で、"global history"という単語が、"globalization（グローバル化）"という語と関連を持ちながら用いられるようになり、その意味や方法をめぐってしばしば意見交換が行われ始めた(1)。global historyという言葉自体の意味は、それを用いる人によって異なり、後で述べるように、今日でも必ずしもはっきりとは定まっていない。しかし、この新しい術語は、それまでにはなかった研究分野を表わすものとして、英語圏の歴史学者の間で一定の支持を集めるようになった。

そして、二〇〇六年になると、この新しい専門分野の雑誌とも言える*Journal of Global History*が創刊され、ケンブリッジ大学出版局から刊行されるようになった(2)。当初の編集責任者は、イギリス、アメリカ合衆国、それにオランダ出身の歴史学者であり、この雑誌が、アメリカ合衆国やイギリス一国単位ではなく、広く英語話者と英語圏諸国を共通の基盤として企画され刊行されたことがわかる。

その意味では、この雑誌の刊行自体が、世界における知のグローバル化の一側面を象徴していたともいえるだろう。それまでは、アメリカ合衆国とイギリスのような同じ英語圏の国であっても、同じ研究分野の学術雑誌を別々に持つのが通例だったからである[3]。このように、英語圏の学界では、二〇〇〇年代半ばまでに、global historyという研究領域が市民権を獲得したと考えられる[4]。

ただし、研究組織に注目すると、アメリカ合衆国とイギリスの間には若干の差異が認められる。イギリスでは、ウォリック、オクスフォード、エクセターなどの大学に、global historyの研究センターが設置されているのに対して、アメリカ合衆国では、世界史（World History）の研究センターはいくつか見られるものの、global historyを看板とする研究センターは、目立たない。global historyの教育と研究の単位は、国際関係や歴史の学部の中に、埋め込まれているようにみえる[5]。私は、この組織化の違いはアメリカ合衆国とイギリスにおけるこれまでの歴史研究の展開の違いに由来しているのではないかと考えている。

これに対して、英語圏以外の地域の歴史研究者の間で、global historyに類する単語と概念がしばしば話題に上り、意識的に使われるようになるのは、二〇〇〇年代に入ってからのことである。現在では、ドイツやフランスなどの大陸ヨーロッパ諸国や中国などで、言語ごとに表現は異なるが[6]、英語のglobal historyや日本語のグローバルヒストリーとよく似たタイプの研究への指向が強まっている。ドイツでは、二〇〇七年に出版された『グローバルヒストリー――理論・テーマ・アプローチ』によって本格的な研究がスタートし、二〇一三年にはセバスチャン・コンラッド（Sebastian Conrad）が『グローバルヒストリー入門』という本をドイツ語で出版した[7]。現在では、最初に出版された本の三人の編者のうちの二人であるベルリン自由大学のコンラッドとベルリン・フンボルト大学のアンドレアス・エッカート（Andreas Eckert）が責任者となって設立し、両大学が共同で運営するグローバルヒストリーの大学院修士課程を始め、ハイデルベルク大学、ハンブルク大学、ライプツィッヒ大学などドイツ国内のいくつかの大学とウィーン大学に、グローバルヒストリーの教育研究組織が設けられている(8)。さらに、ベルリンの両大学には、二〇一七年春からGlobal Intellectual Historyと名づけられた大学院博士課程が創設された。

ドイツに比べると、フランスでは、グローバルヒストリー研究はやや遅れてスタートした。ロラン・テストが編集した『グローバルヒストリー』というフランス語の書物の第二版（二〇一五年）の序文によると、初版が出版された二〇〇八年当時、グローバルヒストリー（histoire globale）という単語とその意味は、フランスではほとんど知られていなかったという。しかし、それから数年で状況は劇的に変化し、この語がマスメディアでも頻繁に使用されるほどに一般化するとともに、この語を冠した著作が多く出版されるようになってきている(9)。そして、二〇一六年秋からは、雑誌*Annales*（『年報』）によって世界の歴史研究をリードしてきた社会科学高等研究院（EHESS）やコレージュ・ド・フランス、高等師範学校（ENS）など、パリの二五の研究機関が協力して運営するパリ総合研究大学（Paris Sciences et Lettres, Research University Paris）(10)で、グローバルヒストリーの研究チームが立ち上がった(11)。

中国では、二〇〇五年に首都師範大学に全球史研究中心（グローバルヒストリー研究センター）が設立された。これ以後、センター長の劉新成がリーダーとなり、このセンターで活発な研究活動が展開され、『全球史論叢』という雑誌が定期的に刊行されている。また、南開大学や北京外国語大学などでも、全球史に関心を持つ研究者が、精力的に研究活動を行っている。ただし、劉新成らが主導して理論面で一定の議論が進んではいるものの、中国の学界全体としての「全球史」の意味や方法は、まだ必ずしもはっきりとは定まっていないように見受けられる。[12]

日本の状況については、次に詳しく述べるが、二一世紀に入る少し前あたりから、単語としての「グローバルヒストリー」が使われ始め、二〇〇二年には、この語を表題に組み込んだ書籍が刊行されている。二〇〇〇年代の半ばを過ぎると、この単語に本格的に注目が集まるようになり、「グローバルヒストリー」の名を冠した一連の研究会や著作が現れた。その後、二〇一〇年代になると、多くの大学や研究機関で、グローバルヒストリーの語を用いた共同研究や講義、講演が盛んに行われるようになってきている。

ただし、これまで述べてきた国々における状況とは異なり、グローバルヒストリーが教育研究の基本単位として安定的に運営されている例はまだ存在しないようだ。大阪大学では未来戦略機構という全学組織の中にグローバルヒストリー研究部門が設けられ、東京大学東洋文化研究所には私が主宰する新しい世界史／グローバルヒストリー共同研究拠点が置かれ、ともに組織的な研究活動を展開してはいる。しかし、これらは時限付のプロジェクトであり、安定した教育研究の組織とまではいえない。

このように、この十年ほどの間に、世界各地、とりわけ、北米、西ヨーロッパと東アジアの歴史学界において、グローバルヒストリーと呼ばれる歴史研究が、驚くべき速度で急激に盛んになってきている。しかし、あらためて考えてみると、グローバルヒストリーとは一体何を意味するのだろう。それは世界史ではないのだろうか。これまでの世界史研究とグローバルヒストリー研究は、何がどのように違うのだろう。また、グローバルヒストリー研究の意義は何なのだろう。新しい世界史を考える際にもっとも基本的なこれらの点について、ここでまとめて論じることにしたい。

といっても、その論述は簡単ではない。第I部で述べたように、日本語の知の体系と外国語のそれがまったく同じであるとはいえず、二つの言語で同じ単語や似た概念が使われているからといって、両者を合わせて論じることは避けた方がよい。英語のglobal historyと日本語のグローバルヒストリー、それに英語のworld historyと日本語の世界史の間には、二つの異なる言語による知の体系の相違に起因する意味や用法の微妙な差異が必ずあるはずだからである。

以下の論述では、すでに検討した「世界史」の意味に注意しながら、グローバルヒストリーという語についての検討を、日本語と英語に分けて論じることにしたい。まず、日本語における「グローバルヒストリー」という語の系譜と意味の変遷を検討する。その後、英語のworld historyとglobal historyについても、同様の検討を行うこととしたい。

2　日本におけるグローバルヒストリー

グローバルヒストリーの定義

日本語では、二一世紀に入る少し前頃から、グローバルヒストリーという語が、学術的な論文や研究の中で使用され始める[13]。書籍としては、二〇〇二年に刊行された川勝平太編『グローバル・ヒストリーに向けて』と高山博『歴史学　未来へのまなざし――中世シチリアからグローバル・ヒストリーへ』が、おそらく「グローバルヒストリー」という語を表題に含むもっとも早い例である。しかし、「グローバルヒストリー」という単語に本格的に注目が集まるようになるのは二〇〇〇年代の半ば頃からである。特に、秋田茂と水島司がこの語を用い、連続した研究会や著作を通じてその研究の重要性を強調し、この言葉の普及に大いに貢献した。

カタカナで記されていることから明らかなように、この語は明らかに英語圏における global history 研究と関係している。しかし、その意味は英語の global history と同じなのだろうか。また、わざわざ「グローバルヒストリー」という語を用いるということは、それと「世界史」とは異なる意味を持つということになるが、その違いはどのようなものなのだろう。グローバルヒストリー研究は、これまでの世界史研究とどこがどのように違うのだろう。また、その意義は何なのだろう。ここで、これらの問題について、まとめて論じることにしたい[14]。

秋田茂は、二〇〇八年に出版された論文の中で、グローバルヒストリーにはまだはっきりとした定義はなく、現在は、世界各地の研究者が、それぞれの立場から問題提起をしている段階にあるとしながら、以下のように論じている。

グローバルヒストリー研究では、従来の一国史の枠組みを超えて、ユーラシア大陸や南北アメリカなどの大陸規模、あるいは東アジア・海域アジアなど広域の地域を考察の単位とする。グローバルヒストリーでは、(1)古代から現代までの諸文明の興亡、(2)明・清時代の中華帝国、ムガール帝国、オスマン帝国などの近世アジアの世界帝国やヨーロッパ諸国の海洋帝国など、帝国支配をめぐる諸問題、(3)華僑や印僑（インド人移民）などのアジア商人のネットワークや、奴隷貿易・

契約移民労働者・クーリーなどの移民・労働力移動（diasporas）の問題などの、地域横断的（trans-regional）な諸問題、さらに、(4)ヨーロッパの新大陸への海外膨張にともなう植生・生態系・環境の変容など、生態学（ecology）・環境史（environmental history）に関する諸問題、(5)近現代の国際政治経済秩序の形成と変容などが、その主要な研究課題として注目されている[15]。

この文章の後で秋田は、まだはっきりした定義はないとしながらも、各国のグローバルヒストリー研究の共通項は、従来の一国史的な歴史研究の枠組みを相対化すること、国民国家・国民経済に代わる広域の地域や世界システム・国際秩序などの新たな分析の枠組みを模索することだと論じている。そして、比較と関係性の二つが、大阪大学のグローバルヒストリー研究のキー概念だとする[16]。

秋田は、海外のglobal history研究を意識し、そこで論じられている問題群を紹介して、日本でも同様の研究を行うべきことを日本語で主張している。秋田にとって、ある主題を英語で論じるか日本語で論じるかは大きな問題ではないようだ。つまり、彼にとっては、global historyとグローバルヒストリーは同じ文脈から生まれたものであり、この二つの語の意味は変わらないということだろう。

一方、二〇〇九年に刊行された『グローバルヒストリー入門』において水島司は、グローバルヒストリーの特徴として、次の五点を挙げている。

(1)あつかう時間の長さ。歴史を巨視的に見る、(2)対象となるテーマの幅広さ、空間の広さ、(3)ヨーロッパ世界の相対化、近代以降の歴史の相対化、(4)異なる地域間の相互連関、相互の影響の重視、(5)あつかわれている対象、テーマの新しさ[17]。

秋田の具体的な説明と比較すると、水島の定義は包括的、一般的だが、両者はほぼ同じ方向を向いているると考えてよい。ともに、従来の世界史では、ヨーロッパが中心に置かれ、それとの関係で他地域の過去が解釈されてきたことと、一国史を時系列に沿って解釈し理解した結果を寄せ集め、それを世界史とみなしていたことを問題にしており、グローバルヒストリーはこのような既存の世界史研究の解釈や理解を乗り越え、広い視野に立って新しい視角と方法、特に、相互連関や地域横断的な視点から研究を行うところに特徴があるとしているからである。

二〇一〇年代になると、多くの大学や研究機関で、グローバルヒストリーの語を用いた共同研究や講義、講演が盛んに行われるようになってきた。例えば、早稲田大学の甚野尚志を責任者とし、日本学術振興会科学研究費補助金を得て、二〇一三年度から行われた「中近世キリスト教世界の多元性とグローバル・ヒストリーへの視角」のウェブサイトでは、グローバル・ヒストリーについて、次のように記されている。

　本科研の表題にある「グローバル・ヒストリー」とはいうまでもなく、現代のグローバル化に対応して一国史観を排し、世界史を諸地域の相互交流の視点から「文明の連関史」として理解する歴史学の潮流である。しかし、これまでのグローバル・ヒストリーは、商業交易や疫病の歴史など、経済や環境に関するテーマで語られてきた。それに対し本科研では「キリスト教世界」をキイワードとして、ヨーロッパ世界で多元的な発展を遂げ宗派化現象を生んだキリスト教がどのようにヨーロッパ世界自体を変化させ、同時にいかにしてヨーロッパと類似の事象を他の地域にもたらしたのかについてグローバルな視野から考えていきたい。

この共同研究では、ヨーロッパ中世の研究にグローバルヒストリーという語が用いられている点に注目しておきたい。後に述べるように、アメリカ合衆国や西ヨーロッパ諸国におけるglobal history研究のほとんどは、近現代を対象としているからである。しかし、ここでのグローバルヒストリーという語の説明には、やや疑問を感じる点もある。グローバルヒストリーが、世界史を諸地域の相互交流の視点から「文明の連関史」として理解する歴史学の潮流だとするなら、それは日本で古くから盛んに論じられてきた東西交流史の内容や方法とはどう異なるのだろう。[18]また、一国史観を排したとしても、空間的にその上位概念である文明や地域（例えば、この科研の場合は「ヨーロッパ」）をそのまま用いれば、それは「一地域史観」とはならないだろうか。

以上の概観からわかるように、批判や疑問がないわけではないが、グローバルヒストリーという語と研究の方法が、現代日本の歴史研究全体の中で、一つの目立った新しい潮流となっていることは間違いない。

グローバルヒストリーとglobal history

歴史研究の呼称として「グローバルヒストリー」というカタカナ語が導入された理由について、この語を用いている著者たちが明確に語った例を私は知らない。しかし、秋田、水島を含め、「グローバルヒストリー」という語を日本語として使っている人たちの考えをあえて推測するなら、次のようなことではないだろうか。英語では、world historyとglobal historyという二つの語が使われている。これに対応するためには、world historyの和訳が世界史だから、別の新しい言葉を作るしかない。globalに対応する適当な日本語がないので、そのままカタカナでグローバルヒストリーとしよう。

もっともにみえる手続きではあるが、この論理が成り立つためには、一つの前提が必要である。それは、英語圏の研究と日本語での研究に問題関心、枠組み、視点、方法などの点で違いがなく、異なるのは研究が発表される言語だけだと考えることである。英語の world history と日本語の世界史は、同じ問題関心、枠組み、視点、手法を持ち、同じような研究の系譜をたどり、現在相互に混じり合って存在する研究分野であると考えてはじめて、グローバルヒストリーが英語の global history に対応することになる。この点は、すでに秋田の文章を引用した際に指摘した。

しかし、第5章で述べたように、西ヨーロッパ諸国や英語圏での world history 研究には独自の意味、研究の系譜と文脈、問題関心、枠組み、視点、手法があり、それは日本語のそれらと同じではない。また、歴史研究は単独では成り立たない。歴史学とその周辺に位置する人文学・社会科学系の諸学が生み出す総体としての人文社会知、とりわけその研究のために用いられている言語における世界認識が、歴史研究を行う背景として存在し、新しく生み出された研究成果はその一部に組み込まれて、理解される。とするなら、第I部で論じたように、日本語による人文社会知を背景にした世界認識は、他言語によるそれと複雑に重なり合い、絡み合い、微妙に異なって成立しているはずだ。

つまり、英語による“world history”と日本語の「世界史」は、異なる言語による人文社会知の蓄積と世界認識を背景として、重なり合う部分を多く持ちながらも、原則としては、別々に発展を遂げて今日に至ったのだ。とするなら、global history とグローバルヒストリーとが完全に対応し、意味が一致しているとはいえない。

現在のところ、日本語における「グローバルヒストリー」の最大公約数的な意味は、「地域間の交流や相互連関の歴史、さらにはこれまで見逃されてきた新たな研究トピックに着目することによって、一国史の存在を当然視しこれを基盤として形成されてきた従来の世界史理解の刷新を目指す歴史研究と叙述」とまとめることができるだろう。ヨーロッパ中世史におけるグローバルヒストリーが構想されていることからもわかるように、グローバルヒストリー研究に時代的な制限はない。

それでは、日本語のグローバルヒストリーに大きな影響を与えたと考えられる英語のglobal historyはどのような意味で使われ、world historyとはどのような関係にあるのだろう。

3　英語のworld historyとglobal history

二つの学術雑誌による定義

英語のglobal historyという語は、いくつかの異なった意味で用いられており、簡単には定義できない。特に、この語がworld historyとどのように異なるのかという点がわかりにくい。

アメリカ合衆国では、少なくとも三〇年ほど前までは、ヨーロッパ諸国の場合と同様、「西洋文明」の歴史とそれ以外が明確に区別され、world historyという枠組みははっきりとは意識されていなかった。しかし、一九八二年に北米world history学会（The World History Association）[19]が創設されると、以後、world historyとは何かが継続的に議論されるようになり、二一世紀になるとworld history研究の理論化が相当に進んだように見える。北米world history学会のウェブサイトには、この学会が考えるworld historyがどのようなものかが詳細に説明されているので、紹介しよう。

簡単に言うなら、world history は、地域・国・文化を越えたマクロな歴史だ。

人類史という広大なモザイク画の一部となるさまざまな文化、国家、その他の存在ごとの微妙な陰翳を深く理解することは、world history の学徒にとって重要だが、world history を研究する人はこれらモザイクの個々の要素から離れて立ち、全体の図柄、あるいは少なくとも図柄の大部分を目に収めることになる。結果として、world history 研究者は、文化の接触や交流、それにグローバルか、少なくとも地域を越えるインパクトを持ったさまざまな動きのように、一個の国、地域、文化を越えた現象を研究することになる。World history 研究者は、また比較史にしばしば従事し、その点では、歴史人類学者と考えられるかもしれない。

World history はそれゆえ、別々で互いに孤立した文化や国家の歴史を研究するのではない。また、必ずしも global history でもない。つまり、world history は単に一四九二年以後のグローバル化の研究ではないのだ。

文化交流の大きな絵柄と、あるいは、比較史に焦点を絞って研究を進めている限り、それは world history 研究者である。例えば、多くの著名な world history 学者が、広大な前近代イスラーム世界内部での旅や文化交流に注目している。他に、およそ紀元前二〇〇年から一三五〇年頃までユーラシアを横断していたいわゆるシルクロードを通じての商品、思想、動植物などの移動を研究する人もいる。また、一神教であるユダヤ教、キリスト教、イスラーム教の内部と外部における聖戦の比較研究を行っている人もいる。他にもある品目やいくつかの品々が地域を越え世界に与えた衝撃について深く研究することを選択する人もいる。例えば、世界における火器の使用とその展開、綿花やタラのようなありふれたものが古代から現代までの広大な人類史で果たした重要な役割などがそうである。今日見られるエイズの流行や新たな疫病の恐れを知れば、人類史における病気の役割もまた研究し、教えるのに重要で時宜を得たトピックだ[20]。

北米world history学会の定義するworld historyとは、通常の国、地域、文化の境界線を越え、あるいは通常の時代区分を越えて、広い時空間で展開するさまざまな事象を研究し、世界の過去について新たな見方を提出することである。この定義は、先に紹介した日本語の「グローバルヒストリー」とさして違わない。北米world history学会は、world historyという概念の意味を、日本語でいうなら「世界史」よりは「グローバルヒストリー」に近いと説明していることになる。

北米におけるworld history研究と教育を長くけん引してきたマニングが二〇〇三年刊行の著書で定義したworld historyは、現在の北米world history学会のそれよりはやや控えめだが、基本的な性格は同様である。

世界史研究とは、しばしば別個のものだと考えられがちな単位やシステムの間の歴史上の結びつきに焦点をあてる研究分野なのである[21]。

つまり、英語のworld historyは、日本語の世界史のように人類の過去全体に関する時系列的な語りを入れるための箱というよりは、特定のアプローチによって人類の過去を検討する方法のことだといえるだろう[22]。そこでは、人類の過去の法則化、体系化は必ずしも絶対の条件とはみなされていない。

このように、英語圏、特にアメリカ合衆国におけるworld historyは、日本語の世界史とは異なり、人類の過去の時系列に沿った体系的な説明という限定的な意味だけを示してはいない。西洋中心的、一国史観的な解釈をあらためるために、非西洋の過去をも組み込み、広い視野から世界の歴史を再検討すべきだとは考えられているが、その先に新たな体系的、統一的な世界の歴史を構築すべきだという主張は、少なくとも北米 world history 学会のウェブサイトには見られない。

日本語の世界史と英語の world history には、なぜこのように微妙な意味の相違があるのだろう。私は、その理由として、この二つの単語の起源と用法の違いを指摘したい。日本語の世界史という語は、すでに第二次世界大戦の前から使用され、日本を含む世界全体の歴史を意味した。この点についてはすでに述べた。戦後も、マルクス主義的な史観の強い影響を受け、世界全体の中での日本の発展段階が議論された。また、その後は世界システム論の考え方が取り入れられ、世界の過去を体系的・統一的にとらえるための努力が続けられてきた。

一方、アメリカ合衆国では、history（"world history" ではない）は、長く西ヨーロッパ諸国の過去に合衆国自体の歩みをつなぎ合わせて「西洋文明の歴史（History of Western Civilization）」として理解されてきた。World history は、このヨーロッパあるいは西洋中心史観を批判・相対化するための新しい枠組みとして意識され、一九八〇年代になる頃から使用されるようになった。それは人類の過去を時系列に沿って体系的に説明することよりは、もっぱらこれまでの過去の見方に対する批判の道具として使用されているようだ。

それではもう一つの global history という語はどのような意味を持っているのだろう。まず、「グローバル化」の歴史が挙げられる。

先に挙げた world history 学会のウェブサイトでは、global history は一四九二年以後のグローバル化の歴史研究とされ、world history とは明確に異なるものとみなされている。この文章で使われている「globalization（グローバル化）」は、本書の冒頭で定義したような「人の活動が国家とその国境を意識しなくなる状況」という狭義のグローバル化ではなく、漠然と世界の人や地域が関係を深めてゆく過程のことを指す。具体的には、コロンブスによる新大陸発見によって、ユーラシア・アフリカと南北アメリカという二つの大陸がつながり、そこから始まって現代に至るまでの世界の一体化への動きを globalization ととらえるのである。

他方、*Journal of Global History* を刊行しているケンブリッジ大学出版社のウェブサイトには、この雑誌が次のように紹介されている。

> *Journal of Global History* は、過去における世界的な規模での変遷の主要な諸問題とグローバル化のさまざまな歴史を扱う。また、他の空間的な単位を形作ろうとするようなグローバル化に抗する流れも検討する。この雑誌は「西洋とその他」という二項対立を越えること、従来の地域の境界をまたぐことを目指し、データ資料を文化史や政治史に関連づけ、歴史研究におけるテーマの細分化を乗り越える。雑誌は、文系理系のさまざまな分野にまたがる学際的交流のフォーラムとしても機能する。

この雑誌がいう global history の意味は、明らかに北米 world history 学会のいうそれとは異なっている。この雑誌は、少なくとも、global history を単に globalization の歴史とだけとらえてはいない。「西洋とその他」という二項対立を越えること、従来の地域の境界をまたぐことを目指すこの雑誌の姿勢は、北米 world history 学会のいう world history とよく似ており、それぞれの雑誌の目指すところを示したこの二つの文章を読むだけでは、global history と world history の意味の根本的な違いはよくわからない。

オルステインの定義

二〇一五年に刊行されたディエゴ・オルステイン（Diego Olstein）の著書『歴史をグローバルに考える』は、アルゼンチン出身の著者が、アルゼンチンの過去をグローバルな文脈で解釈し、理解しようとするなら、どのような方法がありうるかという問題を設定し、それを英語で論じているという点でユニークな書物である。この本では、国民国家史を越えて歴史をグローバルにとらえるための十二の方法が提示され、そのうちには world history と global history が含まれている。[23] オルステインによる、world history と global history の定義は次のとおりである。

World history：world history は、世界をその分析の単位とし、人類全体に強い影響を与えた事象（例えば、気候変動、環境問題、疫病）や、世界全体がグローバル化の過程を経て相互に結び付けられる以前も含め、異なる社会が接触し結び付けられる過程（例えば、貿易、移住、征服、文化伝播）について考える。[24]

Global history：global history は、グローバル化の過程で形成される互いに結びついた世界を、歴史的空間（entity）、事象、過程などすべてを分析するための文脈を提供する単位とする。[25]

また、彼は、history of globalization（グローバル化史）を global history と明確に区別し、地球を単一の相互に結びついた単位へと変貌させてゆく過程についての研究と定義している。[26] つまり、グローバル化の過程そのものの研究（history of globalization）とグローバル化の過程で現れる互いに結びついた世界（それは必ずしも世界全体とは限らない）を分析の単位とする研究（global history）とは異なるということである。この点は、北米 world history 学会による global history の定義とは明らかに異なっている。

オルステインは、同じ本の別の個所で、global history と world history の相違について、さらに詳しく論じている。まず、この二つは単に名前が違うだけで中身は変わらないという説、Bruce Mazlish が global history と world history をはっきりと別のものとし、前者をグローバル化時代の歴史、具体的には一九七〇年代以後の現代史としたこと、しかし、グローバル化という概念をどのように定義するかで global history の時間的な射程が変わってくること、具体的には、一六世紀以後を global history が扱う期間と考える研究者が多いことなど、global history に関する従来の議論がコンパクトにまとめて紹介される。そして、global history が、それがいつ始まるかも含めて、世界全体がつながって一体となるグローバル化という現象に関連する歴史の研究であるのに対して、world history は、グローバル化を必ずしも前提とせず、world（世界）を分析や叙述の単位とする研究すべてを指すこと、文献を使った狭い意味での「歴史学」の領域を越え、人類の長い歴史全体をカヴァーするという点で、教育のために用いられる枠組みであることなどが論じられる(27)。

オルステインの論点のうちで、本書にとって特に重要なのは、次の二つの点である。

(1) world history と global history は、歴史をグローバルに考える方法として両立する。

(2) 両者の扱っている問題が似ている場合もしばしばあるが、world history の設定する時空は、時代、空間ともに、global history のそれよりも長く、広い。つまり、world history は、global history によって乗り越えられるものではなく、両者は人類の過去を描く異なった方法だということになる。この点は、オルステインだけではなく、北米 World History 学会の見解でもある。

以上、北米 World History 学会、*Journal of Global History*、それにオルステインが、それぞれ world history と global history という概念をどのように定義し、理解しているかを検討した。わずか三つの事例を示しただけでも、世界の歴史に関わるこの二つの概念が、英語圏で必ずしも統一的に理解されてはいないということは明らかだろう。

もう一つ考慮すべき点は、英語圏の world history、global history 研究といっても、それが一枚岩ではないということだ。「西洋文明」の歴史を中心に置くアメリカ合衆国の world history 研究、大陸ヨーロッパとは一線を画したイギリス帝国（British Empire）史を意識するイギリスの world history 研究、イギリス植民地から独立したオセアニアという立ち位置から世界を眺めるオーストラリアの world history 研究、そしてこれらと複雑に絡み合って展開される global history 研究が、すべて同じ問題関心と視点、手法を持っているとは考えられない(28)。

このように、英語圏では、いまのところ、world history や global history の意味が完全には定まっておらず、研究者や学会が各自の定義によってこれらの語を使っているという状況である。このことからも、この二つの語が、日本語の世界史、グローバルヒストリーと必ずしも同じ意味や文脈で用いられてはいないということは明らかだろう。

さらに、最近、このようにさまざまな定義が錯綜している英語圏のglobal history研究に一石を投じる重要な研究が刊行された。それが次章で紹介するコンラッドによる『Global historyとは何か？』である。

（1）Bruce Mazlish, "An Introduction to Global History," Mazlish and Ralph Buultjens, eds. *Conceptualizing Global History*, Boulder, 1993, pp. 1-24, Bruce Mazlish, "Comparing Global to World History," *Journal of Interdisciplinary History*, 28, 1998, pp. 385-395.

（2）ただし、ドイツ語圏では、すでに一九九一年に、比較が主たるテーマではあるが、グローバルヒストリーという語をその名称に含む学術雑誌が創刊されている。*Comparativ. Zeitschrift für Globalgeschichte und vergleichende Gesellschaftforschung.*

（3）例えば、歴史研究全般について、合衆国には一八八四年に創設された *The American Historical Review* があるのに対して、イギリスでは、一九二三年から続く *The Bulletin of the Institute of Historical Research*（ロンドン大学）と *Cambridge Historical Journal*（ケンブリッジ大学）、それに一九五二年からの *Past & Present*（オクスフォード大学）などの専門誌が個々の大学を基盤として刊行されている。東洋学や中東地域研究の分野でも事情は変わらず、アメリカに *Journal of American Oriental Society* や *International Journal of Middle East Studies* があるのに対して、イギリスでは *Bulletin of the School of Oriental and African Studies* や *British Journal of Middle Eastern Studies* が刊行されている。

（4）*Journal of Global History*, Cambridge University Press.

（5）ハーバード大学ウェザーヘッド・センターにglobal historyのイニシアティブがあり（http://wigh.wcfia.harvard.edu/）、プリンストン大学の歴史学部にはglobal historyのラボがある（https://history.princeton.edu/centers-programs/global-history-lab）。ジョージタウン大学のInstitute for Global Historyも、歴史学

部の中に置かれている（https://history.georgetown.edu/gigh）。

（6）フランス語では histoire globale、ドイツ語では Globalgeschichte、中国語では全球史と呼ばれる。

（7）Andreas Eckert, Sebastian Conrad & Ulrike Freitag, *Globalgeschichte. Theorien, Themen, Ansätze*, Frankfurt a.M.: Campus, 2007, Sebastian Conrad, *Globalgeschichte, Eine Einführung*, C. H. Beck, München, 2013.

（8）ベルリンの両大学のコースでは、授業はすべて英語で行われ、学生は修士論文を英語で記す（http://www.global-history.de/）。一方、ハイデルベルク大学のコースはドイツ語で開講されている（https://www.uni-heidelberg.de/courses/prospective/academicprograms/global_history_en.html）。

（9）Laurant Testot, *Histoire globale: Un autre regard sur le monde*, Sciences Humaines Editions, 2015, p.5.

（10）二〇一〇年に創建されて以来拡充が進むこの新しい組織の概要は、以下のウェブサイトを参照：https://www.univ-psl.fr/en。

（11）私はこのチームの国際アドヴァイザリー・ボードのメンバーを務めている。以上の、米、独、仏三国におけるグローバルヒストリー研究の歴史については、羽田正編『グローバル・ヒストリーの可能性』山川出版社、二〇一七年に、エイデルマン（米）、エッカート（独）、スタンツィアーニ（仏）が、論文を寄稿しているので、参照のこと。

（12）羽田正「新しい世界史／グローバルヒストリーとは何か」羽田正編『グローバルヒストリーと東アジア史』東京大学出版会、二〇一六年、一〇―一一頁。

（13）いくつか例を挙げる。科研費による共同研究としては、基盤研究A「「グローバル・ヒストリー」の構築と歴史記述の射程」（研究代表者：松田武、一九九七―九九年度）、基盤研究B「歴史のなかの「記録」と「記憶」――グローバル・ヒストリーの視点から」（研究代表者：小山哲、二〇〇二―〇四年度）などが、もっとも早い例である。雑誌論文では、宮崎正勝「文明の空間構造と都市のネットワーク――グローバル・ヒストリーに向けての一考察」『北海道教育大学紀要第一部C、教育科学編』四六―二、一九九六年、一五九―一七〇頁、同「高等学校「世界史」とグローバル・ヒストリー――グローバル・パースペクティブへの三つの視点を中心にして」『史流』三七、一九九七年、春木武志「地球社会時代における世界史教育内容編成：中等教科書『グローバル・ヒストリー』を手がかりとして」『教育学研究紀要／中国四国教育学会編』四五―二、一九九九年、二〇五―二一〇頁、杉原薫「グローバル・ヒストリーと「東アジアの奇跡」『環――歴史・環境・文明』六、二〇〇一年、一三一―一三七頁など。

(14)　日本におけるグローバルヒストリー研究の概観としては、以下の諸論考が参考になる。木畑洋一「グローバル・ヒストリー――可能性と課題」、貴堂嘉之「下からのグローバル・ヒストリーに向けて――人の移動、人種・階級・ジェンダーの視座から」、栗田禎子「帝国主義と戦争」歴史学研究会編『第4次現代歴史学の成果と課題1　新自由主義時代の歴史学』績文堂出版、二〇一七年。

(15)　秋田茂「グローバルヒストリーの挑戦と西洋史研究」『パブリック・ヒストリー』五、二〇〇八年、三五頁。

(16)　私は秋田の先駆的な研究には大いに啓発され、その所説のほとんどに賛成するが、秋田や桃木至朗ら大阪大学所属の研究者が自らの研究を引用する際にしばしば用いる「大阪大学の」という枕詞にだけは違和感を覚える。それが大学の宣伝になるということはよくわかるが、この言葉を冠することによって、他大学に所属する研究者は、彼らと共同で作業を行うことが難しくなるという点にもう少し配慮があってよいのではないだろうか。大阪大学の研究者だけがグローバルヒストリーを研究しているわけではないし、大阪大学の研究者の研究だけが他と比べて独特のスタイルを持っているわけでもない。「大阪大学の」を「私たちの」とするだけでも、ずいぶん印象が変わるはずだ。

(17)　水島司『グローバルヒストリー入門』山川出版社、二〇〇九年。

(18)　その代表的な作品として、『東西文明の交流』シリーズ（全六巻、一九七〇―七一年、平凡社）を挙げておく。

(19)　この学会は、元来、世界の歴史の教育を重視する学会であり、会員の多くは高校の教師だった（詳細はこの学会のウェブサイトのHistory, Mission and Vision of WHAの頁を参照：http://www.thewha.org/about-wha/history-mission-and-vision-of-the-wha/）。

(20) http://www.thewha.org/about-wha/what-is-world-history/。

(21) パトリック・マニング『世界史をナビゲートする』彩流社、二〇一六年、二九頁。これは訳文なので、world historyを世界史と置き換えている。

(22) 『ケンブリッジ世界史』の主編者ウィースナー－ハンクス（Merry E. Wiesner-Hanks）と第一巻の編者であるクリスティアン（David Christian）はともに、世界史は本来広大で網羅的なものであるとし、クリスティアンは、それをすべて記すことは無意味なので、世界史家は常に選択上手でなければならないと述べている。彼らの世界史理解は、ここで私がまとめた北米世界史学会によるそれと同じではない。このように、英語のworld historyの意味が完全に定まっているとはいえない。Merry E. Wiesner-Hanks, "Preface", p. xv, David Christian, "Introduction and Overview", p. 1, David Christian (ed.), *The Cambridge World History*, Vol. I, Cambridge University Press, 2015.

(23) Diego Olstein, *Thinking History Globally*, Palgrave Macmillan, 2015. 残りの一〇の方法は次のとおりである：Comparative history（比較史）、Relational histories（関係史）、New international history（新国際史）、Transnational history（トランスナショナル・ヒストリー）、Oceanic histories（海域史）、Historical sociology（歴史社会学）、Civilizational analysis（文明分析）、World-system approach（世界システム論）、History of globalization（グローバル化史）、Big history（ビッグ・ヒストリー）。

(24) 前掲注(23)p. 27.

(25) 前掲注(23)p. 24.

(26) 前掲注(23)p. 26.

(27) 前掲注(23)pp. 140–144. これは、水島司のいう「グローバル・ヒストリー」の定義に近い。

(28) 主としてイギリス系の歴史研究者が集まり、二〇一二年九月にオクスフォードで開催された会議「グローバルヒストリーの新しい方向性」の報告論文集である『グローバルヒストリーの展望』では、比較（comparison）、接続（connectedness）、グローバル化（globalization）の三つがグローバルヒストリー研究のキーワードであるとされている。James Belich, John Darwin, Margret Frenz, Chris Wickham (ed.), *The Prospect of Global History*, Oxford University Press, 2016, pp. 3-21.

第7章　グローバル人文学・社会科学としてのglobal history

1　コンラッドのglobal history

グローバル人文学・社会科学としての著作

ドイツ、ベルリン自由大学教授のセバスチャン・コンラッドは、二〇一三年にドイツ語で『グローバルヒストリー入門（*Globalgeschichte. Eine Einführung*）』と題する書物を出版し、さらに二〇一六年には似た題名を持つ英文の書籍を刊行した。この二冊の本はどのような関係にあるのだろう。本人に直接尋ねたところ、英語版の内容は基本的にドイツ語版のそれを踏襲しているが、英語版を作成するにあたっては、ほとんど一から書き直すほどの大改訂と増補を行ったという。研究を取り巻く状況が急激に変わっていること、それに、ドイツ語圏で重要な議論が英語にすると必ずしもしっくりこないこと、英語の研究には英語の研究に特有の論理展開が必要であることなどがその理由だという。実際、この二冊の本の目次を比べてみると、英語版とドイツ語版は、同じ内容の本だとは思えないほどである。(1) 本書の第Ⅰ部で述べたように、異なる言語の間での翻訳は簡単ではないが、このことは、私たち日本語話者から見るときわめて近く見えるドイツ語と英語という言語間の場合でも、程度の差こそあ

れ、同様なのである。(2)

この点と関連するが、コンラッドの本の大きな特徴は、それが単に英語圏の研究動向に従い、その範囲内で記されているのではないということである。彼の母国語であるドイツ語の著作が多数引用されているのはもちろんだが、フランス語による重要な作品はカヴァーされているし、少数だが、スペイン語、イタリア語、オランダ語の作品も紹介されている。何よりも、日本語が読めるコンラッドは、日本語の主要な著作を引用し、(3)さらに中国語、韓国語の文献にも触れている。学術的な著作なのだから当然ではないかとの意見もあるだろう。しかし、アメリカ合衆国における英語での刊行物の場合、その多くは英語の著作だけ、あるいは英語以外にせいぜい仏・独語の主な著作に触れるだけで、それが日本に関係するものでない限りは、日本語の著書や論文は無視されることがほとんどである。その点からだけでも、私たち日本の研究者は、コンラッドの著作に高い評価を与えることができる。

また、コンラッドは北米や英語圏の大学で職についているわけではない。非英語圏の研究者が、自らの母語による知の体系と英語によるそれとの微妙な相違を十分に考慮した上で、英語で著した作品であるという意味でも、彼の著作は注目に値する。第4章で論じたようなグローバル化が進む現代における人文学・社会科学分野の研究者のなすべきグローバル人文学・社会科学のモデル・ケースだともいえるだろう。

さまざまな点で画期的なその著作の冒頭で、彼は以下のように宣言する。

Global history は、歴史家が過去を分析するために使ってきた道具類がもはや十分ではないと確信するところから生まれた。グローバル化は、社会科学とそれが社会変化を説明する主たる方法に対する根本的な挑戦である。現代を特徴づける絡まりあいとネットワークは、それ自体、複数のシステムの相互作用と交流から出現した。しかし、多くの点で、社会科学は、ネットワーク化されグローバル化した世界の現実を説明しうるために適切に問い、回答を導き出すことがもはやできない[4]。

この後で彼は、近代の人文学と社会科学が生まれつき持っていた欠点として、(1)そのおこりが国民国家と結びついていること、(2)ヨーロッパ中心的であること、の二点を挙げ、global historyがこの近代人文学・社会科学の二つの不幸な特徴を乗り越えるために有効かつ独特なアプローチであると主張する。彼の書物は、単に歴史学だけではなく、さらに大きな目標として、人文学・社会科学の刷新をも目指していると考えてよいだろう。

global historyとworld historyの定義

では、コンラッドはglobal historyとworld historyをどのように理解しているのだろう。この書物の中で、彼は、global historyを中心に置いて議論を展開している。したがって、world historyについては、必ずしもまとまった論述がなされているわけではない。しかし、著書のそこここで、world historyは批判の対象として登場する。例えば、「特徴的なアプローチとしてのglobal history」と題される第4章では、複数存在する古いタイプのworld historiesの大部分には、次のような特徴があると説明されている。①諸文明がたどってきた異なった変遷の経路に焦点があてられること、②その変遷の力はそれぞれの空間の内側から生まれたと考えられていること、③このような並行する複数の歴史が、中心から周辺への力の伝播によって結び付けられたこと、④近代においては、この伝播が、西洋から「その他」への移動という形をとったと考えられていること[5]、⑤その方法論的特徴は、異なった文明の比較とそれぞれの間の結びつきの探求とを組み合わせること、である。[6]

これは、本書で先に検討した現代日本における世界史理解とほぼ一致しているという点に注目して頂きたい。コンラッドは、元々日本近現代史をその専門としていた研究者である。彼は日本における世界史理解を、複数存在する古い world history のモデルの一つだと認識しているのだろう。

一方、global history については、この本全体で論じられているので、著者の見方を簡潔にまとめるのはなかなか難しいが、それをあえて試みるなら、次の六点となるだろう。[7]

(1) Global history は、海域・地域、ネットワーク、ミクロヒストリーなど、従来とは異なる空間概念をしばしば実験的に用いる。必ずしもマクロな視点からの論述だけが、global history ではない。

(2) Global history は、時間の区切りを重視した語りよりも、同時性を強調し、空間の並び方について考えることを優先する。時間については、短い時間帯での検討とともに、宇宙の歴史（big history）、人類の歴史（deep history）のように、長いスパンでの分析を試みる。

(3) Global history は、個人や社会による他者との交流、つまり関係性に注目し、ある空間の内部からの自律的変化という考え方をとらない。

(4) Global history は、ヨーロッパ中心史観に自覚的であり、非西洋の経験を重視する。

(5) Global history 研究者は、地球全体の過去についての語りであっても、自らの立ち位置を意識する。したがって、同じテーマについて、複数の歴史叙述がありうる。[6] 移動や交流のような「つながり（connection）」に注目する。ただし、単につながっているというだけでは不十分で、ある事象がグローバルなスケール（それが必ずしも地球規模である必要はない）の構造的な統合（integration）の過程と関係していることを明らかにしてはじめて、global history といえる。

コンラッドは、global history が歴史研究における特徴的な方法、ないしアプローチだということを強調する。明らかにされるべき global history という一つの絵は想定されていない。Global history というアプローチを用いて、これまで往々にして国や地域という枠の中で解釈され、理解されてきた人類の過去を、より広く開かれた「グローバル」という文脈で描き直してみようとするのである。コンラッドは、オルスティンのように world history と global history が「過去をグローバルに考える」際に両立するとは考えていない。従来の world history である限り、それは global history という新しいアプローチを用いた研究によって乗り越えられねばならないとする。しかし、乗り越えられた先にある新しい歴史理解が何と呼ばれるべきかという点は、明示されていない。彼は、とりあえず、global history の方法によって、人類の過去をあらためて解釈し直すことが重要だと主張している。[8] 人類の過去のさまざまな側面が global history の方法を用いることによって明らかとなった時、そこにおのずから新たな world history が構築されていると考えるのだろう。

もう一つ、コンラッドの議論の大きな特徴として指摘できるのは、単なるつながりや関係では十分ではなく、構造的な統合に関わるテーマを扱ってはじめて global history と言えるとしている点である。もし、グローバルな規模における構造的統合の過程を扱わねばならないとするなら、コンラッドのいう global history は近現代だけしか対象にできない方法であるようにもみえる。しかし、彼は構造的な統合にも程度があるのであり、自らが提唱する global history のアプローチは、「物事を大きくとらえる」という点で、時代や地域を越えて適用が可能だとしている。

英語版では省略されているが、ドイツ語版ではグローバルヒストリーのアプローチを用いた一〇人の研究者の著作が紹介されている。それによってコンラッドのグローバルヒストリーについての考え方が理解できるので、ここで紹介しておこう。

(1) Janet L. Abu-Lughod, *Before European Hegemony: The World System A.D. 1250–1350* (1989)（日本語版　佐藤次高・斯波義信・高山博・三浦徹訳『ヨーロッパ覇権以前――もう一つの世界システム』上・下、二〇〇一年）

(2) C. A. Bayly, *Imperial Meridian: The British Empire and the World 1780–1830* (1989), *The Birth of the Modern World, 1780–1914* (2004)

(3) 浜下武志『近代中国の国際的契機――朝貢貿易システムと近代アジア』（一九九〇年）

(4) Jared Diamond, *Guns, Germs and Steel* (1997)（日本語版　倉骨彰訳『銃・病原菌・鉄　一万三〇〇〇年にわたる人類史の謎』上・下、二〇〇〇年）

(5) Rebecca E. Karl, *Staging the World: Chinese Nationalism at the Turn of the Twentieth Century* (2002)

(6) John F. Richards, *The Unending Frontier: an Environmental History of the Early Modern*

World (2003)

(7) Victor Lieberman, *Strange Parallels: Southeast Asia in Global Context, c.800–1830*, 2 vols., (2003, 2009)

(8) Erez Manela, *The Wilsonian Moment: Self-Determination and the International Origins of Anticolonial Nationalism* (2007)

(9) John Darwin, *After Tamerlane. The Global History of Empire since 1405* (2008)

(10) Jürgen Osterhammel, *Die Verwandlung der Welt. Eine Geschichte des 19. Jahrhunderts* (2009)

いずれも有名な研究業績だが、ある時代の世界全体やその部分の構造、特徴を論じた著作、ある地域の過去やある概念を世界の文脈で解釈した作品、それに環境史の著書が挙げられている。近現代を対象とするものが多いが、前近代に関わる著作も何冊かあげられている。おおよそ、上で挙げたコンラッドのいう global history の定義に対応する作品が挙がっているといえるだろう。

継続する議論

コンラッドの提唱するアプローチとしての global history が、英語圏の標準的な用法となるのかどうかは、まだわからない。英語を母語とする研究者を中心にして、今後彼の議論を取り入れながらさらに意見交換が続けられるはずだ。

いずれにせよ、これまでの論述から明らかなように、現段階では、Global English も含め、英語における world history と global history の意味と用法が、完全に整理されているとは到底考えられない。

なおしばらく、用語の混乱は続くだろう。しかし、本書第4章の議論に従うなら、たとえ同じ英語を用いてはいても、英語圏の人文学・社会科学とグローバルな人文学・社会科学の用語や方法が常に同じであるとは限らない。コンラッドの見解と提案は、グローバルな人文学・社会科学の枠組みで考えれば、十分に受け入れるに値すると私は考えている。

ただし、私は彼の所説のすべてに満足し、同意しているわけではない。議論の余地があると考える例を二つ挙げておこう。一つは、ある空間内部での自律的変化という考え方をとらないとする global history の第三の特徴についてである。これは、外との関係性によってのみある空間の歴史を語ることができると主張しているようにもとれる。しかし、一つのまとまった空間を想定する以上、そこには何らかの自律性が存在するはずだ。それを否定するなら、その空間の想定自体が誤りだということになるのではないか。おそらく彼が言いたいのは、自律的変化を追究することは、global history のアプローチではないということなのだろう。そのような現象が見られないと言っているわけではないのかもしれない。

もう一点、何のために global history が必要なのかという点についての彼の議論は、必ずしも十分だと私は思わない。コンラッドは、その著作の最後に「誰のための global history か?」と題する章を置き、この問題を論じている(9)。しかし、コスモポリタニズムに基づき「グローバル市民（global citizen）」を作り出すという考え方については、私たち自身の生活実感としてグローバル市民という帰属意識はきわめて弱いので難しいとし、グローバル化と global history は必ずしもイコールでは結びつかないと述べ、従来グローバルヒストリー的な見方と研究手法が必要である理由として指摘されてきた点に懐疑的である。

重要なポイントがいくつも指摘されており、文章には十分な説得力があるが、結局のところ、なぜ私たちにはglobal historyが必要かという点についての彼自身の見通しは必ずしも明確には示されていない。確かに、上でも引用したように、この本の冒頭で、既存の人文学や社会科学は、現代世界で生じている事態を説明するためには十分とは言えないと述べ、その刷新のためにglobal historyのアプローチが有効だということが説得的に記されてはいる。しかし、ただglobal historyは学術的に新局面を切り拓くという点で重要だとの主張だけでは不十分ではないだろうか。人類社会と学術は無関係ではありえない。本書でたびたび論じてきたように、既存の人文学・社会科学がいわゆる国民国家の実体化と国民意識の強化に役立ったことを想起すれば、グローバル人文学の一分野であるglobal historyは、人々に地球の住民という意識を持たせるということを目標としてもよいのではないだろうか。

もっとも、現状のglobal historyの限界や問題点についての、コンラッドの言及には、傾聴すべき点が多々ある。中でも、global history／グローバルヒストリーが北米・西ヨーロッパと東アジア諸国でのみ盛んであり、いわゆる「南」の国々では受け入れられていないとの指摘は重要である。「南」の国々、例えばアフリカ諸国の多くでは、global history／グローバルヒストリーのみならず、「歴史」そのものが必ずしも重要だとみなされていないという。(10) この問題は、当然、帝国主義や被植民地化の評価という重い課題と直結しており、それを乗り越えて、現地の人々に「歴史」、特に新しい世界史の意義を理解してもらうことは、相当に困難だろう。まず、彼らの過去についての見方をしっかりと把握し、そこから意見交換を始めるしかない。global history／グローバルヒストリーの方法を用いた横につなぐ歴史を実現することは、多くの異なる「私たち」を結びつけることを意味する。新しい世界史を考え、語ろうとする歴史学者なら、むしろこの困難な作業に積極的に取り組むべきだろう。

2　グローバル人文学・社会科学としての世界史

非英語圏歴史研究者の責務

ここまで、日本語の世界史とグローバルヒストリー、英語の world history と global history が、必ずしも完全に対応した同じ意味を持つわけではない、したがって、日本語での議論に、英語圏における研究動向を安易に持ち込むことは避けた方がよいと繰り返し述べてきた。

この点に関連するコンラッドの指摘は興味深い。彼は、英語による学術研究成果の権威と影響力が増してきている例として、非英語圏の歴史学者たちが、英語による著作を自国の伝統の偏狭さや特殊性を批判するために戦略的に用いていることを指摘している。具体的には、それまでの自国における世界史の叙述方法の限界を乗り越えるため、翻訳や方法論の借用という手段を通じて、global history が紹介されているというのだ。その例として、自らが他の二人の著者とドイツ語で記した *Globalgeschichte: Theorien, Ansätze, Themen* と並んで、イタリア、ベルギー、スイス、フランスなどの欧州諸国における著作、それに韓国語、日本語の著作が紹介される。日本語の著作として取り上げられているのは、水島司の『グローバル・ヒストリー入門』である[11]。

他の言語による著作については定かではないが、水島に限らず、日本語で「グローバルヒストリー」という単語を用いている他の研究者たちが、海外の歴史研究を意識し、歴史学の新しい潮流としてこの概念と方法を紹介していることは事実である。[12] この点で、コンラッドの指摘はあたっている。

しかし、それは、グローバルヒストリーに限った話ではない。一〇〇年以上にわたる日本語での歴史研究の歴史を振り返ってみると、研究者はしばしば外国、特に「欧米」の研究動向を先進的な試みとして紹介・導入し、それを日本流に改変することに熱心だった。実証主義史学にはじまり、マルクス主義史学、社会史、心性史、世界システム論など、例は枚挙にいとまない。西洋諸語での研究の方法と成果を取り入れ、それを日本という国とその学界の実状に合わせて適宜修正しながら日本語で議論を展開するのが、日本における歴史研究のあり方の特徴だったとさえいえるだろう。その最新の例がグローバルヒストリーなのである。これは、第4章で述べたような、今後日本で展開されるべきグローバル人文学・社会科学とは逆方向へ向かうベクトルである。

私たち日本の歴史研究者は、この受け身を主とする研究のあり方を脱し、コンラッドが試みたように、母語の知の体系や文脈を十分に意識し活かしながら、自らの具体的な研究成果はもちろん、新しい歴史学研究の方法や見方などを、諸外国の研究者とともにグローバルなレベルでの議論に結びつけるように努力していかねばならない。海外の研究動向に注目することは、自らの知見を広げるためにも必要である。問題は、広がった知見をもう一度外に向けて送り出して行く努力が、これまでは十分ではなかったという点である。

この方向へ歩みを進めるためには、日本語における世界史やグローバルヒストリーという語が必ずしも英語や他の外国語の単語と同じ意味や文脈で用いられるわけではないということを十分に認識すべきだ。繰り返しになるが、私の考えを以下にまとめておく。

世界史とは、「時系列に沿って解釈し提示された、日本人を含む人類全体の過去についての体系的な説明」のことであり、新しい世界史は、この体系的な説明の基本となっている国別、地域別の時系列史をたばねれば世界史となるという考え方の刷新を目指す。グローバルヒストリーとは、この新しい世界史を実現するための歴史研究の方法である。世界史そのものにとって代わる枠組みではない[13]。グローバルヒストリーの方法は複数あり、それらをも効果的に用いながら、新しい世界史の解釈と理解、さらには叙述の方法を考究する。

この考え方を受け入れて発表された日本語による新しい世界史の解釈や理解は、グローバル人文学・社会科学が生み出す知の一部となるはずだ。それを英語や他の外国語でできる限り正確に表現し、各国の歴史研究者や知識人と、地球の住民のための世界史について意見交換を行ってゆけばよい。現代世界に生き、主として日本語を用いて研究を行っている歴史研究者の多くが、このような研究姿勢を持って、積極的に世界にその研究成果を伝えるように努力すれば、世界の歴史学界に大きな影響を与えるに違いない。

Global History Collaborative という試み

私は、二〇一四年に、プリンストン大学のジェレミ・エイデルマン（Jeremy Adelman）、ベルリン自由大学のセバスチャン・コンラッド、ベルリン・フンボルト大学のアンドレアス・エッカート、それにパリの社会科学高等研究院（EHESS）のアレッサンドロ・スタンツィアーニ（Alessandro Stanziani）とともに、Global History Collaborative（GHC）という国際的な教育研究のネットワークを立ち上げた。プリンストン大学、ベルリンの両大学、社会科学高等研究院と東京大学という四つの拠点をネットワークで結び、共同でグローバルヒストリー／global history分野での教育と研究に取り組む試みである。

この国際ネットワークの事業として当初考えていたのは、研究者と大学院学生の相互訪問による学術交流、方法論に関わるワークショップの開催、それに大学院学生のためのサマースクールの三つである。マッチングファンド方式で進めるために、各拠点が独自に補助金を獲得することが必要であり、私は日本学術振興会の研究拠点形成事業に応募したところ、幸いにして、五年計画として採択された(14)。

私と米・独・仏の仲間がこのネットワークを立ち上げようと考えた理由の一つは、日本と世界におけるグローバルヒストリー／global history研究の現状を何とか打破したいと考えたからである。これだけ地球が小さくなった現代において、世界の歴史を研究することが重要であることは論を待たない。ところが、これまで述べてきたように、世界史やグローバルヒストリーの意味や内容ですら、国、言語によって異なっている。異なった国に属する歴史研究者は、共同でglobal historyやworld historyの理論化と方法の精緻化を進めるべきだ。さもないと、これまでと同様に、各国、各言語別の世界史やグローバルヒストリーが林立するだけで、世界における歴史研究の状況は変わらない。異なった国に属する歴史研究者たちが、互いの歴史研究の枠組みや視点、問題関心やアプローチをもっとよく理解しあわねばならない。少なくとも、上述の米・独・仏の研究者たちと彼らの同僚の多くは、この考え方に共鳴して積極的にネットワークのさまざまな事業に参加している。

共通の問題意識を持つ海外の研究者たちとの共同作業は、本当に楽しく有意義だと感じる。すべてが英語を用いて行われるという点で、ハンディがあることは言うまでもない。しかし、そういう場でこそ、非英語圏、非西洋に属する研究者が議論の材料を提示すべきだと強く感じる。従来の歴史研究の基本的な視点が、西洋の研究者自身によっても西洋中心史観だとしばしば批判されているのだから、日本語による分厚い研究蓄積を背景に持つ日本の歴史研究者が、world history や global history の見方や方法に関して積極的に自らの意見を述べ、同時にその線に沿った具体的な研究報告を行うことが大切だ。明確な問題意識を持つ外国の研究者なら、少々英語に問題があっても、注意深く話を聞き、必ず建設的な意見を述べてくれる。

この国際ネットワークは、これまですでに四年近くにわたって多彩な事業を行ってきた[15]。大学院学生を対象とする第一回のサマースクールは、二〇一五年に東京大学で開催された。モデルがないところで、初めてのスクールを企画し運営するのは大変だったが、終了時の参加者の満足そうな顔を見ると、疲れが吹き飛んだ。この時にできたスクールの形式と方法[16]が引き継がれ、その後、年一回のペースで、プリンストン、ベルリンでもスクールが開催されている。他の三拠点を中心として、海外から多くの著名な研究者が東京大学を訪れ、講演や研究会を通じて、日本の研究者と意見や情報の交換の機会を持っている。海外の大学院学生やポスドクなどの若手研究者は、東洋文化研究所に三ヵ月から一年の単位で滞在し、自らの研究を深めている。私は彼らと日本の若手研究者との交流の機会を作るために、年に二、三回研究会の機会を設けるようにしている。

さらに、四つの拠点の主要メンバーが集まってグローバルヒストリーの方法論に関して意見交換を行う研究集会を、一年目はベルリン、二年目はパリ、三年目は東京で開催した。ベルリンでは歴史研究者の立場性（positionality）、パリではグローバルヒストリー研究における研究の単位（scale）、東京ではグローバルヒストリー研究における資史料（sources）がテーマとなった。これらの数多いイベントを通じて、各拠点の主要な研究者の間で、意識と情報の共有が進み、実際の共同研究を進める素地が固まっている。プリンストンのエイデルマンから、"national narratives of global integration（グローバルな統合についての国別の語り）" という具体的なテーマが提案されている。グローバル人文学・社会科学の新しい試みである。うまく行けば、二、三年後にはその成果が出版されることになるだろう。

この事業を行っていて唯一感じる不満は、日本語を主たる研究言語とする日本国籍の研究者と学生が、この試みに必ずしも十分な関心を示さず、企画に積極的に参加しようとはしないことである。研究者各自が研究テーマを持ち、個人で研究を進めるのが常である歴史研究の分野では、他人のイニシアティブにまで協力する余裕がないということは理解できる。しかし、シニアの研究者に対して、海外の機関に赴いて自分の研究を報告するための旅費を提供すると言っても、なかなか手が上がらない。大学院学生には、海外の研究機関での半年間の滞在やサマースクール参加などを公募しているが、狭い意味での歴史研究の分野で博士論文を準備している学生の応募はほとんどない(17)。また、応募してくる学生の半数以上は、海外から日本の大学にやってきた留学生である(18)。

第4章で論じたように、現代日本における人文学・社会科学研究は、大きな可能性を秘めていると同時に、重い責務を負ってもいる。どのような分野であっても、まして外国史研究の分野では、海外の研究者と交流を深め、自らの研究の姿勢や内容を外からチェックすることが絶対に必要である。グローバル人文学・社会科学の分野は、今が旬である。枠組みや方法、テーマについて皆で議論し、何かを作り上げてゆくという実感が得られる。分野が確立された後には、このようなワクワク感は失われるかもしれない。特に、若い研究者たちには、あらゆる機会を通じて、枠や殻を破り、新しい課題に挑戦してほしいと強く思う。GHCは引き続きそのような若い研究者たちへの支援を積極的に行ってゆくつもりである。

（1）一〇章からなる英語版の目次は、次のとおりである。
(1)序、(2)グローバルに考えることの簡略な歴史、(3)せめぎあうアプローチ、(4)特徴的なアプローチとしての global history、(5) global history と統合の諸形態、(6) global history における空間、(7) global history における時間、(8)立場性と中心史観的アプローチ、(9)「世界」を作るということと global history の諸概念、(10)誰のための global history か？　global history の目的。
一方、ドイツ語版は次の八章から構成されている。(1)序、(2)世界史の歴史、(3)グローバルなグローバルヒストリー――一九九〇年代からの展開、(4)グローバルヒストリーの批判と限界、(5)アプローチ、理論、パラダイム、(6)グローバルヒストリー論争、(7)グローバルヒストリーの領域と主題、(8)実際のグローバルヒストリー。

（2）英語圏の global history とドイツ語圏のそれの違いについては、Jürgen Osterhammel, "Global History and Historical Sociology", James Belich, John Darwin, Margret Frenz, Chris Wickham (ed.), *The Prospect of Global History*, Oxford University Press, 2016, pp. 23-24 を参照。

（3）注で、浜下武志、杉原薫、川勝平太、水島司、それに羽田正の日本語による論文や著作が引用されている。

（4）Sebastian Conrad, *What is Global History?* Princeton University Press, 2016, p. 3.

（5）結果として、多大な影響力を持った書であるマクニール著『西洋の興隆』が明らかに示しているように、ヨーロッパ中心史観は長く world history に共通の特徴だったとする（Conrad, op.cit., p. 63）。

（6）前掲注（4）pp. 63-64.

（7）前掲注（4）pp. 63-72.

（8）前掲注（4）p. 185.

（9）前掲注（4）pp. 205-235.

（10）二〇一五年九月四日に東京大学で開催された"Africa and/to/in World/Global History"と題するワークショップで、アンドレアス・エッカートが行った講演の中での発言。

（11）Conrad, 前掲注（4）pp. 220-221, 280-281.

（12）コンラッドとは異なり、私は、水島が日本語圏での研究の伝統の偏狭さを批判するために、意図的に「グローバルヒストリー」という語を用いたとは考えていない。彼自身の問題意識と英語圏の global history 研究のそれが期せずして一致したということなのだと思う。

（13）羽田正「新しい世界史／グローバルヒストリーとは何か」羽田正編『グローバルヒストリーと東アジア史』東京大学出版会、二〇一六年、五頁、羽田正「地域史と世界史」『地域史と世界史』ミネルヴァ書房、二〇一六年、九頁。

（14）このネットワーク設立の経緯やこれまでの成果などについて、より詳しくは、以下を参照。羽田正「グローバルヒストリーの豊かな可能性」同編『グローバルヒストリーの可能性』山川出版社、二〇一七年、四―七頁。

（15）ネットワークの紹介とこれまでの活動の具体的な報告については、このネットワークのウェブサイトを参照、http://coretocore.ioc.u-tokyo.ac.jp/。

(16)　四つの拠点から、四人の大学院学生と二、三人の教員が参加。提出された大学院学生の博士論文計画をあらかじめ読み、各自の計画とその内容について五〇分間の集中討議を行う。月曜朝に始まるスクールは金曜夕刻まで続き、相当にハードである。しかし、合計一〇数時間の議論を共にすると、全員が強い仲間意識で結ばれるようになる。

(17)　公募は日本全国の大学院学生を対象として行っている。参加資格を東京大学の学生に限っているのではない。

(18)　むろん、私はそれが問題だとは思わない。留学生は皆日本の大学の重要な構成員である。彼／彼女らの積極性は、日本国籍の学生が見倣うべきものだ。日本国籍の学生の応募が少ないことが問題なのである。

第8章　グローバルヒストリーの可能性

はじめに

グローバルヒストリーが重要だとして、その方法を使うと、日本と世界の過去はこれまでとどのように異なって見えるのだろう。世界を意識して、グローバルな文脈で過去の出来事を考えるとは、具体的にはどのようなことなのだろう。これらの疑問に答えるために、ここでは、私自身の体験に基づくいくつかの具体的な題材を手掛かりとして、グローバルに考えると、従来の日本史や世界史の解釈がどのように相対化できるかを示してみたい。グローバルヒストリーの豊かな可能性が感じられるに違いない。

1　近代化とお雇い外国人

何年か前に、エジプト近代史を専攻する学生の博士論文口述審査に参加したことがある。その学生は、一九世紀後半から二〇世紀前半のエジプトにおける監獄制度について、アラビア語とヨーロッパ諸語の資料や研究を丹念に読み、さらにフーコーの監獄についての理論を参照しながら、精緻で読み応えのある博士論文を提出していた。この時期のエジプトでは、ヨーロッパ諸国の司法制度や法体系が参照され、新たな監獄の仕組みが生み出されたという。論文では、西ヨーロッパ諸国の司法や監獄の制度の導入過程が詳細に記されていた。一九世紀末から二〇世紀初めの時期に監獄総監などの政府役人に任命されたイギリス人やフランス人などの外国人が、現地支配層の反対にもかかわらず、西ヨーロッパの制度を強制的に導入したという。「外からのおしつけ」が、説明の基調だった。エジプト史の文脈では、イギリス、フランスなどの西ヨーロッパ諸国は、一八世紀末のナポレオン軍の侵入以来、エジプト政治に外から干渉し、ついにはエジプトを半植民地とした憎むべき存在だと理解されている。この事情を考えるなら、この説明は当然だといえるだろう。

一方、ほぼ同じ頃の日本史についての理解を想起してみよう。多くの西洋人が「お雇い外国人」として日本に招かれ、政府の各省で雇用され、西ヨーロッパや北アメリカにおける政治の仕組みや先進技術を伝えたと説明されている。また、大学でも当初は西洋人の教師がしばしば招へいされた。しかし、現代の日本で、これらの人々は西洋の制度や考え方を押し付けた有害な存在だと認識されているだろうか。むしろ、逆に、指導者や恩人とみなされていることが多いのではないか。例えば、法律顧問として刑法典を編纂したボアソナードの名前はよく知られている。北海道大学を訪れると、そのキャンパスの目立つ場所に「少年よ大志を抱け」と語ったというクラーク像が建てられている。彼らは日本の近代化に重要な貢献を果たしたと理解されている。

西洋人の顧問が、エジプトと日本でまったく異なった態度をとったとは考えにくい。どちらの国においても、自分たちの知っていることを異なる環境に生きる人々に伝えようとしたに違いない。それにもかかわらず、彼らの存在はそれぞれの国の歴史理解の中でこのように対照的に評価されている。それはなぜなのだろう。確かなことは、それぞれの活動の評価が、後の時代になって一国の歴史という枠組みの中でなされているという点である。植民地にはならず西洋流の近代化に成功し、それを「正」ととらえる日本では、お雇い外国人は好意的に描かれる。一方、半植民地とされた上に西洋流の近代化と相性の良くなかったエジプトでは、外国人顧問は「負」の存在として否定的に理解されているのである。日本史の枠内でボアソナードの役割を論じるにあたって、エジプトに赴いた法学者のことは視野に入らない。逆に、エジプトの法律顧問の仕事を評価するにあたって、日本におけるお雇い外国人のそれと比較した研究はないだろう。

日本史とエジプト史のどちらの評価が正しいのかということは問題にはならない。ある時代の世界を全体として眺めようとする新しい世界史において重要なのは、一九世紀後半から二〇世紀初めの時期に、西洋諸国から非西洋諸地域へ知識人や技術者が多数招かれ、各国で一定の役割を果たしたという事実を認識することである。そして、その事象が地域によって異なる評価を受けているのはなぜかを考えてみるとよいだろう。そこから、その時代と後の時代における各地域や各国の政治と社会の仕組み、文化や知の体系の特徴などを読み取ることができるはずだ。また、従来は一国史の枠内で解釈されていた問題を、他の一国史における同種の事象と比較し再検討してみるとよい。それが、一国史における解釈や評価の修正へとつながることもあるだろう。

2　二一世紀構想談話会

二〇一五年、安倍晋三首相が戦後七〇年にあたって談話を出すことを決め、その参考に資する情報と意見を提供するために、首相の私的な諮問機関として、「二〇世紀を振り返り二一世紀の世界秩序と日本の役割を構想するための有識者懇談会（略称・二一世紀構想談話会）」が設置された。私はこの懇談会の委員の一人に選任され、会合に出席して自ら報告を行ったほか、他の参加者の報告に対して意見を述べる機会を与えられた。重要な政策決定の現場である首相官邸の会議に出席することなど思いもよらなかったので、毎回の会議では、居場所が違うような不思議な感覚を味わった。しかし、高名な学者や知識人、産業界の代表の報告や意見交換を直接聞くことができ、大いに刺激を受けた。

言うまでもないことだが、この談話会での報告は、すべてが高いレベルにあり大変勉強になった。しかし、焦点が二〇世紀の日本がたどった道を考えることだったためもあり、グローバルな視野で同じ問題をとらえるなら、異なった見方ができるのではないかと感じたことが何度かあった。

二つ例を挙げておきたい。実質的な初回の会合で、二〇世紀日本の歴史が総合的に検討されたが、その際、北岡伸一座長代理は、日本が軍事的発展主義の道を歩んだ理由の一つとして、戦前の首相の地位が弱体だったことを指摘した。総理大臣の指揮権が軍に及ばず、軍は強い独立性を持っていたので、関東軍が暴発した際に、これをコントロールすることが困難だったという(1)。日本史の枠組みで考えれば、これは妥当な解釈である(2)。しかし、目を当時の世界に転じるなら、ヒトラーやムッソリーニのような指導者は、その強力な地位と権力を利用して、軍事的発展主義への道を進んでいる。これを考慮に入れるなら、政治的な指導者の地位の強弱が直ちに軍事的発展主義の展開と結びつくと言えるかどうかは微妙ではないだろうか。むろん、国によって政治の制度や仕組みは異なっているので、日本の場合はそのように言えるのかもしれない。一方、軍事的発展主義という同様の現象がみられるドイツやイタリアの場合、その理由は指導者の地位が強すぎたからということになるのだろうか。

いずれにせよ、このことは、日本で生じた事象であっても、それを世界の文脈に置いたときには、別の解釈が可能であることを示す事例である。日本が第二次世界大戦に至る過程をたどるに際しては、日本と英米、あるいは日中の関係だけに注目して分析を行うと、論点が十分に深まらない可能性がある。常に広く世界を意識し、グローバルな視点や比較の視点を取り入れて個別の史実を解釈することで、従来とは異なる解釈が浮かび上がってくることがあるだろう。

もう一点、別の回で慶應義塾大学の細谷雄一教授が講演され、「世界の中の日本」という視点は、日本の歴史教育では学ぶことができないと指摘された。日本の世界史には日本が出てこず、日本の日本史には世界が出てこないからだという。やや誇張が含まれるにせよ、この認識は正しい。しかし、それは日本に限ったことだろうか。中国の世界史に中国は現れず、中国の中国史には世界は出てこない。(3) フランスではそもそも「世界史」という考え方すら市民権を得ていない。本書でこれまで述べてきたように、現代世界に存在するのは、自と他をはっきりと区分した世界認識に基づく歴史理解だけである。日本の状況は決して例外ではない。これは世界全体の歴史学者が、自分の立ち位置に関連して、必ず考え解決してゆかねばならない課題である。

細谷教授はこの発言の後で、世界史と日本史を融合した視座の教育が必要であること、日米、日中などの二国間関係だけではなく、日本と国際社会や国際秩序全体との関係を視野に入れるべきことなどを主張されている。最初の発言はこれらの意見の導入としての意味を持つものであり、特に問題とするにはあたらないだろう。だが、世界の歴史学界の状況をよく知らない人たちがこの発言を聞けば、日本の歴史教育にだけ問題があるように誤解するかもしれない。この講演を拝聴した際に、自と他を区分することで成立する歴史研究、さらには人文学・社会科学の有する問題をあらためて認識し、グローバル人文学・社会科学の進展を図らねばならないと感じたことを覚えている(4)。

3　長崎の教会群という世界遺産

二〇〇〇年代前半頃から、「長崎の教会群を世界遺産に」というスローガンのもと、長崎県や熊本県の各地に残る古いキリスト教の教会堂建築をユネスコの世界遺産に登録しようという運動が展開されてきた。その運動が盛り上がりを見せ登録申請まであと一歩というところまで来た二〇一一年頃、私は平戸市役所から、平戸の隠れキリシタン関係の遺産の価値を、国際記念物遺跡会議（ICOMOS）に近いアドヴァイザーが評価するための会議に出席し、報告と司会を行うように求められた。「文化的景観（cultural landscape）」という表現を覚えたのはこの時のことであり、何日かの会議の間に、招かれていたアドヴァイザー夫妻とも仲良くなり、色々と得ることの多い貴重な体験だった。

この時、平戸市の関係者は、二〇世紀初め頃に建てられた形のままで残る古い教会堂をいくつか案内してくれた。田平、宝亀、紐差、山田などの教会である。前の二つは当時世界遺産リストへの登録候補だった。それぞれ特徴ある美しい建築であり、日本におけるキリスト教伝道の歴史を考えると、これらの建物に大きな価値があるのは明白だった。しかし、同行したアドヴァイザーが関心を示したのは、これらの教会堂ではなく、春日という名の旧隠れキリシタンの集落とその背後にそびえる信仰の山、安満岳だった。春日は、谷間に設けられた棚田の両側に位置する一見普通の小さな集落である。他の集落とすぐに区別できるような特徴的な形態があるなら、それは「隠れ」にはならないだろう。安満岳には皆で実際に上ってみた。しかし、その山頂には簡素な神社があるだけで、とりたてて「世界遺産」的な特別な何かがあるようには見えなかった。だが、アドヴァイザーは、これらがセットとなり、世界遺産にとって重要な文化的景観になるのだと語っていた。

その後の経緯はご存知の方も多いだろう。二〇一五年一月に日本政府は「長崎の教会群」の世界遺産への推薦を決定し、ユネスコにその書類を提出した。しかし、翌一六年一月、ICOMOSは禁教期に焦点を当てるべきとのアドヴァイスを公表、推薦は自主的に取り下げられた。そして、同年九月、リストの内容を変更し、新たに「長崎と天草地方の潜伏キリシタン関連遺産」という名前で、ユネスコに推薦書類が提出された。

言うまでもないことだが、日本ではもっとも古いキリスト教教会建築であっても、世界的に見れば、もっと古い時期に建設され世界遺産とはなっていない教会はいくらでも存在する。二〇世紀初め頃に建設された教会は、教会建築全体の中でとりたてて珍しいものではない。建築的に特別な材料や意匠が使用されてはいない長崎の教会群だけでは、いくら数でまとまっても「世界遺産」とは認められないのだ。そこには世界に視野を広げた時に珍しく貴重な何らかの付加価値が必要である。ICOMOSは、それが、潜伏キリシタンに関わる歴史なのだという。新しい提案では、教会建築にかわって、潜伏キリシタンの「集落」が、リストの前面に出されている。平戸では、田平教会がリストから外れ、春日と安満岳、それに信徒が聖水を汲むための聖なる島とあがめた中江ノ島が推薦されている。もしことがうまく運べば、二〇一八年秋に、新しい申請が世界遺産として登録されることになるだろう。

キリスト教徒に限らず、少数派の宗教を信じる人々は、世界各地で多数派からさまざまな迫害を受けてきた。しかし、禁教政策が二〇〇年以上に及んだにもかかわらず、祖先伝来の信仰を捨てずにひそかに守ったという例は、それほど多くはない。ICOMOSはそこに着目し、アドヴァイスを行い、長崎の側はそれに従ったのである。

この顚末は、日本としては貴重な遺産でも、それを世界の文脈に置いた場合は異なる結論に達するという例の一つを示している。日本史の文脈での解釈や価値観と世界史の文脈でのそれらが異なる典型例といえるだろう。

4　甘粛省石窟寺院調査

二〇一六年夏、私は甘粛省の敦煌や蘭州、天水などの町とその郊外にある石窟寺院を訪れる機会を得た。中国美術史を専攻する研究者と学生、それに日本史が専門の研究者の合計三人の中国人女性が同行してくれた。若い頃から一度は行ってみたいと思っていた敦煌を訪れることができ、しかも莫高窟では現地の研究所の所員の案内で、一般には公開されていない石窟をいくつも見ることができたことは、とても幸運だった。かつて、モスク建築の調査を行った時に感じていたことだが、いくら写真や文章、図面で説明されても、実際に現地で実物を見ないと、理解は決して深まらない。敦煌に行きたいという私のわがままを聞き入れ、この一週間以上にわたる調査旅行を計画、実行してくれた復旦大学の若い友人である鄧菲と朱莉麗には大いに感謝している。

敦煌では莫高窟の他に楡林窟と西千仏洞を訪れ、蘭州では炳霊寺石窟、天水では麦積山石窟を訪ねた。石窟の建立とその中に置かれる仏像の製作が行われたのは、王朝の名前で言うなら、北魏時代（四—六世紀）から元代（一三—一四世紀）にまで及び、そのうちでも、隋・唐の時代（六—一〇世紀）のものがもっとも多い。

莫高窟では、最初は感激してみて回るだけだったが、石窟や仏像のそばに置かれている説明文を読むうちに一つ奇妙なことに気が付いた。石窟や仏像は建立から長い年月が経つうちに傷んだり、崩れたりすることがあったに違いない。このためか、清朝の中期頃以後に修理されたという記述がしばしば見られた。それはよくわかるのだが、奇妙なこととは、元から清の間、すなわち明朝時代（一四—一七世紀）三〇〇年についての言及が、どの説明文にもまったく見られないということである。中国の友人たちに、それはなぜなのかを尋ねたところ、「明朝はこのような文化遺産に関心がなかったのでしょう」とそっけない。

そんなものかとその時は納得していたのだが、敦煌から西安方面に戻った場所に位置する麦積山石窟に来てみると、石窟や仏像が明の時代に修復されたという説明がたくさん見つかった。そこで、私が気づいたのは、明の時代、麦積山石窟のある天水はその領域の内側にあったが、莫高窟のある敦煌はその外側に位置していたということである。敦煌は明の領域に含まれていなかったので、一四—一七世紀に実施された修復事業は、「明代」とは記せないのだろう。そのことを中国人の友人たちに話すと、「なるほどそうか！」と感心している。

「しかし」と、私は彼女たちに次々と議論をしかけた。王朝の領域に入っていないかぎり、ある美術作品の制作や修復の時期を設定、明記できないとしたら、それは問題ではないのか。そもそも、中国美術史では、唐や明などの王朝を単位として作品の時代区分が行われているが、本当にそれでよいのか。王朝が替わると、明確に作風や特徴が変わるのか。西洋美術史では、必ずしも王朝の交代が美術作品の形式や特徴の変化と結びついてはいないではないか。なぜ、中国美術史では王朝が時代区分の基となるのか。彼女たちは、これまでそんなことは考えたことがなかったと言いながら、色々と興味深い意見を披露してくれた。しかし、結局、はっきりとした結論はでなかった。

一国を単位としてその空間的な枠内で美術作品の特徴の変化を説明しようとすると、このようにあちこちでほころびが生じる。莫高窟の例を挙げるまでもなく、美術作品の製作や修復は、国や王朝の領域の中だけで完結はしない。デザインやモチーフ、技法や意味は、政治的な境域を簡単に越え、必ずしも国や王朝とは結びつかないで交流しているからだ。現代世界では当たり前のことだが、事情は過去においても変わらない。

ここでは、中国での私の体験を紹介したが、日本美術史という枠組みで過去を振り返る場合にも、これと似たようなことが起こるのではないだろうか。仏像や木造の寺院建築が、どこまで「日本」独自の特徴を持っているといえるのか。日本列島と朝鮮半島や中国大陸の過去は、「国境」によって隔てられ、制作の方法や形式の異なる美術品が互いに影響を受けず別々に製作されていたのだろうか。決してそうではないだろう。日本列島で生まれた美術品や工芸品の価値や意味は、より広い視野を持ち、前近代においては少なくともユーラシア東方、それ以後は世界の文脈に置いて考え直すべきである。

私は、既存の分析や論述の枠組みにとらわれず、グローバルな広い視野を持って、新しい解釈や説明を試みるのに、美術史や建築史ほど適した研究分野はないと考えている。グローバル人文学の一分野として、その新たな展開が大いに期待できる。

5　ベルリンのドイツ歴史博物館

ドイツの首都ベルリンの目抜き通り、ウンターデンリンデンに面して、ドイツ歴史博物館がある。この博物館は、新しい展示の手法を大胆に使い、訪れる人を飽きさせない。ドイツの歴史を詳しく知りたい人はぜひ訪れるべき場所である。私はベルリンへ行く度にここを訪れるが、毎回興味深い発見がある。

二〇一六年三月に訪れて感心したのは、博物館の展示の最初に掲げられた「ヨーロッパにおける境界（border）」という説明である。そこには、「境界（border、ドイツ語でGrenze）」という語はスラブ語起源であり、ドイツ語系の人々の東方移民によって、この語が東方ドイツ語方言に入り込んだこと、政治以外に、文化、文明をはじめ言語、エスニシティ、経済、地理、社会、信仰などさまざまな境界があること、これらは線的なものではなく、しばしば重なり合うこと、現在の私たちが了解する政治的国境としての border の意味が生まれるのは、一六世紀以後にヨーロッパで領域国家が建設されるようになってからであること、一九世紀半ばまでに、線によって明確に区切られた国土という意識が定着することなどが、解説されている。

その次にある展示パネルでは、「ドイツ」という語、さらには「ドイツ語」がどのように形成されてきたかという説明がなされている。これらによって、現代のドイツという国民国家が歴史的な産物であり、決して古くから同じ形態や特徴を持っていたのではないということが、メッセージとして来訪者にまずはっきりと示されている。

実際、その後に具体的に展示されている事物や説明の内容は、現代のドイツという国の国境の中だけに限られない。中世にはローマ教皇、近世から近代にかけては、ハプスブルク家の皇帝たち、歴代フランス王やナポレオンなどが、「主役」として次々と登場する。ヨーロッパの歴史の展開を思い起こせば、これは当たり前のようにも思えるが、これを日本や中国の歴史博物館の場合と比較してみれば、どうだろう。

日本の博物館では、有史以来そこに「日本」があったことを暗黙の前提として展示がなされているはずだ。例えば、佐倉にある国立歴史民俗博物館の総合展示は、原始・古代、中世、近世、近代、現代という日本史研究の時代区分に基づいている。現代の展示を見た人が、そこに見出すのは「日本の現代」の姿であり、現代日本という国民国家が歴史的な産物であるとは理解しないだろう。展示では、日本は原始・古代以来、今日に至るまで連綿と存在し続けているからである。

中国の場合、多くの歴史博物館は、省や都市、具体的な遺跡の歴史か、北京の故宮博物院のようにある特定の時代の文物を対象としている。上海博物館は、古代から清朝期までをカヴァーしているが、展示は美術工芸品に限られる。私は、中華人民共和国の成立前と後を続けて説明・展示する博物館を訪れた経験がない。ドイツや日本のように、国の歴史を古代から現代まで扱った博物館はないようだ。その一方で、これら多くの博物館群には、共通して見られる前提がある。それは、少なくとも古代から清朝期までを一つのまとまりとしてとらえる過去の見方である。それが現在の中華人民共和国とどうつながるかという点にやや曖昧な点はあるが、そこに見られるのは、日本の場合と同様、中国は古くから現代まで存在しているという歴史のとらえ方である。

ここでドイツと日本や中国における博物館展示を比べ、その相違を強調したのは、いずれかの展示の方法が誤っていると批判したいからではない。自国の歴史をどのように認識するかは、国によって異なっているということをあらためて強調したいのである。現代世界に存在する多くの国々の国民の中で、自国の歴史は古い時代から時系列に沿って切れ目なく描けると考えることができるのは、ごく限られた人々だけである。南北アメリカ、ユーラシア、アフリカ、オセアニアのいずれに存在する国々を取り上げても、その過去のどこかに政治的、社会的、文化的な大きな切れ目がある。人々の政治的なまとまりを地理的な空間としてとらえるとしても、いつの時代にも同じ空間が同じ場所に動かずに存在したわけではない。

日本、そして、おそらく中国と韓国だけが例外である。この一〇〇年か二〇〇年ならまだしも、千年以上にわたって一つの国の歴史を描くというその企て自体が、世界的にみるときわめて珍しいのだということを、私たち日本の歴史学者とその作品を読む読者は意識しなければならない(5)。日本人の多くは、「国」を単位として物事を考え、理解することを当然だと思っている。しかし、その「当然」はせいぜい東アジアと呼ばれる地域の範囲にとどまるものであり、世界におけるものではない。このことを忘れないようにしたい。

時系列に沿って一国史が描かれ、それらを西洋近代がたばねてゆくという従来の世界史の図式も、その意味では、多分に日本的な性格を持っている。近代的な歴史研究が生まれた西ヨーロッパでも、ドイツやフランスという国の過去を例えばローマ帝国と直接結びつけて記すという発想はない。この地域の一国史は、フランスのように例外的に長くとらえられる場合でも、一〇―一一世紀頃からの時代をカヴァーするだけである。その前には、別の国と別の時代が存在している。また、二〇世紀に生まれたアフリカの国家群においては、そもそも国を単位とした過去の理解や叙述はなじまない。

(1)　この懇談会での報告や意見交換の概要は、総理大臣官邸のウェブサイトに掲載されている。また、北岡座長代理の報告は、21世紀構想懇談会編『戦後70年談話の論点』日本経済新聞出版社、二〇一五年、一一―二一頁参照。
(2)　例えば、三谷太一郎『日本の近代とは何であったのか――問題史的考察』岩波新書、二〇一七年、七一―七二頁でも同様の見解が述べられている。
(3)　羽田正『新しい世界史へ――地球市民のための構想』岩波新書、二〇一一年、五五―六六頁。
(4)　細谷教授は、ほかにも、日本における歴史の研究と教育について、重要な論点を提示している。例えば、

「日本の歴史教育における問題点は、歴史理論を学ばないということである。つまりは、広範な史料に基づいて、徹底的に研究を深めていけば、普遍的に受け入れ可能な「歴史的事実」にたどり着けるというナイーブな歴史認識が広く見られ、またそのような「歴史事実」は他国の国民とも共有可能であるという楽観的な想定がある。そのような想定こそが、これまで日本が他国との間で歴史認識問題をこじらせていった一つの原因ではないだろうか」（細谷雄一『歴史認識とは何か――日露戦争からアジア太平洋戦争まで』新潮選書、二〇一五年、三六頁）という指摘は、本書でこれまで述べてきた内容とも共鳴する部分がある。

（5）ただし、空間としての「日本」の領域が、過去から現在まで変わらなかったわけではない。明治以前の北海道や沖縄は、「日本」の統治下にはないし、一九世紀から二〇世紀前半にかけての時期には、台湾や朝鮮半島、それに樺太や千島列島の一部なども「日本」だったからである。もし、空間としての「日本」とそこに住む人々の過去を総合して日本の歴史として叙述しようとするなら、現在の日本史の説明は、修正されねばならない部分があるはずだ。

第9章　新しい世界史のための四枚の見取り図

1　見取り図を実際に描く

見取り図の前提

「世界」を枠組みとして歴史をとらえることの意義の一つは、過去から未来に流れる時間の中に現代の世界を位置づけ、自分たちの立ち位置を確認することができるという点である。現在の日本で一般的な世界史の解釈や理解も、その点では意味があり、これまで十分にその役割を果たしてきた。しかし、私は数年来、従来の世界史の理解を刷新すべきだと主張してきている。それは、人間生活に関わるあらゆる側面で世界中が密接につながっていることが明らかな現代世界で生じている事態を理解するためには、過去の世界を部分に分けてその部分史の総和を世界史ととらえるのではなく、過去の世界を一つのものと見て、それが全体としてどのような特徴を持っていたかを知ることがどうしても必要だと考えるからである。かつて世界全体がどのような状態にあったかを知ってはじめて、現在の私たちが置かれている世界の状況についての理解がより深まるだろう。

では、実際に新しい世界史によって、私たちは自分たちの立ち位置をどのように定めることができるのだろう。以下でこの点について具体的に論じるが、その前に、本書の冒頭で述べたルールに従い、この節でここまで特にはっきりと説明せずに用いてきた「私たち」という言葉の意味を定義しておきたい。本書で私は、新しい世界史はグローバル人文学・社会科学の一部であるべきだと繰り返し述べてきた。したがって、「私たち」は第一義として地球の住民を指す。しかし同時に、この書物は日本語で記されており、主要な読者として日本語話者を想定している。ということは、ここでいう「私たち」は、日本語話者であり、その多くは日本に帰属意識を持つ人々ということになるだろう。つまり、日本という国と同時に、地球への帰属意識を持つ人々、あるいは、今後そのような意識を持つだろう人々が、「私たち」である。主に日本語の知の体系を用いてものを考えている人を読者として想定しているが、同時に、日本語の知の体系やその特徴をよく知らなくても、地球の住民という意識を持つ人々には理解してもらえるように、論を進めるつもりである。

私は、前著『新しい世界史へ』で、従来の世界史理解は、時系列に沿った一国史を西洋近代がたばねて一つにしてゆくという基本的な図式を持っている点が問題だと述べた。なぜそれが問題なのかを、もう一度確認しておきたい。それが問題となることの理由の一つは、過去においても現在と同じ「国」が存在し、それが今日まで続いてきているという前提で議論が組み立てられることになるからである。前章のベルリンの歴史博物館についての項で論じたように、明確に国境で区切られた領域国家という考え方は、少なくとも西ヨーロッパでは、それ自体が近代になって生まれたものである。他地域ではそうではないかもしれない(1)。しかし、領域国家やそれと並行して形成された主権国家という概念と実態が歴史の産物なのに、あたかも世界中ではるかな過去からそれらが存在したかのように想定し、その来し方をたどろうとする歴史理解の方法に限界があることは明らかである。国や国家だけではなく、地域や文明の場合も同様である。

四枚の見取り図

それでは、これまでの世界史の基本的な図式を一旦忘れるなら、世界の過去はどう見え、現代の特徴はどう理解できるのだろう。前著『新しい世界史へ』で、私はある時代の世界の見取り図を作り、それを現代と比較すれば、現代世界をより深く理解することができると述べた。また、この方法を使えば、現代の国家と過去の政体が必ずしも直接は連続しないということがよくわかるはずだ。

このような見取り図は、本来それを描くことを目的として多くの実証的な研究が積み重ねられた結果として得られるはずのものである。ところが、残念なことに、現在は、まだそのような研究が十分になされていないし、ましてや体系化されてはいない。一方で、参考となる研究成果は数多く存在するので、一人の人間がそれらのすべてに目を通すことは難しい上、さまざまに異なる角度からなされた研究成果全体をその人の関心に沿って組み立て直さねばならない。こう考えると、現在の時点で、誰かが「見取り図」を描こうとしても、それは不完全なものでしかありえないだろう。

しかし、無理な冒険であることを承知の上で、私はここであえて、現在に至る三百年余りの人類の過去を振り返り、四枚の見取り図を描いてみようと思う。簡単でもよいから具体的な絵の図柄を示さないと、新しい世界史についての議論は深まらないと思うからである。繰り返しになるが、ここでの見取り図は、決して完成されたものではない。あくまでも議論の材料を提供することを目的とした試作品である。

何に注目するかによって見取り図の図柄は変わる。ここでは、叙述の基本的な単位をしばしば国や国家と理解されるような人間集団の政体とし、その構造と社会の秩序、さらに統治・統合を支える理念に注目して、過去三〇〇年余りの世界の特徴を、四枚の見取り図にして論じることとしたい。これは、上で述べたように、現在私たちが当然だと理解している国ないし国家の連合体としての世界のあり方が、歴史的な産物であるということを理解するために、有効で意味のある方法だと考えるからである。

話を過去三〇〇年余りに限るのは、一七〇〇年頃からの世界の全体像を、見取り図を積み重ねるように示せば、現在の私たちが立つ世界の状況と特徴を、最低限必要な程度には全体として理解しうるだろうとの見通しによる。現代世界の状況と特徴を知るために、一七〇〇年、一八〇〇年、一九〇〇年、一九六〇年の四枚の見取り図を順に示し、それらについて解説した上で、現在、すなわち、二〇一八年の世界の特徴をどのように理解するべきかを論じたい。

見取り図を描く年をこの四つとしたことに、大きな意味はない。最初の三つは、単に世紀の変わり目という区切りのよい年として選んだ。最初の一枚が一六九〇年や一七一〇年の世界であってもよかっただろう。四枚目の一九六〇年は、第二次世界大戦が終了し、その後の世界の基本となる体制が確立した象徴的な年として選定した。

まず、起点となる一七〇〇年の見取り図で、当時の世界の政体に関して注目すべき点をいくつか指摘し、後の時代の見取り図について説明する際には、それらがどのように変わっているのかを論じたい。

2　一七〇〇年の世界

帝国――多様な社会と統治の構造

この時期の世界を見渡すと、いくつかの異なった統治体制の類型が目に入る。そのうちで一番目立つのは、ユーラシア大陸の中央部に連なって存在する「帝国」という名で呼ぶことのできるいくつかの強大な政治権力だろう[2]。それらは、東から、清、ムガル、サファヴィー、ロシア、オスマン、ハプスブルクの各帝国である[3]。これらの帝国には、いくつかの共通した特徴がみられた。以下でそれらについて説明を試みるが、従来、若干の例外を除き[4]、これらの帝国の歴史研究は個々に独立して行われ、それぞれに固有の問題関心と研究史の上に成果が積み重ねられてきた。このため、ここで比較や総合を行うにあたっては十分な材料が得られなかった場合もある。例えば、ロシア帝国についての研究は、従来、ロシア人による広大な領域の征服と統一、あるいは、ロマノフ朝という王朝の盛衰などについて、主としてロシア史の観点から進められてきた。ここで論じるような「多様性の帝国」としての政治と社会の側面については、まだ十分には取り上げられていない[5]。しかし、以下でも一部論じるように、角度を変えてロシア帝国の過去を見直すなら、従来のロシア史の文脈からの解釈とは異なるような理解が可能な場合が見つかるだろう。事情は、ハプスブルク帝国についても同様である。その政治や社会の状況について、今後、ここで言うような「帝国」としての側面についての検討がさらに進むことを期待したい。

従来は、ヨーロッパ対非ヨーロッパないしアジアという二項対立が、世界史理解のためのすべての立論の前提となっていたので、清帝国からハプスブルク帝国までを同じ「帝国」という枠組みを用いて、相互に比較しながら共通点を論じるような試みはほとんど行われなかった。しかし、新しい世界史には、ヨーロッパ対非ヨーロッパという二項対立を暗黙知とするという発想はもとよりない。当時の世界を予見なしに眺めた時に、何がどう見えるかを以下に記してゆこう。

これらの帝国の共通点としてまず指摘できるのは、広大な領域を支配し、その統治下で多様な人々が生活していたという点である。「多様な人々」とは、社会的な職業の相違や財産の多寡だけではなく、言語や宗教、生活習慣や価値観、帰属意識など、広い意味での文化的環境[6]がさまざまに異なる人々という意味である。これらの多様な人々は、後の「国民」意識につながるような同じ帝国の住民であるという意識（例えば、「オスマン帝国人」「ハプスブルク帝国人」という意識）を共有してはいなかった。通常、領内の都市や村落には貴族や名士が住み、彼らは政治的な意味で、皇帝の宮廷や政府となにがしかのつながりを持っていた。最終的な行き場所がどこかは別にして、商工業者や農民など一般の人々は、しばしば彼ら貴族や名士を通して税を支払った。また、争い事が生じた際には、彼らに裁定を依頼することもあった。したがって、一般の住民は、近くに住んで実際に目にし、社会的な関係を持つこともある彼らのことは常に意識していただろう。しかし、はるかに遠い都の皇帝やその政府は、自分たちとはほとんど無縁のかけ離れた存在だった。

帝国による領域支配の方法は、一様ではなかった。一般に皇帝の座す都とその周辺は、皇帝政府によって直接支配されたが、都から距離が遠くなればなるほど、統治は間接的となった。領域内のすべての軍事力を皇帝が独占することはなく、地方にはしばしば自前の武力を有する有力者が存在した。彼らは定められた額の税を皇帝政府に納める以外は、実態としてほとんど自立している場合もあった。

また、これらの帝国の社会は、血統で受け継がれる皇帝位を別とすれば、皇帝と血縁で結びつき文化的環境（エスニシティ）を共有する人々だけが特権的に支配階層を構成するという構造を取らなかった。出自や血統などが直接皇帝と結びつかなくても、社会的に有利な立場を占める人々がいた。ムガル、サファヴィー、オスマンの各帝国の場合、支配者グループは、エスニシティの点では複数の集団からなっていた。例えば、サファヴィー帝国の支配階層には、トルコ系、イラン系、グルジア系、アルメニア系など複数の異なるエスニシティを有する人々が混在していた。宗教指導者としては、アラブ系の人々もいた。ムガル帝国の宮廷と政府では、ヒンドゥー系、イラン系、トゥラン系という三つの人間集団が支配階層を形成していた。いまだにオスマン＝トルコと呼ばれることもあるオスマン帝国は、決してトルコ人の国ではない。宰相など政府で高位のポジションにつく人々の多くは、元来の言語や宗教が異なるバルカン半島各地の出身者だった。宮廷ではオスマン・トルコ語が話される場合が多かったが、多くの人々は、それ以外に母語や教養としてのペルシア語、アラビア語など複数の言葉を操ることができたはずだ。また、帝国の各地でも、さまざまなエスニック集団が複雑に入り組み、重なり合って共存していた。

ロシア帝国やハプスブルク帝国の皇帝は、ヨーロッパ各国の王家と血縁関係にあり、その姻戚関係は、決して、帝国の内部だけで完結していなかった。ロシア帝国のエカチェリーナ二世がドイツ語圏のシュテティンの出身だったこと、その夫ピョートル三世はピョートル大帝の血を引いてはいたがホルシュタイン公国で生まれたこと、ハプスブルク家の王女だったマリー・アントワネットがフランスのブルボン王家に嫁いだことなどは、その好例である。また、狭い意味でのロシア人やオーストリア人だけが、ロシアやハプスブルク帝国の支配層を構成していたのではない。広大な領域の各地にエスニシティの異なる有力者がいたし、彼らの中には中央の宮廷に仕え、政府で働く者もあった。ロシアのピョートル大帝によって改組された政府の一二の参議会で働く役人七一六人のうち、六六人は外国人だったという(7)。

清帝国の場合は、例外的に、満州人が特権的な地位にあったと言うことができるのかもしれない。しかし、エスニックな意味での満州人がすべて特権を独占的に享受していたわけではない。人口の点で多数を占める漢人も、科挙とその合格後の仕事ぶりによっては、支配階層内部で内閣大学士などの高い地位に就くことができた。

帝国――統治の正統性

これらの帝国において、皇帝の権力と統治の正統性は、しばしば「宗教」(8)によって保証された。そのかわり、皇帝はその宗教に帰依し、保護者の役割を務めた。ただし、聖職者に階層のあるカトリック、正教や仏教と、宗教儀礼に関わる人たちが必ずしも統一的に組織されていないイスラーム教やヒンドゥー教では、皇帝と宗教（教会）の関係のあり方は異なっていた。しかし、いずれの場合も、皇帝の政治的・軍事的な力と宗教の規範と社会的影響力は、相互に依存する関係にあった。

広大な領域内には、異なる宗教を信じる人々がいたので、皇帝はそれら複数の宗教の保護者として振る舞うことが多かった。清帝国の皇帝が、その支配下にある満（満州人）、漢（漢人）、蒙（モンゴル人）、回（ムスリム）、蔵（チベット人）という五つの異なる人間集団それぞれの長としての顔を持っていたことはよく知られている。(9)

オスマン、サファヴィー帝国では、皇帝の権威と統治の正統性は、イスラーム教が保証し、原則として、イスラーム教の考え方に従って政治が行われ、社会が秩序づけられた。イスラーム教の聖典である『クルアーン』とイスラーム法の重要な法典には、信者であるムスリムと他の宗教の信者との共存の仕組みとそのための規定が多く書き込まれている。それはムスリムが比較優位を占める形での共存ではあったが、「人間の平等」という概念がまだ世界で力を持たなかった当時、ムスリムが多数を占めたこれらの帝国では、そのことは大きな問題とはならなかった。イスラーム教の考え方に従うなら、ムスリムの帝王は、他の宗教を信じる人々の保護者にもなりえたのである。(10)オスマン帝国の皇帝は通常スルターンという称号で知られているが、記録を見ると、これ以外に、パーデシャー（ペルシア語）、ハーン（トルコ・モンゴル語）などとも名乗っており、複数の人間集団の長を兼ねるという意識を有していたことがうかがえる。(11)

もっとも、ムガル帝国のように、非ムスリムが多数を占める領域を支配する帝国の場合は、イスラーム教による統治の正統性だけを拠り所として、これとセットになった社会の秩序を形成・維持することは難しかった。皇帝アクバルが諸宗教を融合しディーネ・イラーヒーと呼ばれる新しい宗教を創成しようとしたのは、支配下の多くの人々が自らの統治の正統性を受け入れることができるような新しい宗教を、彼が必要としていたからだろう。

あまり強調されることはないが、統治下にさまざまなエスニシティを持つ人々を抱えるロシアやハプスブルク帝国の場合も、皇帝による統治の正統性は、原則として宗教によって保証された。ロシアの場合はロシア正教、ハプスブルクの場合はカトリックである。この点で、両帝国の統治の基本的な仕組みは、同時期の他の帝国のそれとさほど変わらない。ただし、ハプスブルク帝国の皇帝が、神聖ローマ帝国以来密接な関係を持つ宗教であるカトリックを、ときに統治下の人々に強制しようとした点には、注目すべきである。(12) これは皇帝権力の正当化に用いられたカトリックが、当時は、同じ社会における他の宗教との共存という考え方を持たなかったことと関係していると考えられる。

また、各帝国の皇帝による統治は、理念としては、限られた領域だけを対象にするのではなく、普遍的に広がってゆくはずだった。ローマ帝国の後継者を任じるハプスブルク帝国やロシア帝国では、これは当然のことだったし、清帝国でも、皇帝の徳は世界中に及ぶものだと理解されていた。(13) 普遍的な宗教であるイスラーム教にその正統性を支えられたオスマン・サファヴィー・ムガル帝国の場合も、それぞれが「世界の皇帝」を自任していた。したがって、帝国の領域は、明確な国境によって限定されるべきものではなかった。その意味で、帝国は一種の征服マシーンであり、皇帝の威光と権威に従わない政治勢力がある場合、征服のための軍事行動は、遠近を問わず、事情が許す限り実行に移された。帝国は常に膨張を指向し、そこには明確な国境意識はなかったのである。

以上述べてきたことをまとめると、この時期の「帝国」の一般的な特徴は、次の三点となる。

(1)　広大な領域を支配し、そこで文化的環境（エスニシティ）が異なるさまざまな人々が共存している

(2)　統治を実現する政治の仕組みと強力な軍隊が整備されている

(3)　統治の正統性を保証する理念を持つ

これらは、古今東西を問わずに見られる多くの政体の特徴だと言えるかもしれない。それゆえ、ここでの、またこれ以後の「帝国」という分類は、相対的、あるいは恣意的であるという批判がありうるだろう。ここであえて「帝国」という語を使って、政体の類型化を行うことの是非は、この後の論述から判断いただければと思う。

西ヨーロッパの王国

これらのユーラシアの諸帝国以外の主要な政治体としては、スペインとポルトガル、フランスやイングランド、ネーデルランドといった王国、あるいはそれに類する政権が、ユーラシア大陸の西端に位置していた。また、スカンジナビア半島とその周辺やイタリア半島周辺にもいくつかの王国が存在した。帝国と比べると、支配領域の規模は小さかったが、これらの王国や共和国の領内にも、帝国と同様に多様な人々が居住していた。しばしば言語や宗教が異なるこれらの人々は、王の臣民という形でひとまとまりになっていたにすぎず、フランス人やスウェーデン人といった今日的な意味での明確な国民意識を共有してはいなかった。また、王権の正統性はしばしば、カトリックあるいはプロテスタントなど各地域で主要な宗教によって保証・強化された。王、ないし、その政府が王国の領域内の

すべての権力を独占的に掌握していたのではないという点にも注意が必要である。軍事力を王とその政府が独占してはいなかったし、争い事は町や村の顔役、宗教家、貴族などさまざまなレベルでの調停と解決が図られた。人の誕生、結婚、死は、原則として、政府の役所ではなく、教会が管理していた。ところによっては、王権から相当程度独立した自治都市や教会が存在した(14)。これらを考慮するなら、ヨーロッパ各地の王国は、規模の小さな帝国だったと言うこともできるだろう。

しかし、その一部、具体的には、フランスとイングランドで、国王がその支配領域内部の政治的統一（王権強化）と宗教的な統一を関連づけた政策を実行していた点に注目しなければならない。フランスにおけるナントの勅令廃止はその例だし、イングランドにおける清教徒革命と名誉革命の勃発は、この問題と深くかかわっている。両国では、王の宗教が、その治下の臣民の宗教とされた。同時期の帝国の皇帝が、その治下の社会における複数の宗教の共存を前提に統治を行っていたことと比較すると、両者の相違は際立つ。すでに帝国の特徴について論じる際に言及したように、これはおそらくキリスト教という宗教の教義に関わる問題なのだろう。領域的には細分されていた同時期の中央ヨーロッパでも、一六世紀の宗教内戦を経て、小さな諸侯国領内の宗教は、支配者の宗教に合わせて、カトリックかルター派プロテスタントのどちらかに定められていたことは、この見方の正しさを裏付けているようにみえる。

この時期には、宗教以外にも、例えば、フランスにおけるアカデミー・フランセーズの創設のように、言語や広く文化面での統一を目指す動きも見られる。現代の私たちには当然に見える「中央集権」という統治の手法は、当時の世界では必ずしも一般的ではなかった。それがなぜこの時期のフランスやイングランドに明確に見られるようになったのかは、検討に値する課題である。多様な要素を持つ領域を中央集権的に統一しようとする政治のベクトルは、当面は、王とその政権のイニシアティブによって、一般に絶対王政と呼ばれる王への権力集中を目指していたと解釈できるだろう。しかし、同じベクトルは、いずれ、主権国民国家創設の方向へとさらに進んでゆくことになるのである。[15]

スカンジナビアや中部・東部、南部ヨーロッパでは、フランスやイングランド王国と似た極端な中央集権化への動きは見られなかったので、この両王国の動きを、地理的な意味での「ヨーロッパ」の特徴と一般化することはできない。むしろ、それはこの時期の地理的ヨーロッパの中では例外的な動きだった。この時期のユーラシア西部には、帝国と似た構造を持つ多様性を内包した王国と、強い統一への指向を持つ王国という二つの種類の王国が存在していたのである。

一〇〇〇年ほど前から、スペインやイギリス諸島からは、多くの人々が南北アメリカに移住した。そして、この時期には、「共存」を旨とするユーラシアの帝国とは異なり、外からやってきた人間集団が元からそこにいた人々と自分たちをはっきりと区別し、広大な領域において前者が後者を支配する、あるいは駆逐するという別のスタイルの「帝国」を形成しつつあった。もっとも、スペインの植民地では、スペイン人の移住者の子孫が現地化したり、スペイン人の男性と現地の女性の間での通婚によって、支配者と被支配者の区別が明瞭でなくなったりする場合も見られた。ユーラシアの帝国の構造とは異なり、一九〇〇年の世界の見取り図で述べるような、国民国家である本国＋海外植民地という形をも取らないこの時期のスペイン帝国をどのように類型化するかは、今後の課題としたい。[16]

日本とその他の政体

当時日本列島を支配していた徳川政権の政治構造や社会秩序の性格をどう見るかは、なかなか難しい。琉球や蝦夷地の一部を支配し、清、ムガル両帝国に次いで、当時の世界で第三位となる約三千万人の人口規模を持つという点では、この政権は十分に帝国だった。しかし、その一方で、支配下にある人々の間には、言語や宗教といった点で、他の帝国ほどには大きな差異はなかった。海に囲まれた島に位置していたことから、朝鮮半島や中国大陸の政権との間に、一定程度明瞭な「国境」が存在し(17)、海禁政策によって海外との往来が禁じられた結果として、それほど明瞭ではないにせよ、オランダ人や唐人、朝鮮人、アイヌなどを他者とし、列島に住む人々をひとまとまりの日本人とする自己認識と世界認識が、特に知識人の間で、ゆっくりと形成されていた。また、神仏習合を特徴として、列島のほぼ全域で比較的共通した宗教的信仰とその組織化がみられた。しかも、その信仰は、徳川政権によって十分に統制されていた。統治の正統性が何によって保証されていたかという点がやや曖昧だが(18)、これらの諸点を考慮すると、この政権治下の日本列島の政治や社会の状況は、どちらかというと、同時期の西ヨーロッパにおけるフランスとイングランドに似ている。この両国とは別の形で、後の時代の主権国民国家のプロトタイプが、この時期の日本列島にすでに形成されていたとみることができるだろう。

ほかに、日本ほどの規模ではないが、東南アジアや北アフリカなどには、ユーラシア中央部の諸帝国を取り巻くような形で、いくつかの王国が点在していた。マンダラ国家と呼ばれることもある東南アジアの諸王国は、王の権威や力の及ぶ範囲が重なり合い、その境界が明確ではなかった。土地や領域に対する王権の関心は薄く、むしろ、人間を保有・支配することに熱心だった。ある王権の及ぶ空間の中に別のよりローカルな王権がしばしば存在したが、そのローカルな王権は必ずしも全面的に上位の王権に服属せず、その権威や力はときに上位の王権が覆う空間を越えて広がっていた[19]。東南アジアや北アフリカの王国の領域には、帝国の社会と同様、多様な人々が共存していた。しかし、政治権力や宗教という点で、統一への指向は必ずしも強くはなかった。

もう一つの政体として、中央ユーラシアの草原地帯には、ジュンガルをはじめとするいくつかの遊牧民の政権が存在していた。これらの政権は、国境によって区分された明確な領域を持たず、その政治的・軍事的影響の及ぶ地理的な範囲は必ずしも明確ではなかった。あえて分類するなら、これらの政権は一種の王国ということになるが、定住民のそれのような複雑な統治組織を持たなかった。また、騎馬兵を主体とするその軍事力は、火器がまだそれほど高い性能を持たなかった当時、周辺の帝国や王国の大きな脅威となっていた。

帝国や王国など、比較的強力な権力者に統治された大規模な人間集団が形成する社会以外に、オセアニアやアフリカ、それにシベリアや南北アメリカの一部では、「帝国」「王国」や「国家」と呼べるほどには、明確な統治の機構を持たない小さな規模の人間集団が、散らばって存在していた。といっても、これらの集団は自立しており、他の集団に服属してはいなかった。それぞれがその小さな集団内部と周辺諸集団との間での特徴的な秩序の体系を持っていたはずだ。しかし、それらは資料の欠如などのために、必ずしも十分には明らかになっていない[20]。

以上をまとめると、この時期の世界の政体は、大きく、帝国、王国（その王権や社会の特徴はさまざま）、小規模な自立集団という三つのカテゴリーに分けることができる。また、その三つのカテゴリーの中には、統治体制が異なる特徴を持った政体が複数存在した。各地域の人間集団が、それぞれの社会を統治し、秩序を維持するために適した特徴的な政体を持っていたともいえるだろう。ただし、「国民意識」の強い現代とは異なり、同じ政体の下で暮らす人々がまとまってその政体に対する共通の帰属意識を持っていたとは言えない。言語や習慣が似ている人々が分かれて、異なる政体に属する場合があれば、逆に、言語や習慣は異なる人々の集団が同じ政体に属する場合もあった。これらの政体が統治する地理的空間の境界は、多くの場合曖昧であり、しばしば揺れ動いていた。政体の領域が、国境線によって明確に区切られていたのではない(21)。

現代の歴史研究者は、それぞれの帝国や王国の過去について記した文献を史料として用いることが多い。言わずもがなではあるが、これらの文献は、その帝国や王国、ないしは皇帝や王の歴史を描いたものであり、治下の人々が共有する「私たちの歴史」、つまり、現代に存在する国家の過去を語ったものではないという点に十分注意する必要があるだろう。

3　一八〇〇年の世界

帝国の変動とユーラシア東部の安定

一〇〇年前と比較した時、まず目につくのは、ユーラシアにいくつかあった帝国の変動である。清とロシアはユーラシア内陸部でそれぞれ征服によって領域を拡大し、さらに多様な人々をその支配下に置くようになっていた。一〇〇年前には、ジュンガルやカザフという強大な遊牧民の政権が存在した中央ユーラシアの大半は、この二つの帝国の領域に組み込まれた[22]。火器の発達による戦争の戦略や技術の変化のために、機動力にものを言わせて広大な地域を支配することもあった遊牧民の軍事力は、この時までに、かなり相対的なものとなっていた。勢力範囲が接するようになったこの二つの帝国は、条約によって双方の領域の地理的な範囲を確定させていた。これは、帝国の領域に限界があるということを双方が認めたという点で意義深い。

ユーラシア大陸の南方に位置したサファヴィー帝国はすでに滅び、ムガル帝国も帝国としての統治の実態をほぼ失っていた。一方、オスマン帝国は、ロシア、ハプスブルク両帝国との領土をめぐる軍事衝突、さらにフランス軍のエジプト侵入などによって、その支配領域を縮小させてはいたが、依然として、西アジアから東ヨーロッパの広大な領域で多様な人々を支配していた。ハプスブルク帝国は、新しく台頭してきたプロイセンへの対抗、革命を起こしたフランスとの争いなどの深刻な政治・軍事的問題を抱えてはいたが、他方で、オスマン帝国からは新たな領域を獲得していた。

このように、一〇〇年前と比べると領域の広さは相当程度変化し、なかには滅亡したものもあったが、帝国という政体そのものは、全体としては、多様な人間集団を統治する仕組みとして、ユーラシアの多くの地域でなお機能していた。

また、一八〇〇年の時点では、日本、朝鮮などユーラシア東部の国々は、日本のいわゆる幕藩体制に見られるように、一〇〇年前とさほど変わらない安定した政治・社会の体制と相互の関係を維持していた[23]。東南アジアでも、例えば、一八世紀を通じての中国大陸から東南アジア各地への大規模な移民、タイのチャクリー朝成立（一七八二年）、ベトナムにおける阮朝の成立（一八〇二年）、オランダ東インド会社によるジャワ島の一部の植民地化のような注目すべき現象は数多く生じたが、全体として、その後の世界全体に大きな影響を与えるような、また、世界の他地域における動乱の影響を受けたような、政治や社会秩序の変動は見られない。その意味では、当時の世界の地域や国家の多くは、経済的にゆるやかにつながりながらも、政治的には、依然として、自律的なリズムで個々に動いていたと言えるだろう。

主権国家と国民国家

その一方で、この時期の世界を眺める際には、従来の帝国や王国とは異なるタイプの政治と社会の仕組みを持ち、後世に大きな影響を与えることになる新しい政体が生まれつつあったことに注目せねばならない。一つは、イギリス、フランスなどの主権国民国家、もう一つはアメリカ合衆国である。

まず、現代世界のあり方と直結する主権国家と国民国家という二つの語の意味を整理しておきたい。日本語ではこの二つの概念はほとんど同義で用いられることもあるが、はっきりと区別して使うべきだ。

主権という語は、対内的には、ある空間の内部でひとまとまりとなって国家を構成する人間集団が持つ最高の統治権力であり、対外的には、外からの介入を一切受けず独立して自らを統治する権利と力のことをいう(24)。したがって、主権国家とは、このような主権を有し、境界によって外部とははっきり区別できる内部の空間を持つ政体のことである。その政体を構成する人間集団の中で実際に主権を行使するのが誰かは問題にならない。皇帝や王、大統領である場合もあれば、「国民」である場合もあるだろう。また、この人間集団が、言語や宗教、生活習慣や価値観、帰属意識など、いわゆるエスニシティを共有しているかどうかも問題とはならない。複数の異なる特徴を持つ人間集団が、合意の上で一つの主権国家の下で共存することは、十分にありえる。例えば、この時期のハプスブルク帝国やロシア帝国は主権国家ともみなすことができるが、その治下には多くの異なる人間集団が共存していた。主権国家という概念と仕組みは、一六—一七世紀頃の西・中央ヨーロッパで、君主同士が互いに争いながら、それぞれの権力を強化してゆく中で意識されるようになり、その重要性を増していった。

国民国家については、一九八〇年代前半のアンダーソン、ホブズボーム、ゲルナーらによる問題提起以来、これまでに国内外で数多くの研究がなされ、その成果が発表されてきた[25]。ここでその詳細を繰り返すことはせず、大方の合意が得られている国民国家の意味を簡単に説明しておこう。

この語は、英語の "nation state" の訳語である。語源や語義に関わる緻密な議論をひとまず措くなら、"state" は、国あるいはその政府の意味であり、"nation" とは、「共通の血統、言語、文化、歴史、あるいは、領域などの要因によって、共同体や個人がまとまった大きな集団」をいう。したがって、このような集団が自らを統治するための政府を持てば、それが "nation state" である。より簡単にいえば、ある国家の領域内の人間が国民としてまとまれば、それが nation state である。

もっとも、日英両語は、全体としては似た意味になるが、それを構成する単語のレベルに分解すると、途端に訳がわからないことになる。"nation" は「国民」よりも広い意味で使われるのに対して、「国家」は "state" よりも広い意味を持つからである。例として、United Nations、すなわち、国際連合という語の“nation”は、単独で取り上げれば、日本語では「国家」と訳すよりほかにないこと、United States、すなわち、合衆国という語の“state”は、「州」と訳すしかないことを挙げれば十分だろう。この点には十分な留意が必要だが、国民国家と nation state は、ひとまとまりの術語としては、ほぼ同義だとみなしてよいだろう。

主権という概念の明確化と連動する形で、西ヨーロッパでは、一八世紀を通じて、自らを「イギリス人（British）」や「フランス人（Français）」と認識する人の数が増加し、知識人だけではなく一般の人々の間にもこの認識が徐々に定着するようになった(26)。国家の領域が定まり、そこに住む人々が国民意識を持つことは、国民国家が成立するためには必須の条件である。イギリスとフランスという二つの国家で、まずこのような現象がみられるようになったことは、一〇〇年前のこの両国が、統一への指向を持つやや特異な王国だったこととどこかで関係しているのだろう。

リンダ・コリーは、一八世紀にイギリス人意識（Britishness）が高まる原因の一つとして、フランスとの絶え間ない戦争を挙げている。外との関係で、内である「イギリス」が次第に強く意識されるようになったという彼女の主張は、フランス革命の際に、各地から集まった義勇軍が外国の軍隊と戦い、「フランス人」意識を高めたこととも相通じる。この指摘は、nation state の性格を考える際に示唆的である。どこかの時点で誰かがはっきりと指導したのではなく、人々の間で、ある程度の時間を経過して徐々に国民意識が醸成されていったのである。

この両国の場合とは異なり、アメリカ大陸に多くの植民地を持つスペイン王国では、植民地の人々をも包含するような国民意識が模索されたという。いわば、上からの国民国家化だが、それは結局うまくは実現しなかった(27)。

国民国家は、現代日本に住む人々の多くが理解している「国家」の基本的な性格を備えている(28)。定まった国境の内側で、言語や宗教、慣習など、広い意味での文化を共有するひとまとまりの人々が暮らし、彼らは「国民」として国家に帰属意識を持つ。フランスであれば、フランス人、日本なら日本人といった具合である。また、唯一の政府が、国境によって定まった領域とそこに住む国民を統治する。

このような国民国家の仕組みは、主権という概念と組み合わされることによって、その有効性を発揮する。主権を有する国民国家は、自らを統治し他の主権国家と交渉するための政府を持ち、独占的に国民軍や警察などの軍事力を有する。自らが自らを統治すると考えるのだから、統治の正統性は明らかである。何が「国民」という意識を確立させるかという点には注意が必要だが、「国民」意識が揺るがず、人々がしっかりとまとまっている限り、国民国家に統治の正統性についての疑念は生じない。したがって、例えば、必ずしも宗教が国民国家の正統性を保証する必要はない。ここに、帝国と国民国家という二つの政体の構造上の大きな相違を見て取ることができる。

主権国民国家が成立するためには、国家を構成する人間集団が国境で区切られ定められた領域を有することと彼らが一体の「国民」として国家に帰属意識を持つことが必要である。一〇〇年前の一七〇〇年の世界には、そのような国家は存在しなかった。一八〇〇年においても、明確にそのような国家が存在したとはいえない。例えば、ナポレオンが権力を握ったばかりの一八〇〇年のフランスは、まだ国民国家とは呼べないだろう。しかし、その原型となる考え方は、一八世紀の啓蒙思想によってすでに生まれていた。フランス革命戦争や一九世紀における対外戦争を通じて、また、「国民」教育をはじめとする政府のさまざまな施策や知識人の著作によって、フランスという国に住む人々の間にフランス人という意識が次第に共有されるようになり、主権概念と組み合わされた国民国家という新しい政治と社会の思想と形態は、およそ一〇〇年を経て、ゆっくりとその領域に住む人々の意識の中に浸透してゆくことになる。一八〇〇年の世界では、国民国家が正に生まれようとしていた。

アメリカ合衆国の成立

一七八三年にアメリカ大陸で一つの新しい国が独立した。アメリカ合衆国である。一九世紀を通じて、多くの先住民が住む広大な土地を征服し北アメリカの中央部をその支配下に置くことになるこの国は、もともと他者の住む領域を征服したこと、独立時の一三州の文化的特徴が相当異なっていたことを考慮すると、一種の帝国とも呼びうる存在だった。[29] また、遠方のイギリス王とその政府による支配を認めず、自らのことは自らが決めるという主権国家の考え方に基づいてイギリスからの独立を果たした。つまり、この新しい国家は、帝国であるとともに主権国家でもあったことになる。United States of America という国名が示唆するように、この国家は強力で独立した権限を持つ州が集まって組織された連邦制をとる。一九世紀半ばに南北戦争という内戦を経験していることが示すように、一八〇〇年の時点で、全体として「国民国家」と呼べるような一体感を、住民が持っていたとは言えないだろう。[30]

イギリスという宗主国への反発と対抗心が独立の契機となったことは確かだろうが、皇帝や王という世襲の支配者の不在という当時としてはきわめて稀な政体をとるこの国では、独立した後にどのような理念によって人々がまとまり、一つの国家を形成していったのだろう。独立当初と一九世紀初めの米英戦争の時を別とするなら、人々が一つにまとまらねばならないような深刻な対外的危機は生じなかった。また、一九世紀を通じて、この国にはヨーロッパやアジアの各地から出自を異にする多くの移民が移り住んできた。「奴隷」身分の人も多かった。先住民に加えて、これらの多様な人々を一つにまとめ、国家を形成することは容易ではなかったはずだ。彼らを「国民」として統合する理念は一体何だったのだろうか。民主主義（デモクラシー）、フロンティア・スピリッツ、アメリカン・ドリームなどの語が思い浮かぶが、現在の私には確たる考えはない。成立の経緯や国民の構成が西ヨーロッパ諸国とは大きく異なるアメリカ合衆国における国民統合の理念は、グローバルヒストリーとして研究に値する重要なテーマだと思う。

ここまで簡単に説明したように、一九世紀の初めに、アメリカ合衆国の独立やフランス革命とその後のヨーロッパ諸国間での動乱によって、主権国家や国民国家の概念が、大西洋周辺の地域に広がっていった。それから二〇年ほどの間に、ラテンアメリカのスペインやポルトガルの植民地では、新しく主権国民国家がいくつか独立することになる。これは広い意味でのナショナリズム運動である。一八〇〇年の世界の一部では、ナショナリズムという新しい政治思想と運動が力を持ち、社会に影響を与え始めていた。

ラテンアメリカ諸国、特に、アルゼンチンやブラジルといった広い領土を持つ国とアメリカ合衆国は、ともに西ヨーロッパの宗主国から独立した帝国であり、主権国家である。しかし、一九世紀後半から二〇世紀におけるこの両者がたどる道筋はかなり異なっている。ラテンアメリカ諸国の方が先に国民国家になったとするなら、そちらの方がさらに安定した社会を形成していてもおかしくなかったように思える。なぜ両者のその後の道筋が異なるものとなったのかという問題も、グローバルヒストリーの格好のテーマである。

その他の地域

アメリカ合衆国の独立によって、イギリスは、北アメリカでの植民地の多くを失ったが、その一方で、インド、オセアニアなどでは新たに植民地を獲得しつつあった。特に、オーストラリア大陸やニュージーランドは、この頃から、地球の反対側に位置するイギリスとの関係が深まってゆく。一〇〇年前には、地球上の各地に、強力な統治機構を必要とはしないような人々の小さなまとまりが独立して数多く散在していた。しかし、この頃になると、これらの小さな人間集団の大半は、イギリスやフランス、ロシア、清など強力な国々の支配領域に組み込まれ、サハラ以南のアフリカ大陸と南極大陸を除く地球上の陸地のほとんどは、何らかの形で国家と呼べるような政体の直接的・間接的な影響を受けるようになっていた。

以上をまとめると、この時期には、帝国や王国という統治の仕組みが依然として有効に機能し、一〇〇年前と大きくは変わらない政治の体制と社会の秩序が維持されている地域が多かった。しかし、その一方で、いくつかの強大な国々によって、地球上の陸地の分割が進んでいた。また、大西洋の周辺では、アメリカ合衆国の独立とフランス革命を経て、後の時代の国家構造と社会秩序のモデルとなる主権国家や国民国家という新しいタイプの政体が生まれていたとまとめることができるだろう。

4　一九〇〇年の世界

古い型の帝国と国民国家

一〇〇年前と比較すると、世界規模で大きな変動がいくつも生じている。この一〇〇年の変化は、一七〇〇年と一八〇〇年の一〇〇年間の変化とは比較にならないほどの規模である。大きな変動は、大別すると、二つにまとめて理解できるだろう。国民国家の興隆による古い型の帝国の苦境と、国民国家の興隆とリンクした新しい型の帝国の誕生である。以下、順に説明しよう。

一八世紀初めに倒れたサファヴィー帝国、一八五八年に滅亡したムガル帝国を除いて、清、ロシアやオスマン、ハプスブルクという二〇〇年前のユーラシア大陸で目立ち特徴的な政体を持っていた帝国は、この時期にも依然として存在していた。しかし、その支配の仕組みとそれを支える理念は大きく揺らいでいた。事態の推移の詳細や文脈は異なるが、それぞれの帝国で体制立て直しのためにさまざまな改革が進行していた。ゼムストヴォ（一種の地方自治体）の設置や農奴改革（ロシア）、洋務運動（清）、オーストリア＝ハンガリー帝国の成立（ハプスブルク）、タンジマートと憲法発布（オスマン）など、各帝国における政治と社会の改革の例はいくつも挙げることができる。二〇〇年、あるいはそれ以上にわたって安定した統治を行ってきた帝国が、共通して政治や社会の改革を必要とするに至った理由としては、次の二点が考えられる。この二つの点のどちらが有力な理由となったかは、帝国の置かれた状況によって異なっている。

一つは、統治下にある多様な人々が、異なる言語や宗教などを核として新しいエスニックな帰属意識を主張し、集団として、帝国の緩やかではあっても必ずしも自分たちに有利ではない支配に抵抗を示すようになったからである。典型的な例は、オスマン、ハプスブルク両帝国の場合である。この二つの帝国の支配下にあった多くの人間集団は、一〇〇年ほど前から大西洋世界に広がったナショナリズムの考え方を知り、その影響もあって新たな民族的アイデンティティを獲得して独立を指向し、帝国政府に反抗するようになった。ギリシアのオスマン帝国領からの独立、オーストリア＝ハンガリー二重帝国の成立などは、その顕著な例である。ポーランドやウクライナの反乱など、同様の事態はロシア帝国の領域でも見られた。それぞれの皇帝による統治の正統性を保証してきたイスラーム教、カトリック、ロシア正教という宗教の権威は、それを統治下のさまざまな人々に一様に強要しようとすればするほど、かえって不安定化し、揺れ動くようになった。

もう一つは、帝国と比較した場合の国民国家という新しい政治と社会の仕組みの優位性である。元来、帝国は支配下にある各地方と人間集団の自立性を重んじて、その広大な領域をゆるやかに統治してきた。中央政府と現地の距離、皇帝と現地の実力者との関係に合わせ、地域によって統治の方法を変えることもあった。帝国によって多少の温度差はあるが、概して言えば、中央政府は統治下にある人々を個人のレベルまで確実に把握してはいなかった。また、各地域で徴収された税の使用方法を、すべて中央政府が決めるということはなかった。皇帝の傍に控える常備軍の数は少なく、何かことが起こった際には、傭兵が集められた。多様な人々を強制的に一つにまとめず、必ずしも平等や一律性にはこだわらず、柔軟な統治を行うのが特徴だった。

一方、国民国家は、国境で明確に区切られた比較的狭い領域を、中央集権的に一律にきめ細かく統治することを特徴とする。ナショナリズムを背景として平等な権利と義務を持つ国民一人一人を台帳に記録して、従来は教会や寺社の仕事だったその結婚や生死などの日常生活の把握までを試み、整備された台帳に基づいて税を課し、そのかわりに、行政サービスを提供する。国家権力は、立法、行政、司法の三権に分立された。軍隊については、国民皆兵を原則とする。国民が自分の国を守るという意識を持つ国民国家の軍隊は士気が高く、また最新の武器で武装して強力だった。

このように、両者の領域統治についての考え方とそれに基づく政治と社会の仕組みは、根本的に異なっている。一九世紀を通じて、イギリス、フランス、ドイツ、日本などで国民国家の体制が整備され、これらの国々が経済的、軍事的に力をつけるようになると、これと戦う帝国の旗色は悪くなった。例えば、ロシア帝国とイギリス、フランスが戦った一九世紀半ばのクリミア戦争、同じく、イギリス、フランスと清帝国が戦ったアヘン戦争やアロー号戦争はその例とみることができる。また、新しく国民国家として急速に力をつけてきた日本が日清・日露戦争において勝利したことも、この文脈で説明できるだろう。

統合の理念や政治・行政、軍事制度面での国民国家体制の優位を認めた帝国は、しばしばそれらを取り入れようとした。しかし、それは既存の政治や社会の仕組みに多大な負荷をかけ、かえって大きな混乱の原因となった。オスマン帝国における汎オスマン主義、ハプスブルク帝国における大ドイツ主義の失敗などはその例である。ナショナリズムに目覚めた多様な人々が、帝国という枠組みの下で同じ帰属意識を持つためには、統一のための何らかの理念が必要だったが、それは容易に見つからなかった。

といっても、ユーラシアの中央部や東部など、国民国家的な政治システムがまだ導入されず、その理念も部分的にしか理解されていなかった地域では、ロシア帝国の見かけ上の膨張が続いていた(31)。このため、世界を全体として見ても、ほどなくそこに生じることになる事態を理解することはそれほどたやすくはなかっただろう。しかし、実は、古いタイプの帝国の統治の仕組みとそれを支える理念は、もはや行き詰まっていたのである。

新しい帝国

帝国主義の時代といわれるこの時期には、これらの古いタイプの帝国とは異なる構造を持つ新しい帝国が、これらの帝国の領域外、すなわち、ユーラシアの東西両端やアメリカ大陸などに、はっきりとその姿を現していた。それは植民地を持つ国民国家である(32)。新しい政治と社会の仕組みを備え、それを裏打ちする理念を持った国民国家を樹立した国々、具体的には、イギリス、フランス、ドイツ、オランダ、日本などは、国民意識を共有する人々が固いまとまりを形成する本土を中核として、互いに争いながら国外に植民地を求めていた。当然、植民地に住む人々と本国の人々のエスニシティは異なっている。

上で述べたように、アメリカ合衆国をこれらの国々と同様の政治制度と社会の仕組みをもった国民国家と言ってよいのかどうか、今のところ、私には確信がない。領域の規模や統治の理念から考えるなら、この時期のアメリカ合衆国は、別の統治の仕組みを持った新型の国家とみなした方がよいのかもしれない。しかし、実態としては、アメリカ合衆国も他の諸国と同様に、本国を拠点として植民地獲得に向かって動いていたことは間違いない。この時代、植民地獲得は、「文明化の使命」「フロンティア・スピリッツ」といった標語によって美化・正当化され、普遍化された。そして、特にアフリカや東南アジアの多くの地域が、新たにこれらの国々の植民地に組み入れられることになった。

一国史や二つの国の間の関係史などの文脈にはこだわらず、また、各国の政治構造や社会秩序の微妙な差異にもこだわらず、きわめて単純な比喩を試みるなら、この新しい帝国の構造は、突飛だが目玉焼きに例えることができるだろう。それは、中央に固くまとまった国民国家という黄身があり、その周辺を植民地という白身が取り囲んでいるという構造である。黄身と白身の比率は、国によってさまざまである。インドやカナダ、オーストラリアに加えてアフリカの多くの地域を植民地としたイギリスは、黄身に比べて白身の比率が大きかった。一方、カリブ海の島の一部やフィリピンを植民地とするアメリカ合衆国の場合は、大きな黄身と比べて白身の割合は大きくなかった(33)。

このように新しい帝国の構造を目玉焼きに例えることが許されるなら、古い帝国の構造はこれとは異なり、スクランブルド・エッグに例えられるだろう。統治にあたって、中心となるはっきりとしたエスニックな支配者集団を持たなかったその基本的な構造は、黄身と白身が区別されず混じり合っているともいえるからだ(34)。

古いタイプの帝国が導入を試みてうまく行かなかったことにみられるように、国民をまとめる理念に加えて特徴的な政治の制度と社会の秩序を必要とする国民国家という新しいスタイルの政体は、世界各地のさまざまな人間集団が、どこでも簡単に取り入れることのできるものではなかった。例えば、サハラ以南のアフリカには、言語や宗教、慣習や行動様式が地理的に複雑に入り組んだ重層的な社会が成立していた。このような地域では、国境によって区切られた空間の中に住む人々が同じ帰属意識を持つ国民国家という考え方は、人々になじまなかった。そのためもあって、これらの地域の人々は強力な軍事力を持つ西ヨーロッパの新しい帝国にまとまって対抗することができず、新しい帝国は、アフリカやオセアニアの各地を次々と人工的に切り分け、容易に植民地とすることができたのである。

国民国家はヨーロッパ近代に特徴的な統治の仕組みだと考えられることがあるが、それは正しくない。地理的にはヨーロッパに位置するはずのハプスブルク帝国では、この国家体制を採用することができなかった。このスタイルを導入しようとするなら、帝国の領域を民族ごとにいくつかの部分に解体するしかなかった。たとえそのような荒療治が可能だったとしても、分割された部分的な空間の中にも多様な人々が重なり合うようにして居住していたので、そこでさらに複雑な争いが生じたに違いない。このことは、一九九〇年代に起こったユーゴスラビア紛争の惨状が示すとおりである。

ヨーロッパ以外の場所でも、国民国家のスタイルをうまく取り入れた国々があった。すでに一九世紀前半には、スペインやポルトガルから独立したラテンアメリカ諸国がその方向へ歩みを進めていた。(35)また、日本でも、明治政府は、西ヨーロッパ諸国の政治の制度と社会の仕組みを急ピッチで取り入れ、日本に特徴的な国民国家の体制を整えていた。一七〇〇年の見取り図を描く際に説明したような、日本列島の地理的な位置に起因するプロト国民国家的な政治と社会の仕組みが、この新たな展開に寄与したことは間違いないだろう。

一九世紀の西ヨーロッパ諸国の世界認識を基礎として形成されてきた従来の世界史では、世界を二項対立的にヨーロッパ（≒西洋）と非ヨーロッパ（≒非西洋）に分断し、それぞれが別々の過去を持ったととらえる。このため、非ヨーロッパ世界に位置しながら国民国家の体制を整え、新しい帝国となった日本は、例外、あるいは、特殊とみなされてきた。そこから、日本は西洋による植民地化が迫るアジアの中で唯一近代化に成功した、また、欧米列強の一つで東アジアへの進出を虎視眈々と狙うロシアが、ドイツ、フランスとともに、アジアの小国である日本に三国干渉を行い、日清戦争の結果として日本に割譲することになっていた遼東半島を清に返還させた、日本はアジアを西洋の侵略から解放するために盟主としてアジア諸国をリードしようとしたといった言説が、自然と導き出されてきた。たしかに、世界的に見て、国民国家という新しい政治と社会の仕組みを無理なく取り入れることができたという点では、日本は例外的だといえる。上で述べたように、それは地理的なヨーロッパでも必ずしも簡単ではなかったからである。

しかし、国民国家という概念自体が、西ヨーロッパで明示的に言語化、実体化されたとしても、それを生み出すのに適した政治と社会の仕組みは、決してヨーロッパという場所にだけ存在したのではない。一旦、概念化され、モデルとなる国民国家群が実際に成立すると、前提条件がある程度整っていた地域では、その長所を取り入れた新しいタイプの国家作りが進められた。その中で、日本はもっとも早く国民国家化を導入した国の一つなのである。このように、ヨーロッパ（≒西洋）対非ヨーロッパ（≒非西洋）という二項対立的な世界観の色眼鏡を外せば、日本の近代化はこれまでとは異なった文脈で理解できるはずである。

いずれにせよ、一九〇〇年の時点では、古い帝国が改革によって何とかその統治体制と社会秩序の維持を図っていた一方で、新しい帝国同士が争うように世界の隅々にまでに進出し、各地の植民地化を進めていた。すでに台湾を植民地化していた大日本帝国は、むろんその重要な構成員の一つである。新旧を問わず帝国は列強と呼ばれる。日本は間違いなく列強諸国のうちの一つである。日本では、ロシアを、アジアを侵略しようとした欧米列強の一つとみなすことが多い。しかし、これは二重にバイアスのかかった見方である。西ヨーロッパの知識人が、ロシアをヨーロッパ諸国の一つと数えることはほとんどないし、ロシアはイギリスやフランスのような新しい帝国ではなく、自身の生き残りに苦闘する古い帝国だったからである。

従来の世界史では、この時期は一般に「帝国主義」の時代と呼ばれる。新旧を問わず、帝国が植民地を獲得してその領域を拡大しようとしていたという意味で、この呼称は当を得たものだ。しかし、同じ帝国といっても、目玉焼きタイプの新しい帝国とスクランブルド・エッグ型の古い帝国という二種類の帝国の類型があったということを忘れてはならない。

以上をまとめておこう。二〇世紀初めの世界を眺めるなら、新旧いくつかの帝国が、オセアニアの島嶼も含めて世界の陸地のかなりの部分を覆い、それ以外には、西アジア、東南アジアにかけての地域の一部とラテンアメリカに、植民地を持たない国民国家や王国が点在するという見取り図を描くことができるだろう。それは一七〇〇年、一八〇〇年の世界の見取り図とは、大きく異なる図柄である。ほどなく勃興する第一次世界大戦後に設立される国際連盟の原加盟国数は四二であったことからわかるように、この頃の世界で主権を持つ独立した国家の数は、かなり限られていた。

一九〇〇年の世界の見取り図に組み入れることはできないが、その後の世界の見取り図を構想する際に、必ず考慮に入れねばならない点がある。それは、古い帝国のその後である。ここで簡単に説明しておきたい。

古い帝国の終焉

二〇世紀に入って間もなく、古い帝国の時代は終焉を迎える。辛亥革命によって清帝国が滅び、ロシア帝国も第一次世界大戦中の革命によって倒れた。第一次世界大戦の後には、オスマン、ハプスブルクという二つの古い帝国が滅亡した。これによって、一七〇〇年の世界に存在していた古い帝国は、ことごとく姿を消した。故地のその後の歩みは、それぞれ特徴的である。

サファヴィー、オスマン、ハプスブルクの三帝国の故地には、やがて、多くの主権国民国家が建てられることになる。すでに上で述べたように、この三つの帝国はある一つのエスニックな集団が他の集団を支配するという統治の構造を持たなかった。その点で、これら多くの主権国民国家のうちのどれかだけを、帝国の直接の後継者と認定することはできないはずだ。しかし、実際は、皇帝の都が置かれていた地を領土として持つイラン、トルコ、オーストリアという三つの国が、この三つの帝国を自らの過去として引き受け、あるいは「独占」し、自らの一国史理解の中に帝国の歩んだ道を組み込んでいった。特に、二〇世紀まで存在したオスマン、ハプスブルク両帝国の場合は、治下の各地で盛り上がるナショナリズム運動への対抗上、トルコ、ドイツという民族性を強調する政策を採用したことが、両帝国滅亡後の展開に大きな影響を与えた。逆に、この三国以外の国々では、三つの帝国は外部からの征服者・支配者という位置づけで理解され、そのような一国史が創り出されてゆく。

一七〇〇年の世界の見取り図を思い起こせば、これらの解釈が、当時の三つの帝国の下で生きた人々の実感と相当異なっていただろうことはすぐに理解できるはずだ。しかし、国民が三つの帝国の「栄光と苦難の」歴史を共有することによって、イラン、トルコ、オーストリアは国民国家の基盤を固めることができた。一方、その他の国々は、三つの帝国の時代を、他国による一種の植民地支配と解釈し、これに反発する国民のナショナリズムを刺激することによって、彼らの国家への帰属意識を強化することができたのである。

ムガル帝国が支配していたインド亜大陸は、そのまま新しい帝国であるイギリスの植民地となり、第二次世界大戦後に、イギリスの植民地統治政策の結果顕在化したヒンドゥー教とイスラーム教の区別と対立を根拠として、インドと東西パキスタンに分かれて独立することになる。

これらに対して、清とロシア帝国の場合は、事情が異なる。両帝国は滅亡したが、その領域の大部分が直接の後継者に引き継がれることになったからである。西方の一部を除きロシア帝国領の大部分は、ソビエト連邦（以下ソ連）が領有することになった。一方、一九四九年には、中華民国の時代を挟み、旧清帝国が支配下に置いていた広大で多様な人々が住む領域をそのまま維持する形で、中華人民共和国が成立する。このように、かつて古い帝国が統治した領域と人々は、さまざまな経緯で、いくつかの異なった道をたどってその後の時代に入ってゆくこととなったのである。

5　一九六〇年の世界

主権国民国家群の誕生

第二次世界大戦は、古い帝国の領域をほぼそのまま引き継ぐソ連と中華民国を除くと、主要な新しい帝国が二つの陣営に分かれ、世界の覇権をめぐって争った戦いだった。その結果勝利したのが、アメリカ、イギリス、フランスなどの帝国とソ連、中華民国などからなる連合国側だった。敗れたドイツ、日本、イタリア帝国は保有していた植民地や海外領土をすべて喪失したが、戦争に勝利した連合国側の新しい帝国も、その後、自らの植民地の独立という深刻な危機に直面せねばならなかった。

すでに、第二次世界大戦に至るまでに、帝国間の戦争に至る対立関係とは関係なく、新しい帝国による植民地化に反対する広義のナショナリズム運動や抵抗運動が、世界各地で激化していたからである。文化的環境が大きく異なる植民地の人々に、本国の人々と同じ帰属意識や国民意識を求めることは不可能だった。自国のことは他国の指図を受けず自らが決めるという主権国家の考え方とそれに対応する政治の仕組みと社会の秩序は、当時の世界で相当程度に普遍的だと理解されていた。すべての民族が独立した主権国家を持つべきだという理想は、植民地化されていた地域の人々に大きな希望を与えていた。本国とは区分され異なる政治体制によって支配されていた植民地の人々の多くが、本国と彼らの住む場所とは異なっていると感じていたからである。

すでに第一次世界大戦後に、旧ロシア帝国とハプスブルク帝国、それにドイツ帝国に支配されていた中央・東ヨーロッパ各地に多くの新しい国民国家が生まれていた。これらの国家群は、第二次世界大戦の際にドイツとソ連に占領されたが、第二次世界大戦後、再び独立した。トルコやイランのように新しい帝国による直接の植民地化を免れた地域でも、国民国家の建設が熱心に試みられていた。フィリピン、インドネシアやインドとパキスタンなどは、戦争終了からさほど時間が経たないうちに、アメリカ合衆国、オランダ、イギリスなど新しい帝国からの独立を達成した。

その他の国々の中には、フランス領だったアルジェリアやベトナムのように、独立のための激しい戦いを経験したところもあった。しかし、第二次世界大戦終了から一〇数年が経ったこの頃までには、ナショナリズム運動が世界の各地で大きな成果を挙げ、アジア・アフリカの各地で数多くの独立国家が生まれていた。植民地と呼ばれる空間はほとんど消失し、南極を除く地球上の陸地のほぼすべてが、その領域の広さに相違はあるものの、独立した主権国民国家群によって覆われることとなった(36)。日本は言うまでもなくそのうちの一つである。

古い帝国の後継国家

これらの「主権国民国家」群の中で、特に、ソ連、中華人民共和国(以下中国)、そしてインドの存在に注目したい。一七〇〇年の項で検討した古い帝国の後継国家という性格を持つこれらの国々は、二〇世紀の国際情勢の中で、たしかに主権国家としては成立した。しかし、その性格はかなり複雑である。

一九〇〇年の項で説明したように、ソ連と中国は、古い帝国であるロシア、清の領域の大部分を引き継いだ。古い帝国の広大な領域には、エスニシティの点で多様な人々が共存していた。しかも、その支配領域は、三〇〇年前のロシア、清両帝国の領域よりもはるかに広い。陸続きであるために目立たないが、両国の領域に分かれて編入されている中央ユーラシアは、いわゆるシルクロード地帯である。かつては、半ば独立した都市が連なって交易のネットワークを作り、草原地帯には遊牧民の政権が基盤を置いていた。ロシアと清という二つの古い帝国は、モスクワ周辺や北京・上海とは文化的環境が異なるこの地域を、一八—一九世紀に征服・併合したのである。ナショナリズムの勃興が見られた際には、領域内の人々の多様性が一つの理由となって、ロシアと清は、共通の帰属意識を持つ「国民」を創出できなかった。また、皇帝とその統治の正統性を保証する宗教の力は不十分だった。旧来の社会秩序は崩れ、二つの帝国はその統治体制を維持することができず、滅亡に至った。

とするなら、二つの帝国の領域の大半を引き継いだソ連と中国は、その内部に多様性を抱えたままで、なぜ新たに国家として出発できたのだろう。スクランブルド・エッグ的な特徴を持つ帝国が、なぜ目玉焼き的な性格を持つ国家に変身できたのか。この問いへの回答は、複数考えられる。広大な領域の中で、いわゆる少数民族が多く居住する地域を、明示的に半独立の共和国（ソ連）や自治区（中国）とし、彼らに一定の配慮を示したことは、効果的だっただろう。また、本書のここまでの解釈と説明の方法を応用するなら、強力な社会主義の理念、つまり、一種の新しい「宗教」が、この二つの国家の統治の正統性を保証したということも、一つの回答として提示できるだろう。統治の新たな理念としての社会主義は、国家の統一のためにきわめて有効だった。規模は異なるが、東ヨーロッパのユーゴスラビアの成立についても、これと同様の説明が可能である。

一方、インドは、一九世紀の半ば頃までに全域がイギリスの植民地となり、それから一〇〇年近くが経った第二次世界大戦後の一九四七年に独立を達成した。ヨーロッパとほぼ同じだけの広い面積を持ち、指定言語だけでも二二を数えるこの国にも、当然、多様な人々が居住している。あまり知られていないことだが、インドには、日本の人口と同じくらいの数のムスリムが住んでいる。では、なぜこの国は、ムガル帝国の時代、あるいはそれ以前の時代に見られたように、分裂への指向をそれほど強く示さないのだろうか。本書のここまでの説明の仕方を取り入れるなら、この広い領域に住む人々が共通の価値や知見を持ち、国民としてまとまっているからだということになる。共通の価値の一つとして、全域がイギリスによってインドと呼ばれる植民地となったことと、苦闘の末にそこからの独立を果たしたことという歴史が、人々の間で共有されている点が重要だろう(37)。

ただし同時期に独立した東西パキスタンが結局二つに分裂し、さらにその統治体制が必ずしも安定していないことを考慮すると、領域として古い帝国の相当部分を引き継ぎ、多様性を大きな特徴とするインドが、国民国家の時代になぜ安定した社会を築くことができたのかについてさらに深く検討することが必要である。グローバルヒストリーの方法を適宜用いながらのさらなる研究が期待される。この時期より少し下り、特に一九九〇年代頃から、ヒンドゥー教やヒンディー語を共通の価値にしようとする運動がしばしば見られるようになる。これはある種のナショナリズム運動だが、この国の人々と文化の多様性を考えると、このような単純な統一への指向が受け入れられるとは考えにくい。

二つの異質な存在

第二次世界大戦後に創設され、二〇〇近い数の主権国家を正規のメンバーとする国際連合は、当時の新しい国際的な秩序のあり方を象徴的に示している。再び、卵料理の例を持ち出すなら、これらの主権国家は、新しい帝国の中核となっていた黄身の部分、したがって、国民国家であるはずだ。「民族独立」という当時よく使われた言葉が、それを表している。かくして、一見均質な二〇〇近くの主権国民国家（黄身）が南極を除く世界の陸地のすべてを覆い、植民地（白身）は、見かけ上はほぼ消えた。

この状態を、一七〇〇年の世界の様相と比較するなら、私たちはその相違に驚くだろう。一七〇〇年の世界では、人間集団を統治し、その社会を秩序づける政体の類型が、多数存在した。当時としては、それぞれが、その支配下にある人間集団の生活と社会の秩序を維持するのに適した仕組みだったといえるだろう。また、地球上の陸地には、まだどのような政治権力にもはっきりとは属さないような空間が相当程度残っていた。

しかし、一九六〇年になると、世界中の陸地は、国境によって領域をはっきりと区分された国家群に覆われ、やがて国際海洋法が整備され海洋の一部までが国家の領域となってゆくことになる(38)。二〇〇近くに上る国家群は、基本的には主権国民国家という同じ国家構造を採用するようになっている。それはあたかも主権国民国家が人間集団のとりうる普遍的で最終的な統治と秩序の形態であることを示しているかのようである。

しかし、この見かけ上均質な国家群の集合は、実は、二つの異質な存在を抱え込んでいる。順に説明しよう。一つは、外見は主権国家の体裁を取っているものの、その内部の人々に一体となる「国民」意識が十分には備わっておらず、国民国家とは呼びにくい国々である。このタイプは、特にアフリカや中東に多い。これらの地域では、新しい帝国としての欧米諸国が、植民地化を進める際に自分たちの都合で人工的に引いた境界線がそのまま国境として用いられ、新たに多くの国が独立した。

例えば、中東では、イランとトルコを除くアラビア語を話す人々が多く住む地域が、イギリスとフランスの委任統治から独立した。イラク、ヨルダン、シリア、レバノン、それに、イスラエルである。これらの地域は、かつてオスマン帝国に支配されており、第一次大戦後、イギリスとフランスの交渉を経て、イラク、ヨルダン、イスラエルがイギリスの、シリアとレバノンがフランスの委任統治領となっていた。独立にあたって、イスラエルを除く各国では、アラブという要素を核にしたナショナリズムが見られたが、それは、特にイラク、シリアといった地域ごとに区分されるものではなかった。かつてこの地域で帝国による統治の正統性を保証したイスラーム教は、「宗教」を遅れたものとみる近代的な考え方によって、この時期にはその力を失っていた。一九六〇年の時点では、ナショナリズムの高揚もあってとりあえずは主権国民国家的な体制が樹立されていたが、やがてその熱狂が冷めると、これらの国の多くが、人工的に囲われた空間の中に住む文化的に多様な人々を「国民」として一つにまとめることが困難だという現実に直面することになる。やがて、イラクやシリアでは、軍事力によって統一を実現しようとする強権的な政権が、その姿を現すことになる。

一九六〇年はアフリカの年と呼ばれる。この時点では、多くの新興国の独立は祝祭的なムードで迎えられた。しかし、サハラ以南のアフリカにおいては、中東の場合と同様、人々の文化的環境は重層的であり、単純な国境によってそれを明確に区分することはできなかった。領域の中を一つにまとめることは難しく、政府による統治の正統性を保証する「国民」に替わる何らかの理念も簡単には見つからなかった。また、旧植民地宗主国との関係も複雑で、一筋縄では行かなかった。アフリカの国々は、一九六〇年の時点では、もちろん主権国家として他地域の国家から認められてはいた。しかし、その後、国民国家の実態を伴い、政治と社会秩序が安定するようになる国の数は限られたものだった。

もう一つの異質な存在は、すでに上でも指摘したソ連と中国である。この両国は、古い帝国だったロシアと清の領域をほぼそのまま引き継いでいる。二〇世紀半ば頃の世界各地における植民地独立の動きを見れば、古い帝国の時代にその領域に加えられた地域に住む人々が、この両国からの独立を叫んで運動を起こしても不思議ではなかった。実際、中華人民共和国成立から間もなく、チベット動乱が生じている。しかし、巧みな少数民族政策によって、少なくとも、一九六〇年の時点での両国は、領内での独立に向けての動きを抑え込むことに成功していた。まだ社会主義が思想としての清新さと力強さを維持していたことも、秩序の維持と社会の安定に一役買ったに違いない。もちろん、この両国は主権国家だった。しかし、当時、国民国家としての内実をどれだけ備えていたのかという点については、なお検討の余地があるだろう。

このように、表向きは主権国民国家という共通の顔を持つ地球上の国家群は、それぞれが重視する価値や理念という観点から見ると、実際は、三つのグループに分かれていた。アメリカ合衆国をリーダーとする自由主義陣営、ソ連を中心とする社会主義陣営、そのいずれにも属さない中立国家群である。自由主義、社会主義の二つの陣営は、一つでも多くの国家を自らの側に引き込もうと、さまざまな場面で争っていた。しかし、いずれの側も、地球上のすべての国家が自分たちと理念、価値と構造を共有する相似形の政体となることを望んでおり、その意味で、どちらの陣営もが同じ方向を目指していたと言えるだろう。その根底には、人類社会は「普遍」的であるはずだとの考え方が強く根付いていた。

6　私たちの立ち位置と未来の構図

本書の冒頭で私は、「私たちはどんな時代に生きているのだろう。私たちが生きている今という時代には、過去と比較すると、どのような特徴がみられるのだろう」という問いに答えるのが、歴史学の重要な課題の一つだと記した。不完全ではあるが、ここでこの課題に答えてみることにしたい。本章では、過去三〇〇年の中の特定の年を四つ取り上げ、それぞれの時期の世界における政体の構造と社会の秩序を、見取り図的に描いて検討してきた。これらを頭に入れて現代世界の状況をあらためて眺めるなら、その政体の構造と社会の秩序の特徴は、どのように理解できるだろうか。

現代世界のもっとも大きな特徴は、グローバル化である。このことは、すでに本書で繰り返し述べてきた。経済、環境、情報などの分野で生じるさまざまな問題の多くが、国境で区切られた主権国民国家の枠内、あるいはその相互協力だけで解決できる類のものではなく、人類社会全体で取り組むべき地球全体の問題であることが露わになってきた。文化のグローバル化も著しい。マクドナルドやスターバックス・コーヒーの世界展開は言うまでもないが、日本の漫画は出版されると直ちに他の言語に翻訳され、そのヒーローやヒロインにあこがれる若者が世界各地に数多く生まれている。和食が世界中で人気のある食べ物となり、各地で新しいレシピーが生まれている。

主権国民国家という仕組みは、国民経済という言葉があることからわかるように、政府が経済も含めその領域内で生じるすべてのことを統一的に管理し、何か問題が生じればそれに対処し適切に解決することを前提として成り立っている。また、国民文化は、他国とは異なりその国に特有なものだと意識されてきた。今日の世界では、これらの前提の多くが崩壊してしまった。経済や文化は国ごとに区切られているわけではないし、主権国民国家だけが世界の諸問題を解決するための力を独占しているわけでもない。企業やＮＧＯ、市民団体、マスメディア、それに大学の研究者に代表されるような知識人集団なども提案者、意志決定者として重要な役割を担っている。ＳＮＳの発達と普及が著しい現在、すべての人々が提案者となりうる状況が生まれている。現代の文化は、国ではなくグローバルな文脈で考えねば、その実態を理解できないだろう。

したがって、これまでの四枚の見取り図の場合と同様、国家の構造や統治の理念だけに注目するなら、それは現代世界の特徴の重要な側面の一つを見逃すことになる。しかし、見取り図を積み重ね、それらを比較する手法は、同じ要素に注目することによって、はじめてその力を十分に発揮する。そこで、ここでは、背景としてグローバル化の進展とそれに伴う世界の変化を十分に意識しつつも、国家の構造や統治の理念に着目して、四枚の見取り図で描いた過去の世界と現代を比較し、現代世界を理解する際に重要だと私が考える五つの要素を提示することにしたい。その後、それらをまとめて現代世界の特徴を説明し、世界の将来像を見通してみたい。

地域統合

一九六〇年の見取り図と現代のそれを見比べた時に、まず気づくことは、現代の世界では地域統合が著しく進んでいるということである。特に、早くに主権国民国家のスタイルを生み出したヨーロッパで、経済の規模と成長を重視する観点から、EUという地域統合の計画が進行している。二度と戦争を繰り返さないと誓う独仏伊の政治家たちの固い決意と緊密な協力がこの計画の原点であり、その意味でこの統合は元来政治的な意味を持っていた。しかし、時間が経つにつれて経済の重みが増し、域内で共通通貨を用い、国境の管理を行わず人や商品の移動の自由を確保するという方向へと制度設計が進んできた。EU域内空間を一つの主権国家の領域とみなせば、これは従来の伝統的な主権国家の統治のスタイルを拡大しただけだともいえる。一方、領域の広さとそこにすむ人々の多様性、さらにそれらを政治的に統合しようとする意図を重視するなら、この計画を新たな帝国建設と見ることもできるだろう。従来、二つ以上の国民国家が対等合併して一つの国家になることは、ほとんど見られなかった[39]。その意味で、このEUの計画は帝国の新ヴァージョン（古い帝国、新しい帝国に次ぐ第三ヴァージョン）となる可能性を持っていると言える。

ただし、フランスやドイツなど従来型の主権国民国家が、国境と移動する人の管理という自らの主権の一部を手放さなければ、政治的統合はすみやかには進行しない。二〇一六年にイギリス国民がEUからの離脱を国民投票で選択したのは、そのことを嫌ったという側面が大きかった。イギリスは新型帝国の一部となることを受け入れず、伝統的な主権国民国家であることを選択した。残った二七ヵ国は、今後具体的にどのような政治と社会の仕組みを作り出すのだろうか。もし、第三ヴァージョンの帝国が誕生するなら、その内部の諸国間の、また外部の国々との関係はどのようなものになるのか、今後の推移を注意深く見守る必要がある。

一般に地域統合と呼ばれる動きは、ヨーロッパでだけ生じているのではない。二〇一七年に創立五〇周年を迎えた東南アジア諸国連合（ASEAN）、南米諸国連合（UNASUR）、アフリカ連合（AU）等々、統合の目的や深度はさまざまだが、個々の主権国民国家の限界を超えようとする動きが、世界のあちらこちらで見られる。政治的・経済的な統合をさらに深化させ次の段階を目指そうとするこれらの実験の成否は、世界全体の政治と社会構造の今後にとって決定的に重要である。

アメリカ合衆国

過去の四枚の見取り図のうちの三枚に現れるアメリカ合衆国は、それぞれの時期で大きく異なった姿に見える。一八〇〇年は生まれたばかりの主権国家、一九〇〇年は新しい帝国、そして一九六〇年は西側陣営のリーダーとしての姿である。現代のアメリカ合衆国は、これらとはまた異なる特徴を持った国家であるようだ。本書では取り上げなかったが、冷戦の一方の主役だったソ連が一九九一年に崩壊してから二〇一〇年頃までの間のいずれかの年の世界の見取り図を描くなら、そこでのアメリカ合衆国は、あえて言えば、領土を持たない帝国と表現できるだろう。[40] 一七〇〇年の見取り図で説明した「帝国」の三つの定義のうち、「広大な領域を支配し、そこで文化的環境（エスニシティ）が異なるさまざまな人々が共存している」とは異なり、アメリカ合衆国は現実にその主権の下に他国の領域を組み込んではいない。しかし、他国を自らの意志に従わせるだけの政治力と他国を圧倒する軍事力を持ち、さらに、その統治の正統性を保証する理念（自由（Freedom）、民主主義（Democracy）、人権（Human Right）など）を国外に向けても強く発信するこの国は、実質的に他国を含む広大な領域を支配していたということもできるからだ。九・一一後のアフガン戦争やイラク戦争は、アメリカ合衆国が実際にその強大な軍事力を用いて、自らの意志に従わない諸国を「征服」したとも解釈できるだろう。

また、映画や音楽などのソフトパワー、スターバックス・コーヒーやマクドナルドに代表される食文化、世界共通語としての英語、それに、最先端の科学技術を駆使した各種情報機器などが、その圧倒的な経済力と相まって、アメリカ発のグローバル化を進め、合衆国はその中心に位置して恩恵を最も大きく受けているようにさえ見えた。

しかし、その後実際に生じたことはその逆だった。グローバル化は、獅子身中の虫よろしく、その発信源であるアメリカ合衆国の社会を蝕んでいたのだ。二〇一七年に就任したトランプ大統領は、それまでの「領土を持たない帝国」的な政策を捨て、普通の主権国民国家を目指すかのような政策を次々と打ち出し、実行に移そうとしている。ＴＰＰやパリ協定のようにアメリカ政府がリードして決めてきた多国間協定の成果を反故にし、二国間で個別に物事を交渉すること、同盟国にも露骨に金銭的な要求を行うこと、メキシコとの国境に壁を築くこと、ムスリムが多数を占める国の人々による訪問を受け入れないこと、これらはすべて「アメリカ第一」を実現するための政策とされている。国内世論だけに配慮するなら、そう言えるのかもしれない。しかし、世界レベルで考えれば、これらの政策は諸外国に対するアメリカ合衆国の影響力を決定的に弱めることにつながりかねない。

「自国第一」は、一般に主権国民国家が採用してきた原則であり、何ら新しい考え方ではない。しかし、それをアメリカ合衆国が採用し公言したということは、ある意味で画期的である。それは、合衆国が世界のリーダーであることをやめ、いくつもある主権国民国家の一つとなってしまうことにほかならないからだ。このような政策が採用され、実行に移される限り、アメリカは決して偉大とはならないだろう。むしろ、私たちは、アメリカの時代は終わったとみなさざるをえないのではないか。この新局面がトランプという大統領個人の思想に帰されるべきものなのか、それとも、アメリカ合衆国という国家の性格の根本的な変化によるものなのか、今後の推移を見ながら慎重に検討する必要があるだろう。

破綻国家と移民・難民問題

すでに、一九六〇年の見取り図の項で指摘したように、中東やアフリカの一部では、一旦建設された主権国民国家の枠組みと政治の仕組みが、さまざまな理由によってうまく機能しないことがあった。一七〇〇年、一八〇〇年の見取り図から明らかなように、これらの地域には、他の地域、特に西ヨーロッパ諸国とは異なる政治の仕組みと社会の秩序が存在していた。ところが、一九〇〇年にはアフリカの多くの場所が、新しい帝国となった西ヨーロッパ諸国の植民地となった。その後二〇年ほどの間には、中東の多くの場所もアフリカと同様の運命に陥った。これらの地域で、第二次世界大戦前後に新しい独立国家が生まれる際には、西ヨーロッパ諸国がその勢力範囲を画定するために引いた人工的な境界線が、そのまま用いられることがほとんどだった。これらの歴史的背景を考慮するなら、政治の仕組みと社会の秩序のあり方が異なるところに、借り物としか言えない概念や制度を用いて西ヨーロッパ諸国と似た構造の国家を人工的に建設しようとしたところに問題があったことは明らかだ。

現代では、アフリカや中東の多くの国々で、政府がその領域の秩序を安定させるだけの実力を持たず、社会が混乱している。軍事力も国内に散在している。例えば、リビアでは、アメリカとその同盟国の軍事的な支援を受けた反乱軍連合が、二〇一一年にカッダーフィーの独裁政権を打倒したが、領内には新たな秩序を樹立しうるだけの力を持った政権が成立せず、内戦状態が続いている。シリアは、アサド政権の統治に反旗を翻したさまざまな勢力と政権との間での内戦が数年続き、泥沼に陥っている。フセイン政権がアメリカ合衆国を中心とする連合国軍の攻撃で崩壊した後のイラクも、今日に至るまで安定した秩序を回復させることができずにいる。

アフリカでも、ソマリア、南スーダン、中央アフリカを始め、多くの国々で政情が不安定となり、内戦状態が続いている。ナイジェリアやマリのように、イスラーム過激派が社会的混乱の原因になっている場合もあるが、多くは現地社会における有力者同士の争いである。その原因の一つが、一九六〇年に見た不自然な国境線にあることは間違いないが、それ以外にも国際政治や兵器輸出、経済援助の側面などさまざまな理由により、安定した国民国家が成立しないのだ。この現実は、主権国民国家という政治と社会の仕組みが決して人類に普遍的なものとは言えず、その一部の社会にしかうまく適合しないものなのだということを如実に示している。

長引く戦乱による治安悪化や食糧不足のために、現状の暮らしに行き詰まった多くの人々が、故郷を捨てて域外の経済的に豊かで仕事の見つかる国々への移住を考えるようになった。その結果として、この数年、ヨーロッパ各国が直面しているのは、中東やアフリカ諸国からの移民・難民の問題である。

えてして、注目は移民・難民をＥＵの域内に入れるか入れないかという点に集まっているが、問題の根源は、人々が住み慣れた自分たちの故郷を捨ててでも移動しようと考えたというところにある。西側諸国が自分たちの価値観や政治と社会の仕組みを「普遍」だとみなし、これらの地域に、宗主国然として、外からそれを導入しようと試みる限り、この問題は解決しないのではないだろうか。自分たちをモデルとするような国民国家の体制を必ずしも求めず、権威主義的な政治体制でもよしとするか、そうでなければ、現地の実情を十分に理解した上で、安定的な社会の秩序を築くことができるような新しい政治の仕組みを提案し、それが現地に安定的に根付くまで、さまざまな側面で十分な支援を行うことが求められている。

ロシアと中国

いわゆる破たん国家の場合とは異なり、この二つの国は、四枚の見取り図のうち、一七〇〇年から一九〇〇年までの三枚に現れるロシアと清という帝国の領域、すなわち、異なるエスニシティを持つ多様な人々が暮らす空間を概ね引き継いでいる。それは、いわば、歴史的に形成されてきた領域である。一九六〇年の項で述べたように、ソ連と中国という二つの国がこの古い帝国の領土をそのまま維持することができた理由の一つは、社会主義という新たな統一の理念を得たことだった。

しかし、社会主義が国家を統治する理念として有効だった時期は限られていた。ソ連は一九九一年に崩壊し、ロシアと並んで、バルト三国、ウクライナやベラルーシ、コーカサスのアルメニアやアゼルバイジャン、それに中央ユーラシアのカザフスタン、ウズベキスタンなどが、新たに独立国の地位を獲得した。古い帝国からソ連という新しい帝国に引き継がれた植民地が、この時独立を果たしたともいえるだろう。

その結果、古い帝国時代のロシアに比べると、現在のロシアの地理的な領域はかなり小さくなっている。この変動に伴って、人口の中でロシア人が占める比率は上昇した。ロシアは主権国民国家に一歩近づいたと言えるだろう。といっても、他の国々と比較すれば、その領土はなおきわめて広大であり、そこにはロシア人以外にも複数のエスニシティを持つ人々が共存して暮らしている。ロシアは、少なくとも、日本や西ヨーロッパ諸国のような典型的な国民国家ではない。古い帝国の殻を引きずるロシア社会を安定的に統治することはさほど簡単ではないはずだ。社会主義の理念が力を失ったあとに新たに建設されたロシアの社会秩序は、見たところ安定している。この安定は何に起因するのだろうか。旧帝国以来の慣性的な秩序なのか、それとも強権的な政治体制の確立なのか、現代ロシアにおける統治の理念は、十分に検討に値する重要な研究課題である。

一九六〇年の見取り図には、もう一つの社会主義大国として中国が描かれていた。この国では、現代でも依然として、社会主義が国家統合の重要な理念であり、共産党の一党独裁体制が維持されている。しかし、外から観察する限り、理念としての社会主義と実態としての中国社会の間にギャップがあることは明らかである。経済の飛躍的発展に伴う社会的、地域的な貧富の格差は、資本主義の国である日本よりよほど大きい。中国政府は、間もなく深刻な課題となることが明白な高齢化社会への対処とともに、この格差問題の解決を他に優先して取り組むべき課題だと考えているはずだ。

ロシアと同様、この国も、清朝以来の古い帝国の枠組みを引きずり、漢族が人口の大多数を占めるとはいえ、国内に多くの少数民族を抱えている。巨大な領土と人口は財産であると同時に、社会秩序の安定を脅かす凶器にもなりうる。どのような理念が、この巨大な国の統治を可能にし、その正統性を保証するのだろう。今日、中国を訪れると、住宅地や商店街、公園の壁や道路にかかる陸橋などの目立つ場所に、社会主義の核心的価値観とされる一二の標語が大きく記されている。富強、民主、文明、和諧、自由、平等、公正、法治、愛国、敬業、誠信、友善の一二である。これらは、「主義」にかかわらず、人間が政体を作って生きてゆく上での基本的な価値であるように見え、そのまま日本で採用しても通用しそうである。誰もが認める正の価値と社会主義を結びつけることによって、その意義を強調し再確認しようとしているようだ。このことは逆に、社会主義以外に統治の正統性を保証する理念がまだ見つかっていないということをも示している。

ロシアと中国は、本節の冒頭で述べた地域統合とは異なる形で、その広大な領域と多様な人々を統治している。かつての古い帝国的な統治方法はもはやそのままでは通用しないし、かといって、一体となった国民からなる安定した主権国民国家を建設することもそう簡単ではない。一枚目や二枚目の見取り図の時代とは異なり、治下で暮らす人々は民族や主権といった概念を理解しており、その意味では、昔に比べると、国民国家的なまとまりを作ることは容易だと言えるとしても、である。

国民国家であることが当たり前だと考えられ、自らをアメリカ合衆国をリーダーとする西側同盟諸国の一員と認識している日本から見ると、ロシアや中国の政府の方針や行動は、ときに不可解であり、反発を覚えることすらある。しかし、両国の政府は、それぞれの社会の特徴を十分に把握した上で、その安定と秩序の維持に資する計画を立て、それを実行に移しているはずである。自らの価値や常識と異なるからと言って、この両国の国内・対外政策を突き放して批判することは避け、慎重かつ丁寧に政策理解を深めるように努力するべきだろう。もし、ロシアと中国が、その広大な領域を安定的に統治するにあたって、宗教に支えられた古い帝国ではなく、主権国民国家でもない次世代国家の理念と秩序の基盤を確立できれば、未来の世界におけるこの両国の重みはさらに増すことになるだろう。

日本

四枚の見取り図を並べてみた時に、日本列島の政体の変遷はどのように理解できるだろう。一枚目と二枚目には、ともに江戸時代の幕藩体制が描かれており、基本的な構造はそれほど変わらないはずだ。領域について見るなら、北海道の大部分はまだ幕藩体制の統治下には入っていない。沖縄にあった琉球王国は、徳川政権と清帝国という二つの大きな政治権力に同時に臣従していた[41]。島国であったために、その支配領域の境界は多くの場合海岸線と一致し、はっきりしていたが、それでも、北海道や沖縄のような遠隔地になると、隣国との境界は曖昧だった。この時期の日本列島における政体は、外部、特に中国大陸からの影響を受けてはいた。しかし、その他の地域、特に、西ヨーロッパ諸国からの影響は目に入るほどではなかった。

これに対して、政治の理念や仕組みの面で、世界各地が西ヨーロッパ諸国の影響を強く受けるようになった三枚目の時代（一九〇〇年）では、日本は主権国民国家＋植民地からなる新しい帝国の一つとして現れる。当時の西ヨーロッパ諸国の政治の仕組みの基本となった主権国民国家の考え方と制度をいち早く取り入れて国内の秩序を固め、さらに、海外に植民地を求めるという点でも、西ヨーロッパ諸国の行動に追随している。この時までには、琉球処分を経て琉球王国領が日本に併合され、北海道や千島列島でも国境線が意識されるようになっていた。主権国家としての体裁は整っていたといえるだろう。

それから二度の大戦を経た四枚目の時期、日本は他の国々と同様に、主権国民国家となっている。国民が第二次世界大戦での敗戦という共通の記憶を持つこの国は、言語や宗教、習慣など人々の文化的環境の均一性からみると、おそらく、この当時の世界でもっとも典型的な国民国家だっただろう。

この状況は、基本的に現代においても変わらない。日本は一九六〇年と同様に、主権国民国家体制を堅持している。政治家や役所、マスメディアは、「日本」を前提としてすべてを語り、伝え、計画し、判断する。日本人と外国人は截然と区別され、人口が減少に転じたにもかかわらず、移民や難民は厳しく制限されている。東京などの大都市ではかなりの数の外国人が仕事をしているが、北米やヨーロッパの大都市と比較すると、その比率は限られている。

日本は本格的な地域統合の試みには参加していない。日米同盟があるとはいえ、これはEUやASEANとはまったく異なる国家間連携である。世界的に見るなら、日本の主権国民国家体制の独自性は際立っているといえるだろう。

現代世界の特徴と未来の構図

グローバル化に加えて、国家の構造や統合の理念に関わる以上の五つの要素に注目するなら、私たちは今どのような世界に生きていると言えるだろう。

第二次世界大戦後に世界全体で一旦受け入れられたかにみえた主権国民国家という統治の基本的な仕組みが、世界の多くの地域でほころびを見せ、きしんでいる。地域統合の動きや、いわゆる破たん国家の存在がそれを証明している。また、国家間の格差、さらには同じ国家の内部での格差が大きな問題として顕在化してきている。ここでは詳細を論じないが、これらの動きや問題の背景には、グローバル化の進展と資本主義的価値観の偏重などがあるものと考えられる。

第二次世界大戦後に世界各地で採用されるようになった主権国民国家という政治の仕組みは、地球上のさまざまな人間集団を統治しその社会の秩序を維持するための最終的、普遍的な解ではなかったようだ。主権国民国家が、地球上のすべての陸地を覆うという時代は終わったと考えてよい。その一方で、日本のように堅固な主権国民国家を維持する例や主権国民国家への回帰という現象も見られる。最近のアメリカ合衆国やイギリスの行動もそのうちの一つである。あまり目立たないが、冷戦時代にソ連の影響下や支配下にあった諸国も、その方向への努力を続けているとみてよい。また、一旦システムが崩壊した国々の中でも、新たな主権国民国家建設の動きが見られる。この状況を見れば、主権国民国家という政体が、その歴史的役割を終えようとしているとは言えないだろう。

日本という国家の立場に立てば、世界全体で主権国民国家体制が復活することがもっとも望ましいことははっきりしている。すでに政治や社会の仕組みがこの体制を前提に構築されているからである。これに対して、もし、地域統合が新たな普遍として有力となるなら、現在、どの地域統合化運動にも属していない日本の立ち位置は難しくなるだろう。

今後の世界を見通す際の重要なポイントは、世界中のさまざまな人間集団のすべてが、同じ国家構造や政治の仕組みを持たねばならないとは考えないということである。一九世紀に西洋近代が生み出した知の根本には、その進歩の度合いに差があるとはいえ、人類は皆同じ方向へ歩みを進めている、あるいは進めるべきだという考え方がある。この前提に問題があるということがわかっていても、その知の枠組みの中でものを考える私たち（特に、ヨーロッパや北米と日本の人々）は、しばしばそのことを忘れている。「普遍」への信奉を捨て、世界各地の人間集団が、自分たちの社会の秩序を維持するのにもっとも適した政治の仕組みを採用すればよいと考えてみたらどうだろう。むろん、主権国民国家という枠組みは、その有力な解の一つである。

とはいえ、問題はそれほど簡単ではない。それぞれの人間集団が独自の政治の仕組みを採用したとすると、それらの政体間の関係はどのように取り結ばれるべきだろう。主権はどのように処理されることになるのだろう。主権国民国家の存在を想定して作成されている現在の国際的な条約や法はどう扱えばよいのだろう。政治に限っても難問だらけである。一枚目の見取り図の時代（一七〇〇年）には、世界各地に多様な政体が存在したので、参考になるかとも思える。しかし、現代世界はその頃とは状況が根本的に異なる。グローバル化の急激な進展とＩＴ技術の飛躍的な発展により、特に、経済と情報の二つの側面で世界中が緊密につながっているからである。

経済について言うなら、当時の世界に国民国家は存在せず、当然、ＧＤＰを尺度に国単位で経済成長を追求するという考え方も生まれてはいなかった。現代世界では、国民経済を成長させることが至上命題である国家を単位として、自由主義経済を推し進める方向でさまざまな施策がとられる一方で、その結果として国家の領域を越えてグローバルなつながりを強める経済全体をどこで誰がどのようにコントロールするのかが、明確に定まってはいない。IMFや世界銀行といった国際機関は存在するが、これらはすべて主権国民国家の存在を前提として設計されており、世界の国家システムの現状やグローバル経済には必ずしも対応していない。その結果が、国家間や一国の内部での格差の問題となって噴出しているのだ。そもそも、国家レベルで経済を自由化しながら、世界レベルでグローバル経済を管理しようとしても、そう簡単にうまく行くとは考えにくい。

情報のグローバル化という側面はさらに深刻な問題を私たちに突き付けている。三枚目、四枚目の見取り図に見られるように、二〇世紀の世界では、ある人々の集団を統治するために一つの政体が組織され、その人々の集団は地球上の定まった地理的領域に居住していた。つまり、このシステムは、ある政体は国境で定められた領域とそこに居住する人々を統治するという前提のもとに成り立っている。しかし、IT技術の進展は、この前提を根底から覆す可能性を秘めている。異なる場所に居住しながらも価値や思想を同じくする人々が、ITによって結びつき、サイバー空間で自分たちの共同体を設立することが可能だからだ。その共同体を統治し、軍事力をも有する政府が生まれないとどうして断言できるだろう。アルカイーダはその一つの例と言えるかもしれない。近い将来、同じ日本列島に住む人々が、異なる複数のサイバー政府に属するという事態が生じることになるのかもしれない。ITは人間が越えられないと信じてきた物理的な距離という壁を易々と越えてゆく。

このように、経済や情報のグローバル化が進み、従来の国家の枠組みや境界が融解しはじめているのに、世界の人々がそれまでの経験に基づきそれぞれ勝手にただ自分たちの社会秩序を安定させるための政治の仕組みを考案し、採用していてよいのだろうか。当然の疑問である。しかし、それ以外にどのような方法があるのだろう。

バラバラのように見えても、人々が地球への帰属意識を持ち、地球の住民という立場から自分たちの共同体の政治の仕組みを主体的に考え、互いに協力しながら、それを実現してゆくなら、きっとそこに人間社会の未来の姿が見出せるだろう。すでに自分たちの政治や社会の仕組みが整っている集団は、必要であれば、他の集団に対して押し付けではなく適切な支援を行うこと、そして、新たに立ち上がってくるものも含め、さまざまな人間集団の組織（それは従来の国家の形態とは限らない）をまとめ、地球全体の問題解決に対処できる仕組みを考案すること、この二点も大事である。これらを着実に、しかし、スピード感をもって実行してゆくしかないだろう。「国益」ではなく、「地球益」のために、人々がそれぞれの持ち場で行動すれば、おのずと道は開けると信じたい。私自身はといえば、日本と世界の人々が地球の住民という帰属意識を持てるような新しい世界史を描くことで、この方向へ歩を進める人々の背中を押せるように、微力を尽くしてゆきたい。

（1）葛兆光は、ヨーロッパ史の基準や常識に基づいてグローバルヒストリー研究を正当化する言説を厳しく批判している。同「グローバルヒストリーの潮流の中で各国史にまだ意義はあるのか」羽田正編『グローバルヒストリーと東アジア史』東京大学出版会、二〇一六年を参照。

（2）ここでいう「帝国」は、見取り図を描くための一種の類型の名称であり、自称あるいは他称としてある政治体が実際にそのように呼ばれたかどうかは問わない。後に使用する「王国」についても同様である。日本語における帝国論の代表的な研究として、山本有造編『帝国の研究——原理・類型・関係』名古屋大学出版会、二〇〇三年。特に、「第一部「帝国」の骨格」に収められた四論文は、本書の議論と密接に関連する。西ヨーロッパにおける皇帝権、王権については、樺山紘一『歴史の歴史』千倉書房、二〇一四年所収の論文「王権について」で、簡便に概要を知ることができる。そこで一般化されている「帝国」や「王国」の要件や類型は決して「ヨーロッパ」に特殊ではなく、地域的な文脈をそぎ落とせば、本書でいう他地域の「帝国」にも適用できそうである。例えば、帝国の三つの要件（正統性、普遍性、神聖性）がそうである（同書、三七三—三七四頁）。英語圏では、"empire"の意味や実態について、過去一〇年ほどの間に多くの研究が公にされている。Jane Burbank and Frederick Cooper (ed.), *Empires in World History: Power and the Politics of Difference*, Princeton University Press, 2010 は、その代表的な作品。この書物の基本的な主張は「帝国」が人類の過去においてもっともありふれた政体であり、現在一般的な「国民国家」はむしろ例外だというところにある。私は基本的にこの見方に同意する。他に、Charles S. Maier, *Among Empires. American Ascendancy and its Predecessors*, Harvard University Press, 2006 は、アメリカが「帝国」かどうかを論じた著作だが、「帝国」には二種類あり、アメリカはそのどちらでもないとする所説は本書の述べるところと重なり、大いに参考になる。また、ヨーロッパ近代における「帝国」概念について論じる Sankar Muthu (ed.), *Empire and Modern Political Thought*, Cambridge University Press, 2012 も参照。

（3）オスマン帝国の統治体制については、鈴木董『オスマン帝国——イスラム世界の「柔らかい専制」』講談社現代新書、一九九二年、同『イスラムの家からバベルの塔へ——オスマン帝国における諸民族の統合と共存』リブロポート、一九九三年、林佳世子『オスマン帝国五〇〇年の平和』講談社、二〇〇八年、清帝国の統治の特徴については、平野聡『大清帝国と中華の混迷』講談社、二〇〇七年、杉山清彦『大清帝国の形成と八旗制』名古屋大学出版会、二〇一五年、岸本美緒『中国の歴史』ちくま学芸文庫、二〇一六年、岡本隆司『中国の誕生——東アジアの近代外交と国家形成』名古屋大学出版会、二〇一七年、ロシア帝国については、Alessandro Stanziani, *After Oriental Despotism: Eurasian Growth in a Global Perspective*, Bloomsbury Academic, 2014、土肥恒之『ロシア・ロマノフ朝の大地』講談社、二〇〇七年、ハプスブルク帝国については、江村洋『ハプスブルク家』講談社現代新書、一九九〇年、大津留厚『ハプスブルク帝国』山川出版社、一九九六年、加藤雅彦『ハプスブルク帝国』河出文庫、二〇〇六年、岩﨑周一『ハプスブルク帝国』講談社現代新書、二〇一七年などを参照。

（4）ムガル、サファヴィー、オスマンという三つの帝国の比較については、羽田正「三つの「イスラーム国家」」『岩波講座世界歴史14　イスラーム・環インド洋世界』二〇〇〇年、三―九〇頁、これに清朝を加えたユーラシア帝国の比較については、杉山清彦「近世ユーラシアの中の大清帝国［オスマン・サファヴィー、ムガル、そして〝アイシン＝ギョロ朝〟］」岡田英弘編『清朝とは何か（別冊『環』16）』藤原書店、二〇〇九年。このように、従来の比較は、主として、アジア地域の「帝国」間に限られている。ヨーロッパと非ヨーロッパを対立的にとらえる従来の世界史の基本的な構図によるなら、ヨーロッパと非ヨーロッパは異なっているはずであり、意味のある比較ができるとは考えられなかったからだろう。また、東洋史と西洋史の枠を超えた比較は、荒唐無稽、無謀であり、一次史料に基づく歴史学の精緻な研究の枠組みを逸脱すると見なされることもあるだろう。しかし、今後はこのような障壁を乗り越えた大胆な比較研究がぜひ必要である。

（5）土肥恒之は、ロシア帝国が多民族帝国であることを強調し、一八六八年の時点で、軍の将校に占める「非正教徒」の割合が二三パーセントであったことを指摘している（『ロシア・ロマノフ朝の大地』三五〇―三五一頁）。ただし、このことは大部な書籍の終章で簡単に解説されているだけである。今後、土肥が指摘したような観点からの実証的な研究が時代ごとにさらに積み重ねられ、多様性を持つロシア帝国の政治構造や社会秩序の特徴が明らかにされることが期待される。

（6）これらの要素をまとめて、エスニシティ（ethnicity）と呼ぶことがある。この語のさらに詳しい意味・定義やネイションという語との相違については、A・D・スミス著、巣山靖司・高城和義他訳『ネイションとエスニシティ――歴史社会学的考察』名古屋大学出版会、一九九九年。

（7）前掲注（3）土肥恒之『ロシア・ロマノフ朝の大地』一二二頁。

（8）括弧をつけたのは、現代の日本で多くの人々が考えるような、明確な教義の体系と儀礼を備えた「宗教

（religion）」は、社会を構成する一要素としては存在しなかったからである。当時、地球上の多くの場所で、「宗教」は当然そこに存在するもので、人々の日常生活のあらゆる側面に関わる規範であり、人々が身の回りのことを理解する際の典拠となる一種の暗黙知だった。現代世界の多くの地域とは異なり、個人がそれを信仰として選択するかどうかを決めることは不可能だった。

(9)　一七〇〇年の時点では、まだ回と蔵はその支配下に入っていない。ここでの論述は、この時期の帝国の構造を一定程度モデル化したものである。もう一つ、漢人社会の秩序の規範である儒教を漢人の「宗教」とみなしてよいのかどうかは、慎重に検討する必要があるだろう。

(10)　これはあくまでも原則であり、現実には、ムスリムの支配者による非ムスリムの迫害や改宗強制がしばしば生じている。例えば、サファヴィー帝国における少数派宗教の信者への迫害については、羽田正『勲爵士シャルダンの生涯——十七世紀のヨーロッパとイスラーム世界』中央公論新社、一九九九年、一一六、一二四、一二八—一三一頁。

(11)　鈴木董『イスラムの家からバベルの塔へ』九六頁。

(12)　南塚信吾「東欧のネイションとナショナリズム」『岩波講座世界歴史18　工業化と国民形成』岩波書店、一九九八年、八三頁。

(13)　清帝国とそれを引き継ぐ中華民国において、領土や主権という概念が形成されてゆく過程については、前掲注(3)岡本隆司『中国の誕生』の、三一八頁以後参照。

(14)　これらは、田中明彦が指摘した「中世」的特徴とみることができる。同『新しい中世——二一世紀の世界システム』日本経済新聞社、一九九六年。

(15)　三谷太一郎は、「模倣と排除を通して地域集団の成員の同一性（「国民性」）が形成され」たという表現でこの現象を説明している。三谷太一郎『日本の近代とは何であったか』岩波書店、二〇一七年、二〇頁。

(16)　前掲注(2)山本有造『帝国の研究』では、山本有造が海の帝国（一九—二四頁）、山本正が植民帝国（二二九頁）という語を用いてスペイン帝国を説明している。

（17）徳川政権が、自らの政治的・法的な管轄の及ぶ地理的な空間を、海上においても一定程度意識していたことについては、以下を参照：HANEDA Masashi, "Le Japon et la mer", Christian Buchet et Gérard Le Bouëdec (ed.), *La mer dans l'histoire 3: La période moderne*, Boydel Press, 2017, pp. 564-579. ただし、琉球王国が徳川政権と清帝国に両属していたことからもわかるように、その意識は近代以後の明確な「国境」概念と同じではない。

（18）天皇の存在がそれを保証していたと考えることもできるだろう。

（19）Oliver Walters が提唱したマンダラ国家という考え方については、桃木至朗『歴史世界としての東南アジア』山川出版社、一九九六年、白石隆『海の帝国——アジアをどう考えるか』中公新書、二〇〇〇年、早瀬晋三『マンダラ国家から国民国家へ　東南アジア史の中の第一次世界大戦』人文書院、二〇一二年を参照。また、王権が土地よりも人の支配を重視したことについては、アンソニー・リード著、平野秀秋・田中優子訳『大航海時代の東南アジア』I、法政大学出版局、一九九七年、一六八—一七〇頁。

（20）例えば、太平洋の孤島であるイースター島における多数のモアイ像の建立の経緯について、ダイヤモンドは状況証拠を積み重ね、興味深い結論を導き出している。しかし、これはむしろ例外の事例であり、他のさまざまな少数集団の過去については、まだあまり研究は進んでいない。ジャレド・ダイヤモンド著、楡井浩一訳『文明崩壊』上、草思社、二〇〇五年、一二四—一九〇頁。

（21）いわゆる「西洋」に限っての議論ではあるが、次の著作は、国境や帰属意識の展開について考える際に有用である。Charles S. Maier, *Once Within Borders. Territories of Power, Wealth, and Belonging since 1500*, The Belknap Press of Harvard University Press, 2016.

（22）野田仁『露清帝国とカザフ＝ハン国』東京大学出版会、二〇一一年、小沼孝博『清と中央アジア草原遊牧民の世界から帝国の辺境へ』東京大学出版会、二〇一四年。

（23）羽田正編『海から見た歴史』東京大学出版会、二〇一三年、特に「第Ⅲ部　すみわける海　一七〇〇—一八〇〇年」一八六—二七二頁を参照。

(24)　大沼保昭『国際法――はじめて学ぶ人のための』(新訂版)東信堂、二〇〇八年、一四九―一五三頁。
(25)　ベネディクト・アンダーソン著、白石隆・白石さや訳『想像の共同体――ナショナリズムの起源と流行』リブロポート、一九八七年(原著刊行一九八三年、原著改訂版刊行二〇〇六年、その翻訳(定本)刊行二〇〇七年)、エリック・ホブズボーム、テレンス・レインジャー編、前川啓治・梶原景昭訳『創られた伝統』紀伊国屋書店、一九九二年(原著刊行一九八三年)、アーネスト・ゲルナー著、加藤節監訳『民族とナショナリズム』岩波書店、二〇〇〇年、(原著刊行一九八三年)。国民国家に関連する概念の整理については、塩川伸明『民族とネイション――ナショナリズムという難問』岩波新書、二〇〇八年参照。"nation state"、あるいは、「国民国家」は、日本の人文学・社会科学にとって重要なテーマであり、もっと他国の研究者たちと率直な意見交換を行い、日本についての関連情報を提供すべきである。残念ながら、これまでの国内での議論は、そのほとんどが日本語の中だけで閉じている。その一方で、海外の研究者の主要な著作はすべて日本語に翻訳されており、それらを咀嚼した上で展開される日本語の議論の質は高いはずだ。現代日本は、世界でもっとも典型的な国民国家であり、その具体例や考え方を例として示しながら、日本でのこれまでの研究の蓄積を基盤にして、英語、ないし、他の外国語で意見を述べ、国民国家の歴史や特徴についての研究を発表することは、日本語を用いて関連するテーマを研究する人文学者・社会科学者の責務だと思う。
(26)　リンダ・コリー『イギリス国民の誕生』名古屋大学出版会、二〇〇〇年。
(27)　安村直己「クリオーリョ・啓蒙・ナショナリズム――スペイン王国における言説のせめぎあい」『岩波講座世界歴史16　主権国家と啓蒙』一九九九年、一三一頁。
(28)　ここで用いる「国民国家」は、日本語の文脈で用いられているものである。
(29)　アメリカ合衆国を帝国とみる研究は数多いが、本書では特に、Charles S. Maier, *Among Empires. American Ascendancy and its Predecessors*, Harvard University Press, 2006を参考にした。
(30)　しかし、アメリカ史研究においては、一九世紀のアメリカは、「領土を西部に拡大しながら近代国民国家へと組織化されていった」(有賀夏紀「ジェンダー社会の成立、展開、フェミニズムからの挑戦――一九世紀アメリカ史の一解釈」『岩波講座世界歴史18　工業化と国民形成』岩波書店、一九九八年、二六一頁)と理解されているようだ。

(31) 中央ユーラシアにおけるロシア領トルキスタンの成立、シベリア鉄道の建設開始や日清戦争後の三国干渉などはその例である。

(32) 山室信一は、これを国民帝国と呼び、より精緻な議論を展開している。山室信一「「国民帝国」論の射程」前掲注(2)山本有造編『帝国の研究』、八七―一二八頁。

(33) もっとも、一九世紀前半を通じて進行した西部「開拓」のための移住を、植民地建設運動の一種とみるなら、白身の比率は相当高くなる。

(34) 新しい帝国と古い帝国という二類型に注目するホスキンは、"Russia was an empire; British had an empire." という的確な表現で二つの帝国の相違を表現している(前掲、Maier, *Among Empires*, p. 5)。

(35) 一九世紀前半に、ラテンアメリカで次々と国民国家が建設されたことは事実だが、多くの国々がスペインの植民地だったこと、国民の言語はスペイン語であることを考えるなら、各国の人々は、自分たちが何を共有し、何が他国と異なると考えて、各国ごとに帰属意識を持つに至ったのだろうか。チリを訪れた際にこの質問をチリの研究者に投げかけてみたが、必ずしも納得のゆく回答は得られなかった。学術的にはすでに答えは出ているのかもしれないが、個人的にはきわめて興味深い問いである。

(36) むろん、これはあくまでも理論上の話である。次に述べるように、この時期のソ連や中国が国民国家であったとは言えない。また、現実の世界では、アメリカ合衆国を中心とする西側諸国とソ連をリーダーとする東側諸国が対立し、それぞれのグループの中では、アメリカ合衆国やソ連の意向が他の国々の動向に影響を与えることがしばしばあった。アメリカ合衆国やソ連などの大国が、独立したばかりの新興国に経済的な援助を与えることもよく見られた。さらに、「国民国家」とは形だけで、内実は領域内で複数の集団が対立している場合もあった。実際には、決して、すべてが独立し安定した主権国民国家だったわけではない。

(37)　ウォーラーステイン「インドは存在するのか」同著、本多健吉・高橋章監訳『脱=社会科学——19世紀パラダイムの限界』藤原書店、一九九三年参照。

(38)　国連で海洋法条約が採択されるのが一九八二年、発効は一九九四年、日本がこの条約を批准するのは、一九九六年のことである。

(39)　エジプトとシリアが合併することを目指した「アラブ連合」は、数少ない例外の一つである。

(40)　この時期のアメリカ合衆国については、日本語で多くの著作が出版されている。藤原帰一『デモクラシーの帝国——アメリカ・戦争・現代世界』岩波書店、二〇〇二年、佐伯啓思『新「帝国」アメリカを解剖する』筑摩書房、二〇〇三年、油井大三郎『好戦の共和国アメリカ——戦争の記憶をたどる』岩波書店、二〇〇八年など。

(41)　村井章介・三谷博編『琉球から見た世界史』山川出版社、二〇一一年。

終章　未来につながる新しい世界史のために

1　新しい世界史とグローバルヒストリー

本書の論点

本書の第Ⅰ部では、暗黙知と言語ごとの知の体系化という従来の人文学・社会科学研究に見られる特徴を指摘し、日本語による人文学・社会科学研究が、独自の視点と見方によって、日本という国民国家建設に大いに貢献してきたことを説明した。また、研究者の立場性が重要な意味を持つ人文学・社会科学研究においては、研究の本場という考え方はなじまないとも論じた。言語ごとに異なる知の体系があり、その体系においてしか正確に表現できない概念や事象が存在する。言語の間に優劣がないとすれば、その知の体系の価値にも差はないはずだ。

さらに、グローバル化が急激に進む現代において、日本語で人文学・社会科学の研究を行うことの意味と今後目指すべき研究の方向について、私見を述べた。その要点は、日本語の知の体系をさらに高度化するために日本語での人文学・社会科学研究を推進すべきこと、日本語による新たな知の発見をその背景ともども外国語で説明すること、グローバル人文学・社会科学という新分野を開拓することの三点である。

第II部では、日本語における世界史とグローバルヒストリーの意味を、英語の同義語と比較しながら確定した。そして、新しい世界史研究がグローバル人文学・社会科学の一分野として重要であることを強調し、新しい世界史研究を進めるためには、グローバルヒストリーの方法を用いることが有効だと主張した。その後、実際にグローバルヒストリーの見方や手法を用いると、過去の理解が従来とどのように違ってみえるのかを、いくつかの実例を示して説明した。また、グローバルヒストリーの方法を取り入れた新しい世界史解釈の具体例として、一七〇〇年、一八〇〇年、一九〇〇年、一九六〇年という四つの時代の世界の簡単な見取り図を描き、それによって現代の私たちの立ち位置を確認し、未来を展望することを試みた。

現代世界を理解するための材料を提供することが歴史学の重要な責務だとするなら、現在私たちの手元にある国や地域の縦の歴史をたばねた世界史に満足しているわけには行かない。一体化の進む現代世界においては、国や地域の過去の説明だけではなく、世界全体の過去の説明が求められる。新しい世界史が必要な所以である。そして、第9章で例を示したように、新しい世界史の構想には、グローバルヒストリーが必須である。

グローバルヒストリーの具体的な方法がどのようなものかは、第7章でコンラッドの著書について論じる際に述べた。これまでの分析や叙述の枠組みを相対化することと横のつながりと相互交渉に注目することが、その最も大きな特徴である。第9章で私が試みたのは、「世界」という新たな枠組みを用い、横のつながりに注目しながらある時代の世界の過去を解釈することである。私は国家の構造と統治理念に注目して、四つの時代の見取り図を描こうとしたが、他にもモノの動きや組織、文化、技術などに焦点を絞り、それを世界規模で眺め、適宜比較の方法を取り入れながら、世界各地の人間集団の間でのつながりと相互影響関係、共通点や相違点などを論じれば、時代ごとの世界の特徴を浮かび上がらせることができるだろう。

従来の歴史研究であまり用いられることのなかった分析や叙述の枠組みは、「世界」のほかにも多々ある。例えば、海域がそうだし、ディアスポラ・ネットワークに代表される交易網も、この範疇に入る。国家の枠を越えるようなこれらの分析枠組みに加え、ある一つの村や家族、さらには一人の人物などのミクロな研究対象の過去を、通常の一国史ではなくグローバルな文脈で解釈することも、グローバルヒストリーの重要な方法の一つである。これらの多彩な方法を用いて明らかにされた過去は、新しい世界史を見通すための信頼の置ける重要な事例となるだろう。

シリーズ・グローバルヒストリー

本書は、「グローバルヒストリー」と銘打った一連の著作シリーズの理論編にあたる。これから刊行されるシリーズの他の八巻は、各著者が叙述の枠組みに工夫をこらし、横のつながりを十分に意識しながら、得意とする主題について論じる実践編である。分析の枠組みを変えることや対象をより広い文脈で解釈することによって、通説とは異なる斬新な結論が導き出されるはずだ。

島田竜登はオランダ東インド会社、守川知子は聖地、杉浦未樹は古着、太田淳は海賊、鈴木英明は奴隷制廃止をテーマとするが、その分析と叙述の大枠は「世界」であり、それに加えて各自が適当だと考える中枠や小枠が設定され、それらの間での接続や断絶、交流と統合などが、比較の手法などを適宜用いながら論じられる。これに対して、他の巻の著者たちは、世界よりはもう少し狭い場所や地域を枠組みとして設定する。村上衛は中国とその周辺の海域世界における仲介者に注目する。森永貴子の関心は、ユーラシアを舞台とする茶貿易、工藤晶人は、地中海を舞台として活躍した一人の人物に焦点をあてる。いずれも限られた、しかし、従来にない場を論述の枠組みとするが、その背後に必ず世界を意識している。グローバルヒストリーの方法を用いて著されるこれらの作品から、新しい世界史解釈の魅力と重要性を感じ取っていただけるなら、シリーズ全体の責任者としてとてもうれしく思う。

他の八巻の著者たちは、私が研究代表者を務め、二〇〇九年から五年計画で展開された日本学術振興会科学研究費補助金基盤研究S「ユーラシアの近代と新しい世界史」という共同研究で、中心メンバーとして議論を引っ張り、大いに活躍した精鋭たちである。鋭い問題意識を持った著者たちが、上記共同研究とその後の各自の研究成果を踏まえて、新たに書き下ろすモノグラフの刊行を、ぜひ、楽しみにお待ちいただきたい。

歴史学者の立場

日本の歴史学者の多くは、これまで、日本であれ外国であれ、一国史の枠組みを用いて人類の過去を解釈し、主に日本語によって自分の見解や研究成果を語ってきた。歴史学者の多くは日本人であり、彼／彼女らが半ば無意識のうちに想定していたのは、日本人の聴衆、読者だった。彼／彼女らのすぐれた研究成果は、日本語の知の体系に組み込まれ、日本人が日本と世界を見る眼を養い、規定してきた。これらの成果が重要な貢献であったことは間違いないが、一方でその流通は日本人という帰属意識を持つ人々の間に限られていた。

本書で現代的な意義を強調したグローバル人文学・社会科学の一分野としての新しい世界史研究では、日本に加えて地球にも強い帰属意識を持つ研究者が、グローバルヒストリーの手法を使って、過去のある事象を世界の文脈で解釈し、その成果を地球の住民という意識を持つ聴衆や読者に伝えようとする。用いられる言語に制限はない。もし、これまでと同様に日本語を用いるとしても、従来とは異なる立場と視角からの研究は、同じ過去の事象を取り上げたとしても、しばしば異なる結論に達するだろう。

例えば、日本史の文脈で語られることの多い明治維新を、同時期の似た事例と比較しながら世界史の文脈において解釈すること、イギリス史の文脈で研究され理解されてきた産業革命を、他地域とのつながりに注目して世界史の文脈に置き直して解釈し理解することなどが、その例である。

といっても、この二つのタイプの研究手法のうちで、一方が正しく他方が間違っていると考える必要はない。歴史学者の立場や帰属意識とその成果や見解を伝える対象となる人々の帰属意識が異なれば、解釈と説明のポイントが異なるのは当然である。重要なことは、一国史の枠組みによる精緻な過去の解釈と新しい世界史の文脈による俯瞰的な過去のとらえ方の間で、情報と意見の交換が建設的に行われ、それが、双方の研究にフィードバックされることである。すぐれた歴史研究者なら、別の解釈やとらえ方を知ることによって、それまでの所説を部分的に修正することや新しい情報を追加することは厭わないはずだ。

また、地球の住民という意識を持つのは日本人に限らない。日本語での新しい世界史研究の成果を、英語をはじめとする外国語で説明することも積極的に試みねばならない。ある出来事がどこか特定の国や地域で起こったとしても、それは現在その国や地域に住む人たちだけの過去ではない。新しい世界史の文脈では、その出来事は、地球の住民である私たち皆が共有すべきものだ。人類の過去が地球の住民の過去として解釈し理解される限り、たとえその解釈や理解が異なるとしても、それらは世界中の地球の住民の間で検討されるべきだ。そして、少なくとも、なぜ他の人々が異なる意見を持つのかが理解されねばならない。

2　日本語の知と英語の知

最後に、ここまで本書で論じてきた内容と関連する一つのエピソードを紹介し、本書を終えることにしたい。

二〇一七年四月末、北京の清華大学で、「アジア大学連盟（Asian Universities Alliance）」という新しい国際的な大学連合の発足式典と関連イベントが開催された。この組織は、清華大学が音頭を取り、東は日本から西はサウディアラビアまで、広大なアジア各地域から一五の大学が集まって結成された。アジア各国の代表的な大学が一校ずつ参加する形式をとっており、メンバー大学間での教育研究面での組織的な連携や協力を図ることを目指している。特に、いずれかの大学が主催し、他の大学の学生に参加を呼び掛けるサマープログラムなどの教育プログラムの充実が目玉となる予定である。日本からは東京大学が発足メンバーとなり、私は五神総長とともにこの発足式典に出席した。

関連イベントの一つに「学長フォーラム」があった。これは、一五の大学の代表者がパネリストとなり、中国中央電視台の女性キャスターの司会によって、この大学連合設立に関連するさまざまなトピックを議論するという催しである。議論はまず「グローバル化」とは何かから始まり、アジアの知、アジア大学連盟の意味と役割など、多方面に及んだ。

出席者からのはっきりとした指摘はなかったが、私はこのフォーラム自体が正にグローバル化する世界の現状を象徴していると感じながら、会場で学長たちの話を聞いていた。アジア各地の主要大学の学長や副学長が、グローバル化によって生じた正負を問わないさまざまな課題を共有し、協力してその実現や解決を図るために一堂に会し、英語で議論を行っている。これは、間違いなく、世界の一体化と狭隘化によって生じた新しい現象である。

一方で、この大学連合の設立には、中国政府の意向が強く働いているようで、一五の国を代表する大学がメンバーである一方で、フィリピン、ベトナム、モンゴル、それに台湾の大学は参加していない。発足式典では、国務院副総理がスピーチを行った。これは、グローバル化の時代における主権国家という枠組みの強靱さを示しているとも言えるだろう。

会議ではさまざまな興味深い議論が展開されたが、そのうちでも、私は「言語」に関わるソウル国立大学学長の発言と、これを承けた北京大学の学長の発言をもっとも興味深く聞いた。

ソウル国立大学長「私はシンガポール国立大学と香港科学技術大学の代表の間にはさまれて座って

いる。両隣の大学はもともと英語で授業を行っているから問題ないのだろうけれども、グローバル化のせいで、私の大学の教員はしばしば英語で授業をするようにと迫られる。韓国語という自分たちの言葉があるのに、なぜ英語で授業をしないといけないのか」。

北京大学長「科学とコミュニケーションの言葉として英語が重要であることは間違いないが、私の大学では学部学生に英語だけで授業を行うことはまったく考えていない。むしろ、海外からやってきた学生たちに中国語を学ぶように、強く勧めている」。

このように、学術の共通語としての英語とどう向き合うのかという問題は、決して日本に限った話ではない。英語を母語とせず、これまで教育や研究をその国の言語で行ってきた国々では、高等教育における英語の位置づけという共通の悩みを抱えている。この点は、アジア諸国だけではなく、フランスやドイツなど、ヨーロッパの主要国でも同様である。私が友人や知己から得た情報によるなら、全体の趨勢は、学部教育においては、自国の言葉で教育を行うという方向に進んでいる。ベルリン自由大学では、学部の授業の英語化は最大で一〇％までに限っているし、フランスでも大学の正規の学部教育はすべてフランス語で行われている。北欧諸国のように、自国語と英語の両方で講義を行う、一部の授業を英語で行うという施策を実行に移しているところもあるが、西ヨーロッパ諸国のように、自国語による知が十分に体系化され蓄積されている場合は、それを捨ててまで英語で高等教育を行おうとする動きは今のところ見られない。

これに対して、日本では、文部科学省によって、大学の授業を英語で行うことを奨励する施策が継続的に提案され、実行に移されている。二〇〇九年度から一三年度末まで五年間続いた「大学の国際化のためのネットワーク形成事業（通称グローバル30）」は、留学生を引き付けるために英語のみで学位を取得できるコースを、学部・大学院で少なくとも各一コースは設置することを応募の条件としていた。二〇一四年後半から開始された「スーパーグローバル大学創成支援事業」でも、応募要領には、世界大学ランキングトップ一〇〇を目指す力のある大学を支援すると明記され、応募大学には、徹底した「大学改革」と「国際化」を断行することで国際通用性を高めることが求められている。審査に際しては、外国語（主に英語）による授業科目や外国語（主に英語）の授業科目だけで卒業できる学位コースの設置を積極的に進める計画を持っていることが、重視されたはずである。採択された大学は、その「国際化」計画が進んでいるかどうかの検証を受けるために、毎年外国語の授業科目や外国人教員の具体的な数字を提出しなければならない。

私はこのような施策に意味がないとは思わない。実際、これだけ世界のグローバル化が進展している以上、国際的に高い評価を得ている研究型大学を卒業する優秀な学生たちが、外国語での意思疎通を苦手にしているとしたら、それは大きな問題である。今後の世界では、外国語の知の体系についての基礎的な知識は必須である。また、理系の大学院では、英語による授業や議論が必須だと言ってもよい状況にある。大学がこれらに対応するための改革資金を、政府や文部科学省が手当してくれているとしたら、それはありがたいことである。

だが、もし、留学生や外国人教員の数を増やすことによって世界大学ランキングの順位を上げたいという理由だけのために、授業の英語化や英語による学位コースの充実を大学に求めているのだとすれば、それは「日本」を大事にすべき国民国家の政治家や文科省の自殺行為である。英語のみによって高等教育を行うことは、日本国民の知の源泉である日本語による知の高度化を妨げ、言語としての日本語の衰退を招くことにつながりかねず、それはさらに人々の日本という国への帰属意識を失わせるからである。

本書でも述べたように、人文学・社会科学に「本場」があると考えること自体が、西洋の人文学・社会科学の影響を受けた日本語の知に独特の考え方である。西洋の近代知は、その暗黙知として、自分たち西洋の社会とそれが生み出す知を普遍のモデルとみなしてきた。日本の人文学・社会科学は、ある時期までこの前提を受け入れて研究を展開していたので、その考え方を受け入れた知識人が、人文学・社会科学には西洋という本場があると考えたのは仕方のないことだったかもしれない。

しかし、本書を手に取って下さった読者にぜひご理解いただきたいのは、繰り返しになるが、日本語の知と英語をはじめとする外国語の知に優劣はないということと、二つの異なる言語の知の体系の間では、高度な思考や表現を相互に翻訳することは簡単ではないということである。これは日本語だけの問題ではない。どの言語においても、人文学・社会科学の多くの分野における最先端の議論は、別の言語には容易に移し替えられない。ある言語での論理の展開を別の言語で説明すること自体が研究だと言ってよいほどなのだ。その意味で、日本語による知の体系は、人類全体の財産である。

世界における知の多様性を保障することは大事である。また、これからの世界で、日本が健全な国民国家としての体制と立場を堅持してゆくべきだと考える人は多いだろう。だとすれば、日本語での高等教育や研究を粗末に扱うような意見や施策が、安易に表明・提案されることがあってはならないと強く思う。(1)

ただし、これも繰り返しになるが、日本語を用いて研究を発表する人文学・社会科学の研究者が、現状に満足していてはならない。ぜひ、自らの研究成果の意義を外国語でも説明するように努力すべきだ。特に、グローバル人文学・社会科学という新分野では、日本語での思考を外国語、なかんずく英語で表現することが大事である。一人でも多くの方々が、グローバル人文学・社会科学という研究分野に飛び込み、海外の研究者と切磋琢磨しながら、人々がそれを読めば地球の住民であることを意識できるような素晴らしい成果を公表してほしいと強く願っている。

（1）私は、学部では日本語での教育を基本とし、重要な科目の基礎的な知識は英語、あるいは他の外国語でも学べるような体制を構築することが、日本の研究型総合大学における当面の課題だと考えている。日本語か英語かの二者択一ではなく、欲張りではあるが、両方ともという姿勢である。現在の学部のカリキュラムと時間割の窮屈さを考慮するなら、二つの言語による授業を学生が系統的に履修することは難しいだろう。その場合は、ＭＯＯＣなどを用いたオンラインでのコンテンツ提供が有力だろうと思う。

あとがき

題名に世界史を冠する著書は、二〇一一年一二月に刊行した『新しい世界史へ』(岩波新書)に続いて本書が二冊目となる。この間「世界史」は、常に私の学問的関心の中心にあった。本書を執筆し刊行するに至るまでの事情を簡単に説明しておきたい。

前著を出版した直後の二〇一二年四月から、私は勤務先の東京大学で、大学全体の国際業務を担当する部署を統括する副学長を三年務めた。その後、一年空けて二〇一六年四月から現在に至るまで、やはり国際業務を統括する理事・副学長を務めている。日本を代表する研究型総合大学の執行部で、理系出身の総長や幹部に囲まれながら毎日の仕事に携わり、ほとんどが理系の研究者である海外諸大学の学長や副学長と様々な形での学術交流を重ねていると、自分自身の研究はもちろんだが、広く大学における文系の研究全般の意義について考えざるをえない局面にしばしば直面した。

二〇一五年六月に、文部科学大臣が国立大学法人に「国立大学法人等の組織及び業務全般の見直しについて」を通知し、その中で教員養成系学部・大学院や人文社会科学系学部・大学院の組織見直し計画策定、組織の廃止や社会的要請の高い分野への転換を指示したという出来事も、この間常に頭から離れなかった。これは日本の場合だが、日本のみならず世界でも、文系研究の意味があらためて問われていることは、各国の同僚たちからの情報で明らかだった。

このような環境に身を置く私が、現代の大学において、歴史研究、さらには人文学・社会科学の使命とは何かを自分なりに考え書き記したのが本書の第一部である。ここ数年、国際的な大学連合の会議や二国間の大学学長会議などで、人文学・社会科学の意味について報告を行い、海外のカウンターパートたちと意見や情報を交換する機会が何度もあった。本書で、日本における日本語を用いた研究の意味について論じることにしたのは、これらの交流から得た刺激と示唆が大きかったからである。

多少は状況を理解している歴史研究の分野だけではなく、無理をして広く人文学・社会科学全般を扱うことにしたため、不十分な論理展開や誤った理解、安易な総括がそこここに紛れ込んでいるだろうことは、容易に想像できる。例えば、人文学・社会科学のすべての分野が、本書で論じたような暗黙知を共有し、人々の帰属意識形成に関わってきたとは決して言えないだろう。それは十分に承知の上で、ここではあえて大風呂敷を広げてみた。研究分野ごとに精緻な研究成果を積み重ねているだけでは、現代世界で無視できなくなっている「知の軽視」という流れにあらがうことは難しいと考えたからである。読者諸賢から建設的な批判を頂けるとありがたい。

前著を刊行する前後から、私は広い意味で世界史に関わる国際会議を組織したり、諸外国で開催される世界史関連の会議に招かれ講演や報告を行ったりすることが多くなった。二〇〇九年度から一三年度までは、日本学術振興会科学研究費補助金の基盤研究S「ユーラシアの近代と新しい世界史叙述」という共同研究を主宰し、二〇一四年度からは、本書でも記したように、日本学術振興会研究拠点形成事業（先端拠点形成型）の枠組みで、Global History Collaborative という国際的な教育研究ネットワークの構築と展開に従事してきたからである。私が外へ出かけて行くだけではない。海外から多くの研究者や大学院学生が私の所属する東京大学東洋文化研究所を訪れ、短期・長期で滞在するようにもなった。私は彼らの受け入れ責任者として、彼らに協力を求めながら、しばしば国際セミナーや講演会を催している。このような外国の研究者との緊密な交流が、本書第二部五—七章の叙述の基盤となっている。

外国の研究者と交流する機会が多くなるにつれ、私は世界史についての自らの考え方や論じ方に日本的としか言いようのない特徴があることをあらためて強く意識するようになった。日本には日本語で語られ理解されている世界史についての常識があり、それがしばしば諸外国の研究者の持つ「世界史」についての考え方とは微妙に異なっているという事実は、私にとって新たな発見だった。これまでも、イラン史やイスラーム世界史など個別の研究分野で国際学術交流を経験してはいたが、このような自覚を明確に持ったことはなかった。

何がどう違うのか、その違いはどうして生じたのか。また、この一〇年ほどの間に世界レベルで急速に広まってきた「グローバルヒストリー」とは、一体何なのか。それは世界史とどうかかわるのか。これらの問題に一定の見通しを得たいと思い、ここ数年、外国語や日本語の関連文献を渉猟し、世界史の研究方法や枠組みについて内外の研究者と議論を重ねてきた。編者として刊行に関わった以下の四冊の書物は、その成果の一部である。

①『海から見た歴史』（東アジア海域に漕ぎだす1、東京大学出版会、二〇一三年）、②『グローバルヒストリーと東アジア史』（東京大学出版会、二〇一六年）、③『地域史と世界史』（ミネルヴァ書房、二〇一六年）、

④『グローバル・ヒストリーの可能性』（山川出版社、二〇一七年）。

　これらの書物には、私が世界史やグローバルヒストリーの研究、とりわけその方法論に取り組む過程で考えたことが、論文として含まれている。それらの一部は、文言を多少修正した上で、本書の論述に取り入れ、組み込んだ。具体的に示すと、本書第五章の1、第六章、第七章の1の論述は、以下の五本の論文の全部、または一部からの引用である。

「新しい世界史／グローバルヒストリーとは何か」「新しい世界史と地域史」『グローバルヒストリーと東アジア史』、「地域史と世界史」『地域史と世界史』、「グローバル・ヒストリーの豊かな可能性」「日本におけるグローバル・ヒストリーと世界史」『グローバル・ヒストリーの可能性』

　前著出版直後から、「新しい世界史」の必要性を主張するのであれば、方向だけではなく、具体的な叙述を示すべきだというコメントを、多くの方々、特に、出版関係者や高等学校で実際に世界史教育に携わる教員から頂戴した。もっともな指摘である。本書の第八、九章は、これらの声に多少なりとも応えるつもりで記してみた試論である。グローバルヒストリーの方法を用いた世界の過去と現代の理解とはどのようなものかをご理解いただけるのではないだろうか。といっても、そこに多くの不備があることは著者である私が一番よく承知している。各方面からの積極的なご意見やご助言を頂きながら、今後さらに本格的な論述に取り組んでみたい。いずれにせよ、日本語で記される新しい世界史は、そこにどれだけ相対化された日本の過去を組み込むことができるかが鍵となるだろう。

　本書を含む「グローバルヒストリー」シリーズは、二〇一四年三月で終了した日本学術振興会科学研究費基盤研究Ｓ「ユーラシアの近代と新しい世界史叙述」による共同研究の成果の公刊を目的として企画立案された。それからすでに四年が経過し、あるいは時宜を逸したとの批判を受けるかもしれない。実際、私自身について言えば、この間管理職として働いていなければ、もう少し早く出版にこぎつけることができたのではないかと思う。しかし、その本の内容は、本書とは相当異なったものになっていただろう。本書は大学の管理業務と自らの研究を両立させようとしてきた私の個人的な経験があってはじめて生まれた。それはそれなりに意味のあるものだと私自身は確信している。願わくば、読者も同様の感想をお持ちくださらんことを！

本書刊行に際しては、これまで同様、東京大学出版会の山本徹さんのお世話になった。本書のみならず、「グローバルヒストリー」というこの意欲的なシリーズの企画の段階から、山本さんにはずいぶん助けていただいた。有能な編集者との共同作業は、著者にとって楽しく有益な経験である。これから残り八巻が無事に出版されるまでの長い旅路を、山本さんとご一緒できることを楽しみにしている。

二〇一八年二月

羽田　正

索　引

さ　行

た　行

な　行

は　行

ま　行

や　行

ら　行

わ　行

アルファベット

著者略歴
1953年生まれ
1976年　京都大学文学部史学科卒業
1978年　京都大学大学院文学研究科・東洋史学修士課程修了
1983年　イラン学第3期博士（パリ第3大学）
京都橘女子大学文学部助教授，東京大学東洋文化研究所助教授，同教授，同所長，東京大学理事・副学長などを歴任
現　在　東京大学東京カレッジ長，東京大学名誉教授

主要著書
『イスラーム世界の創造』（東京大学出版会，2005年／『〈イスラーム世界〉とは何か――『新しい世界史』を描く』と改題して講談社学術文庫，2021年）
『東インド会社とアジアの海』（講談社，2007年／講談社学術文庫，2017年）
『新しい世界史へ――地球市民のための構想』（岩波新書，2011年）
『グローバルヒストリーと東アジア史』（編，東京大学出版会，2016年）
『グローバル・ヒストリーの可能性』（編，山川出版社，2017年）

シリーズ・グローバルヒストリー1
グローバル化と世界史

2018年 3 月26日　初　版
2022年 8 月 1 日　第2刷

［検印廃止］

著　者　羽田《はねだ》　正《まさし》

発行所　一般財団法人　東京大学出版会

代表者　吉見俊哉

153-0041 東京都目黒区駒場4-5-29
http://www.utp.or.jp/
電話　03-6407-1069　Fax 03-6407-1991
振替　00160-6-59964

組　版　有限会社プログレス
印刷所　株式会社ヒライ
製本所　牧製本印刷株式会社

ISBN 978-4-13-025171-6　Printed in Japan